王朝軼事

官場風雲錄

潘于真，蕭楓 主編

政權變遷 × 權貴紛爭 × 官制衙署
中國歷代制度轉換史

深入分析官稱衙署演變，揭示古代政治制度的精髓

◎探索夏至清，詳述中國朝代更替歷程，見證政權興衰更迭

◎從奴隸制到封建王朝，全面解析社會結構與文化思想變遷

◎精細勾勒各朝代重大事件、人物故事，生動展現歷史脈絡

一本書結合政治史與文化史，豐富讀者對古代官方歷史的理解

目錄

目錄

前言

　　在浩瀚的中國歷史長河中，朝代更替和官稱衙署的變遷不僅見證了政治制度的演進，也體現了社會結構和文化思想的深刻變化。本書試圖透過對奴隸制王朝更替和封建王朝更替的深入分析，結合歷代官署機構和官稱制度的演變，為讀者提供一個全面而獨特的視角，以理解中國古代社會的政治與文化演變。

　　從夏朝的王權變革，商朝的起源和發展，到周朝的武王伐紂和周公東征，再到春秋戰國時期的群雄爭霸和秦朝的統一六國，這一時期的朝代更替不僅反映了政治權力的爭奪和集中，也展示了社會經濟基礎和生產方式的變革對政治制度的影響。本書將這些複雜而深刻的歷史事件與人物生動地展現出來，使讀者能夠深入理解這一時期中國社會的發展脈絡。

　　隨著封建王朝的更替，從秦漢到晉、隋、唐、宋、元、明、清，每一個朝代都有其獨特的政治制度和社會結構。秦朝的中央集權制度、漢朝的階級矛盾與農民起義、唐朝的政治文化鼎盛以及宋元明清的政治變革和社會動蕩，每一段歷史都是中國古代社會演進的縮影。透過對這些時期官稱衙署歷史的探索，本書揭示了中國古代政治制度的內在邏輯和發展規律，同時也反映了官僚制度在中國歷史中的重要地位和作用。

　　從三省六部到尚書省、中書省、門下省，再到御史臺、翰林院、樞密院等機構的設立與演變，本書細緻地描繪了這些官署如何隨著政治需求和社會變遷而調整和改革。這不僅展現了中國古代政府組織的複雜性和靈活性，也反映了治理理念和管理方式的變化。

　　本書的目的是透過對中國古代朝代更替歷史和官稱衙署歷史的全面研究，讓讀者對中國古代的政治制度和文化有一個更深刻的理解。透過將政治史與文化史相結合的分析方法，本書試圖為讀者提供一個多方位的視角，以探索中國古代社會的複雜性和多樣性。在此過程中，我們不僅能夠發現歷史事件背後的原因和影響，也能夠更容易理解中國的政治和文化傳統。

第一章　朝代更替歷史

一、奴隸制王朝更替

▍夏

　　夏，古代的第一個朝代。根據文獻記載和古代傳說，隨著中國原始氏族社會組織的逐漸解體，聚居在中原地區黃河中下游兩岸的夏部族，透過與周圍地區其他部族聯盟的形式，首先建立了中國歷史上第一代王朝，史稱夏。其統治時間約從西元前 23 或前 22 世紀（一說西元前 21 世紀）至西元前 17 世紀，近五百年左右。夏代的世系，從夏禹建國到夏桀被商湯所滅，共傳十四世，十七王。

▍王權的變革

　　據文獻記載與傳說，在夏王朝建立之前，曾出現過夏部族與周圍其他部族之間爭奪聯盟首領的頻繁戰爭。由於禹治水有功和發展農業生產，夏部族勢力增強，博得了各部族首領的支持，從而順利地得到了部族聯盟首領的地位。禹對三苗的戰爭又取得勝利，將其驅趕到今湖北西北與河南交界處的丹江與漢水流域，進一步鞏固了王權。夷、夏諸族首領完全臣服於夏王朝的統治，成為維護王權的世襲貴族。所謂「禹合諸侯於塗山，執玉帛者萬國」，正是後人追述夏王朝建立統治地位的情景。

　　夏禹死，其子啟繼王位。這種廢「禪讓」而實行父傳子的王位繼承

方式，引起了夏朝爭奪王位的激烈抗爭。東方偃姓集團首領伯益，首先起而反對夏啟占居王位，結果伯益被殺。西方的同姓邦國有扈氏（傳說在今陝西戶縣一帶）也曾起兵，啟親率大軍進行討伐。啟與有扈氏戰於甘，有扈氏戰敗而被「剿絕」。夏啟經過鞏固王位的激烈抗爭，確立了王位世襲制。於是眾多邦國首領都到陽翟朝會，啟在鈞台（今河南禹縣境內）舉行宴會。這就是歷史上有名的「鈞台之享」。但啟居王位後，對本部族和邦國進行階級壓迫與剝削，過著奢侈腐化生活。《墨子》稱啟「好酒耽樂」，《楚辭‧離騷》也說啟「娛以自縱」。

啟母石夏啟死後，子太康繼立。太康更加追求奢侈淫樂的生活，於是在夏王朝的統治集團內部，先發生太康兄弟五人爭奪王位的抗爭，後出現武觀叛亂，雖被平息，但夏王朝統治力量已經削弱。

太康死後，子仲康立。仲康死後，子相立。這時東夷族中勢力比較強大的有窮氏首領后羿，趁夏王朝內部的王權之爭，攻入夏都，「因夏民以代夏政」，奪取了王位。但善射的后羿恃其武力而不修民事，終日以田獵為樂。不久后羿被他的親信東夷族伯明氏成員寒浞所殺。寒浞又命其子澆滅夏的同姓斟灌與斟鄩，殺掉了夏後相。夏後相妻逃回母家有仍氏（今山東金鄉境），生下遺腹子少康。少康長大後作了有虞氏（今河南虞城）庖正。有虞君主虞思以二女為少康妻，並封之以綸。當時少康「有田一成，眾一旅」，積極爭取夏眾與夏民，志在復國。他在斟灌與斟鄩餘眾的協助下，滅掉了寒浞及其子澆。少康又命其子杼滅掉子㹞，從而結束了后羿與寒浞四十年左右的統治，恢復了夏王朝的政權。

少康死後，子杼立。他重視發展武裝和製造兵甲。杼執政後曾「征於東海」，東夷諸族都臣服於夏，受其爵命。夏代中興局面得以形成。夏人對杼十分尊崇，他死後，曾舉行隆重的「報祭」。

夏王朝經過較長一段時間的中興穩定局面，到十四王孔甲時，內部

矛盾日趨激化。《史記·夏本紀》說：「帝孔甲立，好方鬼神，事淫亂。夏后氏德衰，諸侯畔之。」《國語·周語》也說：「孔甲亂夏，四世而隕。」所以從孔甲經皋與發，直到履癸（即夏桀）內亂不止。夏桀是一個暴君。不用賢良，不憂恤於民，「百姓弗堪」。後商湯在伐桀誓詞中，提到當時人民咒罵夏桀的話為「時日曷喪，予及汝偕亡」，表明人民對夏桀之痛恨。故湯起兵伐桀時，桀眾叛親離，身死而國亡。

▌商

　　中國歷史上繼夏之後存在時間較長的一個王朝。從西元前 17 世紀商湯滅夏後建立國家，至西元前 14 世紀中葉盤庚遷都殷，及西元前 11 世紀商王紂被周武王同西南各族攻滅，共傳十七世，三十一王，歷時六百年左右。

起源和發展

　　商族早在滅夏之前，就有了相當長時期的發展。它最早活動於東方的渤海沿岸及河南、河北，同山東半島、遼東半島的古代土著民族有許多共同之處。有以玄鳥為始祖的神話，還有用獸骨占卜、殺人殉葬、衣著尚白等習慣。《尚書序》記載：「自契至於成湯八遷。」據王國維稱，契居番，昭明遷砥石又遷於商，相土東遷泰山下又遷商丘，上甲微遷於殷又遷至商丘，成湯滅夏定督亳，是為八遷。後來又有過五次遷徙，所謂「殷人屢遷，前八後五」，即仲丁遷於嗷，河直甲遷於相，祖乙遷於邢，南庚遷於奄，到盤庚時最後定都於殷（今河南安陽），是為五遷。從此，「至紂之滅，二百七十三年更不徙都」，故商又可稱為殷或殷商。商人的屢次遷徙，或許由於受異族的壓迫，或許由於水旱之災，或許由於擴張土地到更肥沃的地區，並不一定表示商族早期是游牧民族。遷徙的範圍

大概在今河南、河北、山西、山東一帶。

商代自湯開始，至紂滅亡，共傳十七世，三十一王。商王世系，據《史記‧殷本紀》載，結合甲骨文考察，除去個別有誤，基本可信。在成湯以前，從契至成湯，凡傳十四世。《國語‧周語》說：「玄王勤商，十有四世而興」，即所謂商族的「先公」時期。這在《史記‧殷本紀》和甲骨文中也有記載。

商自成湯建國，盤庚遷殷，至武丁時期，經過對周圍方國的頻繁戰爭，疆域及勢力影響空前擴大。殷都經科學發掘證實，在今河南安陽西北的小屯村一帶及洹水沿岸周圍的後岡、高樓莊、薛家莊、花園莊、小莊、四盤磨、孝民屯、大司空村、小司空村、武官村、侯家莊、秋口及同樂寨等二十幾個村莊方圓二十四平方公里或更大的範圍內。以王畿為中心的商代統治區域為黃河中下游的中原地區，即今河南北部及河北南部。但其勢力所及之地，已東起山東半島，西至陝西西部，南及江漢流域，北達河北北部。至於其文化對各地的影響，則大大超越了這一範圍。據考古數據看，東南和華南地區分布於長江下游兩岸的「湖熟文化」、江西北部的「吳城文化」、西南地區四川境內的「巴蜀文化」以及北方內蒙古、遼寧的「夏家店下層文化」等，都不同程度地受到了商文化的影響。

階級關係

王權商代的最高統治者是商王，商王自稱「予一人」、「一人」，享有絕對權力。商代王位的繼承法為父死子繼與兄終弟及兩制並用，凡子即王位者其父即為直系。商祭中，直系先王及配偶有資格列入祀典，而無旁系先王的配偶。到商代後期更有「大示」（直系先王的廟主）及「小示」（旁系先王的廟主），之分別，祭祀「大示」的宗廟為「大宗」，祭祀「小

示」的宗廟為「小宗」。這種家族中祭祀上的差別，正是商代宗法制度的表現。

卜辭中商王親屬稱謂有祖、妣、父、母、兄、弟，且有「多祖」、「多妣」、「多父」、「多母」之稱。先王的配偶稱妻、妾、母、爽，與商王有血緣親族關係的有「王族」、「多子族」。這些宗族同商王形成親疏不同的宗法關係，他們構成「百姓」的主體，而為首的是商王自己。

官制商王以下的統治機構，分「內服」、「外服」，即王畿內與畿外之地方兩種。《尚書·酒誥》中有「越在內服，百僚庶尹，唯亞、唯服、宗工，越百姓、裡君」，「越在外服，侯、甸、男、衛、邦伯」，結合卜辭的記載，商代的官制在畿內大致有：負責政務的尹、多尹、臣。臣又有王臣、小臣、小眾人臣、管理耕籍的小籍臣、管理山林的小丘臣、管理車馬的馬小臣等等。武官有多馬、多亞、多箙、多射、多犬、五族戍等等。史官有作冊、多卜、多工、巫、祝、吏等等。王畿外為商代之「四土」，這些地區散布著許多「服王事」的方國及部落，為商代的侯、伯。卜辭及文獻中有攸侯、杞侯、周侯、犬侯、先侯、侯虎、侯告及宋伯、祉伯、易伯等等，他們不僅要臣服於商王，還向商納貢，負擔勞役及奉命征伐。有關商代官制的材料不多，尚需進一步探討。

軍隊商代軍隊以師為單位，卜辭有「王作三師，右、中、左」。「三師」為軍隊的基本組織形式，大概相當於後世的三軍。雖然每師的具體人數尚未見有記載，但從商代的征伐戰爭規模可知一二。徵招兵員有時幾百人，甚至上千人，戰爭時間有的長達幾個月，殺敵亦有千百人。另外，商王的大規模田獵活動也相當於一次出征，並透過狩獵訓練軍隊。

商代軍隊包括車兵及步兵，作戰方式普遍使用車戰。中國考古發掘中發現不少商代車馬坑，殷墟小屯 C20 號墓中出有一車四馬三人以及三人使用的三套兵器，可知一兵車載三人。小屯宗廟遺址前的祭祀坑中

還發現象徵軍隊陣式的葬坑，包括兩個方陣。一陣為步兵，有三百人左右，一陣有兵車五輛。部分列左、中、右三組，與卜辭記載相符。車戰中，射手以弓箭為武器，墓葬裡還有大批青銅兵器如戈、矛、鏃、鉞及冑等。

▎西周

約始於西元前 11 世紀時周武王伐紂滅商，終於西元前 771 年周幽王覆亡的中國統一王朝。在這一時期內，全國大小諸侯均向王朝負擔一定義務，周朝維持著統一局面。由於周王居於西方的都城宗周，故稱西周。

周人的興起

周人是古老的農業部落，興起於今陝甘一帶。傳說其始祖名棄，為姜姓有邰氏女姜嫄所生，在堯、舜時任農師之職，受封於邰（今陝西武功西），號後稷。棄死後，子孫世代為夏朝農官。傳至不窋，因夏政衰，失官而奔於戎、狄之間。其孫公劉率族人定居於豳（今陝西旬邑西），發展農耕，勢力漸興。後又傳九世，到古公亶父時，因受薰粥、戎狄的進攻，從豳遷徙到岐山之下的周原（今陝西扶風、岐山間）。周原土地肥美，宜於農作。商代晚期，古公在那裡興建城郭房屋，劃分邑落，設立了官吏機構，國號為周。古公後被周人追稱太王。

古公卒，少子季歷即位，是為公季，後周人追稱王季。周國勢發展，季歷同商朝屬下的任姓摯氏通婚，加強了與商朝的關係。商王武乙末年，季歷入朝，武乙賜以土地及玉、馬等物品。隨後季歷征伐西落鬼戎，俘獲「十二翟（狄）王」。商王文丁時，季歷進一步對諸戎作戰，除伐燕京之戎受挫外，伐餘無之戎、始呼之戎、翳徒之戎都得勝利，使周

的勢力深入今山西境內。文丁（一說帝乙）封季歷為牧師（即方伯）。可能是由於周的強大，引起同商朝的矛盾，季歷終為商王所殺。

季歷之子昌即位，即周人追稱的周文王。文王曾與九侯（一作鬼侯）、鄂侯（一作邗侯）一起為商王紂的朝臣，九侯、鄂侯遭紂殺害，文王也被囚禁。他得釋後向紂獻洛河以西土地，請除炮烙酷刑，為紂所許，封為西伯。諸侯多叛商歸周。文王連續征伐犬戎、密須（在今甘肅靈台西）、黎（在今山西長治西南）、邗（在今河南沁陽西北），最後攻滅崇國（在今陝西長安西北），在其地灃水西岸興造豐邑，遷都到那裡。文王時期，周已相當強大，但在名義上仍是商朝屬下的一個諸侯國。

武王伐紂

文王長子伯邑考被紂所殺。文王死後，由後立的太子發即位，即周武王。武王即位的第二年，興師東至孟津伐商，但因時機不夠成熟，只得暫時還師。後來商王紂更加暴虐，殺比干，囚箕子，商朝矛盾急遽激化。周武王又率軍東征，渡孟津，與諸侯相會，作誓聲討紂的罪行。在甲子日清晨，周軍進至商郊，與紂兵於牧野決戰。牧野之戰，周軍全勝，紂被迫自焚而死，商朝亡。

武王進入商都，分商的畿內為邶、鄘、衛三國，以邶封紂子祿父（即武庚），鄘、衛則由武王之弟管叔鮮、蔡叔度分別管理，合稱三監（一說管叔監衛、蔡叔監鄘、霍叔監邶）。隨後派兵征伐尚未臣服的商朝諸侯，據記載被征服者有九十九國之多。

克商後，武王還師西歸，在他新遷的都邑鎬京（即宗周，今陝西長安西北灃水東）舉行盛大典禮，正式宣告周朝的建立。

周公東征

武王死後，太子誦繼立，是為成王。成王年幼，曾輔佐克商的武王之弟周公旦攝政。管叔、蔡叔懷疑周公將篡取王位，傳播流言，武庚也謀劃復國，與管、蔡結合叛周，糾集徐（在今江蘇泗洪）、奄（在今山東曲阜）、薄姑（在今山東博興東南）和熊、盈等方國部落作亂。周公奉成王命東征，經過三年戰爭，終於平定叛亂。武庚和管叔被誅，蔡叔被流放。

《尚書·大誥》內頁為了消弭殷商殘餘勢力叛周的隱患，周朝首先命令諸侯在伊洛地區合力營建新邑，即周朝的東都雒邑（成周）。東都既成，遂遷曾反對周朝的「殷頑民」於此，加以控制。同時，封降周的商貴族微子於商朝故都宋（今河南商丘）地，以代殷商之後，封武王少弟康叔於紂都，成立衛國，賜以殷民七族封周公長子伯禽以奄國舊地，成立魯國，賜以殷民六族。這樣，殷商餘民遂被分割，逐漸服從於周朝的統治。

成康之治

東都成周建成，周公還政成王，周朝進入鞏固的時期。傳說周公制禮作樂，即指王朝各種制度的創立和推行。其中以周初分封最具深遠影響。

周的分封諸侯，在武王時即已開始，但大規模分封是在成王及其子康王（名釗）的時期。據傳周初所封有七十一國，其中與周王同為姬姓的占四十國。王季之兄太伯、仲雍的後人封於吳（今江蘇蘇州）文王之弟虢仲、虢叔分別封於東虢（今河南滎陽東北）、西虢（今陝西寶雞東）文王之子分別封於管（今河南鄭州，早滅）、蔡（今河南上蔡西南）、霍（今山西霍縣西南）、衛（今河南淇縣）、毛（今地未詳）、聃（今湖北荊門東

南）、郜（今山東成武東南）、雍（今河南修武西）、曹（今山東定陶西）、滕（今山東滕州西南）、畢（今陝西咸陽西北），原（今河南濟源西北）、酆（今陝西長安西北）、郇（今山西臨猗西南）武王之子分別封於邗、晉（始封在今山西翼城西）、應（今河南平頂山）、韓（今山西河津東北）周公之子分別封於魯（今山東曲阜）、凡（今河南輝縣西南）、蔣（今河南固始西北）、邢（今河北邢台）、茅（今山東金鄉西北）、胙（今河南延津北）、祭（今河南鄭州東北）召公之子則就封於燕（今北京）。此外，還有許多異姓諸侯國，如姜姓之齊（今山東臨淄北）、子姓之宋等等。

西周分封，以宗法血緣關係為紐帶，建立起周天子統轄下的地方行政系統，從而在一定時期內造成了加強周王朝統治的作用。分封制還為維護天子、諸侯、卿、大夫、士這一等級序列的禮制的產生，提供了重要前提。

周初所封諸侯，均由中央控制。成王之時，周公、召公是朝中最重要的大臣。自陝（今河南陝縣）以西諸侯由召公管理，以東諸侯由周公管理（周公死於成王在位時，召公則活到康王的時代）。康王之世，周曾命諸侯對邊遠方國進行戰爭，例如小盂鼎銘文所記對鬼方的征討。斬獲眾多，僅俘人即數以萬計。成康時期，周朝最為強盛。

昭王南征與穆王遊行

康王死後，子昭王瑕即位，昭王十六年，他欲繼承成康事業，繼續擴大周的疆域，親率大軍南征楚荊，經由唐（今湖北隨州西北）、厲（今湖北隨州北）、曾（今湖北隨州）、夔（今湖北秭歸東），直至江漢地區。南征共經三年，昭王還師渡過漢水時，相傳當地人用以膠黏接的船乘載昭王，到中流船體分解，昭王溺死，軍隊也遭覆沒，使周朝蒙受前所未有的挫折。

繼昭王而立的是其子穆王滿，在位長達五十五年。他好大喜功，仍想向四方發展。曾因游牧民族戎狄不向周朝進貢，西征犬戎，獲其五王，並把戎人遷到太原（今甘肅鎮原一帶）。穆王好遊行，致使朝政鬆弛。東方的徐國率九夷侵周，甚至西至河上。穆王南征，透過聯合楚國的力量，才得以平定。後世流行穆王西征的故事，如晉代汲塚出土戰國竹簡《穆天子傳》所載，雖多不真實，但反映了當時穆王意欲周遊天下，以及與西北各方國部落往來的情形。

西周中期列王

穆王卒後，依次即位的是共王㵎（或作伊）扈、懿王毑（或作堅）、孝王闢方、夷王變。經過昭穆時代，周朝實力削弱，中期四王僅能守成。但共王曾滅姬姓的密國（在今甘肅靈台），夷王初年曾招致諸侯，把齊哀公置於鼎內烹死，可知王朝還有較大的權威。

這一時期，西北地區的戎狄逐漸興盛。懿王時，出現「戎狄交侵，暴虐中國」的局面，周人深為所苦。夷王命虢公率師征伐太原之戎，獲馬千匹，但這一勝利未能挽回王室的頹勢，戎狄繼續成為周朝的嚴重威脅。

國人起義與共和行政

夷王卒，子厲王胡立。厲王在位期間，西周各種社會矛盾趨於激化，終於達到爆發的境地。西北戎狄，特別是儼狁，進一步加強對周朝的壓力，不時入侵曾臣服於周的東南淮夷不堪承受沉重壓榨，奮起反抗。厲王命虢仲征伐。結果失敗。連年戰亂，給民間帶來深重的疾苦。與此同時，厲王任用榮夷公為卿士，實行「專利」，將社會財富和資源壟斷起來。為壓制國人的不滿，厲王命衛巫監視，有「謗王」者即加殺戮。

結果人人自危，終於釀成國人起義。

西元前 841 年，國人大規模暴動，厲王被迫出奔到彘（今山西霍縣）。朝中由召公（召穆公虎）、周公（周定公）兩大臣行政，號為「共和」（一說由諸侯共伯和攝行政事）。

宣王中興

國人起義時，厲王太子靜藏在召穆公家中，召公以自己的兒子代之，得以脫險。共和十四年（前 828），厲王死於彘。次年，太子靜即位，是為周宣王，在位共四十六年。宣王在召穆公等大臣輔佐下，勵精圖治，朝政有明顯起色。在國人支持下，宣王著手對西北防禦獫狁，對東南討淮夷。

宣王初期，因國力不足，曾依靠服屬周朝的秦人抵禦西戎（即獫狁）。宣王以秦仲為大夫，命其進攻西戎。宣王四年（前 824），秦仲被西戎所殺。宣王又召見其子秦莊公等五人，給七千兵士攻伐西戎，取得勝利，封秦莊公為西垂大夫。五年三月，宣王還曾親自率軍在彭衙（今陝西澄城西北）同獫狁交戰，有所斬獲。之後，宣王轉而經營東南。他命尹吉甫（金文中名兮甲、兮伯吉父）管理四方入貢財物，包括淮夷的貢納，要求淮夷依照王朝規定入貢布帛、糧草和服役的人眾，限制淮夷商賈必須在指定市場與周朝方面貿易，以便為日後大舉進攻獫狁作準備。

經過一段時間的積蓄力量，宣王命尹吉甫、南仲等出軍征伐獫狁。這次征討歷時較長，得到顯著成功。例如宣王十二年所作虢季子白盤銘文所說，虢季子白率兵在洛河北岸同玁狁戰鬥，一次就斬首五百，俘敵五十，周軍一直深入到太原，迫使獫狁遠去。

可能是因周朝的榨取，淮夷叛周而犯江漢地區。宣王命穆公前往平定，又命南仲、皇父、程伯休父等率軍沿淮東下，征伐徐國，終於迫使

徐國服從周朝。為鞏固南土，宣王將王舅申伯徙封於謝（今河南南陽）。

宣王時期的這些勝利，並未解決西周社會的根本矛盾，所謂中興只能是暫時的。宣王晚年，周王朝重新出現了衰象。三十一年，宣王派軍征伐太原之戎，未能獲勝。次年，宣王干涉魯國的君位繼承，用武力強立魯孝公，引起諸侯不睦。三十六年，征伐條戎、奔戎，慘遭敗績。三十九年，與西戎別支姜氏之戎戰於千畝（今山西介休南），遭到嚴重失敗，喪失了隨同作戰的南國之師。為了繼續防禦玁狁，宣王不得不在太原統計民數，加以整編控制。這表明周朝的實力已趨於空虛。

西周的覆滅

西元前 781 年，幽王宮湼（或作生、涅）即位，任用好利的虢石父執政，朝政腐敗激起國人怨恨三年（前 779），伐六濟之戎失敗同時天災頻仍，周朝統治內外交困。

引致西周滅亡的導火線是幽王廢掉正後申侯之女及太子宜臼，改以嬖寵美人褒姒為後，其子伯服（一作伯盤）為太子。宜臼逃奔申國，申侯聯合繒國和西方的犬戎進攻幽王。幽王與伯服均被犬戎殺死於戲（今陝西臨潼東）。西元前 771 年，西周覆亡。

幽王死後，申侯、魯侯、許文公等共立原太子宜臼於申，虢公翰又另立王子餘臣於攜（今地不詳），形成兩王並立。宜臼為避犬戎，遷都到雒邑，是為周平王。餘臣在西元前 760 年被晉文侯所殺。

▌春秋

西元前 770 年周平王東遷雒邑到西元前 476 年（《史記・十二諸侯年表》為前 477 年，《史記・周本紀》為前 478 年）周敬王卒的中國歷史時期，因魯史《春秋》記錄了這一階段的歷史而得名。由於周的東遷，前人

也稱這時期為東周。

周東遷後，實力大為削弱。全國處於分裂割據的狀態。見於《左傳》的大小國家約有一百二十多個。其中以姬姓者為最多，有晉（在今山西侯馬）、魯（在今山東曲阜）、曹（在今山東定陶）、衛（先在今河南淇縣，後遷至今河南濮陽）、鄭（在今河南新鄭）、燕（在今北京）、滕（在今山東滕縣）、虞（在今山西平陸）、虢（在今河南陝縣）、邢（初在今河北邢台、後遷山東聊城）等國姜姓國有齊（在今山東臨淄）、許（原在今河南許昌）、申（在今河南南陽）、紀（在今山東壽光）嬴姓有秦（在今陝西鳳翔）、江（在今河南羅山西北）、黃（在今河南潢川）、徐（在今江蘇泗洪）羋姓有楚（在今湖北江陵）子姓有宋（在今河南商丘）、戴（在今河南蘭考）姒姓有杞（原在今河南杞縣，後遷到今山東濰坊）媯姓有陳（在今河南淮陽）曹姓有邾（在今山東鄒縣）、小邾（在今山東滕縣）任姓有薛（在今山東滕縣）曼姓有鄧（在今湖北襄樊）。另外還有屬於風姓、己姓、姑姓、偃姓等小國。各國之中最強大者為晉、楚，其次為齊、秦，再次則為鄭、宋、魯、衛、曹、邾等國。春秋末崛起者為吳、越兩國。除以華夏族為主的大大小小國家之外，還有不少的戎、狄、蠻、夷交錯其間。在長期的相互混亂之中，不少小國被強國所吞併。見於《左傳》的一百二十餘國，到春秋末只剩下原來的三分之一了。

強國的爭霸活動

周東遷和諸侯的強大西周末年，關中因受戰爭和自然災荒的破壞而變得十分蕭條，力量微弱的周王室已無法再在鎬京一帶立足。西元前770年，平王依靠晉、鄭諸侯的幫助而東遷雒邑。

鄭都城平面圖東遷後的周，起初尚占有今陝西東部和豫中一帶的地方，後來這些領土漸被秦、虢等國所占據，周所能控制的範圍，僅限於

雒邑四周。疆域的縮小，使周失去了號令諸侯的能力，各諸侯不再定期向天子述職和納貢，周王室的收入因此而減小。周經常向諸侯求車、求賻、求金，失去了昔日的尊嚴，已和一般小國無別。

與周相鄰的鄭，也是西周末從關中遷到今河南新鄭一帶的，但在春秋初中原的小國中，堪稱佼佼者。特別到莊公時，鄭的武力較強，不僅戰敗戎人，而且還滅掉了許國，西元前 707 年，周桓王伐鄭，結果被鄭打得大敗。此後，周王再也不敢用武力來制服諸侯，而野心勃勃的鄭莊公則頗有稱霸中原之意。除鄭以外，宋、魯等國都很強盛。西周「禮樂征伐自天子出」的局面為「禮樂征伐自諸侯出」所替代。

齊桓公的霸業齊在經濟、文化上都較為先進，是春秋時東方的泱泱大國。春秋初年，齊內亂迭起，無暇對外。桓公即位後，任用管仲為輔佐，穩定了國內的局勢，同時又注意發展經濟，國力大為充實。於是桓公積極開展對外活動，首先拉攏宋、魯兩國，接著把鄭也爭取過來。當時北方戎、狄勢力強大，華夏小國深受其害。西元前 661 年，狄伐邢（今河北邢台）次年，狄又破衛（今河南淇縣），衛只剩下遺民五千餘人。齊乃出兵救邢存衛，遷邢於夷儀（今山東聊城），遷衛於楚丘（今河南滑縣）。史稱「邢遷如歸」，「衛國忘亡」。由於齊聯合其他諸侯催折狄人南下的鋒芒，使邢、衛兩國轉危為安並受到保護，齊桓公在中原國家中樹立起很高的威信。

南方的楚國，在春秋初年還並不強，但經過武王到文王的苦心經營，楚開始強大，先後滅掉了鄧、申、息等國，並漸向北發展其勢力。到成王時，楚打算更進一步向中原逼近，但正逢齊桓公的崛起，一向服屬於楚的江、黃等小國都轉向齊。這使楚大為不滿，於是連年進攻鄭，以此作為報復。西元前 656 年，齊桓公也採取相應的舉動，率領魯、宋、陳、衛諸國之師，討伐追隨於楚的蔡國。蔡不堪一擊而潰敗，齊遂

進而伐楚。楚不甘示弱，派人責問齊師。最後兩國無法壓倒對方，故在召陵（今河南郾城）會盟。這次齊雖未勝楚，但楚北進的計畫受到了阻力。

西元前 651 年，齊桓公大會諸侯於葵丘（今河南蘭考），參加盟會者有魯、宋、鄭、衛等國的代表，周天子也派人前往。盟會上規定：凡同盟之國，互不侵犯，還須共同對敵。透過這次盟會，齊桓公成為霸主。霸主就是代替天子而成為諸侯中的主宰力量。

桓公死，諸子爭位，內亂不息。齊失去其霸主地位。齊稱霸時間雖不長，但對阻止戎、狄入侵和遏止楚的北上造成一定的作用。

武力強而好戰的宋國，在宋襄公時期，也躍躍欲試，想乘齊中衰而成為霸主，但不久就被楚所摧敗。

晉的崛起和文公的霸業晉在春秋初年比較弱小。其疆域僅包括今晉南和汾、澮流域一帶，都城在翼（今山西翼城）。《國語》說晉國是「景、霍以為城，而汾、河、涑、澮以為渠」。《左傳》說：「晉居深山，戎狄之與鄰」。由於晉國是「表裡山河」，有難攻易守的好處，但這樣的地理環境對於晉和中原的交往則頗為不利。

西元前 745 年，晉昭侯封其弟桓叔於曲沃（今山西聞喜）。桓叔實力超過晉君，雙方展開了不斷的激烈抗爭。到西元前 679 年，桓叔之孫取勝而成為晉君，是為武公。到其子獻公時，晉改一軍為二軍以擴大兵力，隨後滅耿（在今山西河津）、霍（在今山西霍縣）、魏（在今山西芮城）三個小國，接著又滅虢（在今河南陝縣）、虞（在今山西平陸）兩國，晉國疆土從黃河北岸延伸到黃河以南。這對晉以後的發展具有重要的意義。

獻公時晉開始強大。獻公死，諸子因爭位而釀成內亂。相繼在位的是碌碌無能的惠公和懷公，故一直受制於秦。晉長期處於動盪不安的狀態。

西元前 636 年，流亡在外達十九年之久的公子重耳，在秦的援助下回國即位，是為有名的晉文公。他備嘗「險阻艱難」，所以即位後能奮發圖強，任用有才幹的趙衰、狐偃等人，並注意發展農業、手工業生產。經過文公的治理，晉政權不僅鞏固起來，而且還出現「政平民阜，財用不匱」的局面。

同年，周王室發生內亂，周襄王出居鄭以避難。西元前 635 年，文公利用這一機會，出兵平亂，護送襄王歸國。襄王為了酬謝文公的功勞，把陽樊、溫、原和攢茅之田（今河南濟源、武陟一帶）賜給晉文公。文公透過興兵勤王，除得到土地外，還提高了晉在中原諸侯中的威望。

自齊霸中衰，楚又乘虛而入，中原的一些小國都在其支配之下。當時不僅魯、鄭屈服於楚，甚至像齊這樣的大國也受到楚的威脅。由於晉的強盛，晉楚之爭勢在必然。西元前 632 年，晉楚發生城濮之戰，楚人戰敗。晉文公和齊、魯、宋、衛等七國之君盟於踐土（今河南原陽），並得到周王的策命。是年冬，晉文公又會諸侯於溫（今河南溫縣），周王也被召去赴會，晉躍升為中原的霸主。

文公死，襄公立。襄公依靠文公手下的一批老臣，不僅能使內部穩定，同時還打敗白狄與秦人，故晉仍能保持其霸業。

秦霸西戎周東遷時，秦襄公因護送平王有功而被封為諸侯，秦原來居於今隴東，周東遷後，占有岐西之地。德公時居雍（今陝西鳳翔）。到穆公時秦漸強大。秦和晉通婚，故關係較密切，兩國亦因接壤而經常有矛盾。在晉文公卒後，穆公即乘晉喪而東向派兵襲鄭，後因鄭有備而退回，但在行經殽（今河南澠池、洛寧一帶）地時，遭到晉伏兵的狙擊，秦師全軍覆滅，三師被俘。此後，秦不斷和晉較量，如西元前 625 年，秦伐晉，戰於彭衙（今陝西白水），秦戰敗，一年後，穆公親自率兵伐晉，渡過黃河後，燒毀乘舟，晉人見秦有決一死戰之心而不敢應戰。秦由於

國力不如晉，故屢與晉戰而很少得利。而晉正好堵住秦東向的通道，故秦很難進入中原。出於以上原因，秦只好向西發展，擊敗附近的戎人以增強自己的力量。史稱穆公「益國十二，遂霸西戎」。同時，秦與南面的楚國加強聯繫，從穆公以後到春秋末，秦一直和楚站在一起而與晉為敵。

楚莊王之勝晉在晉文、襄時期，楚不敢與晉爭鋒。到楚穆王時，楚不斷對其鄰近的小國尋釁，先後滅掉了江（在今河南汝寧）、六（在今安徽六安）、蓼（在今河南固始）等小國。晉自襄公卒後，大權旁落於趙盾之手，趙盾為了樹立自己的勢力，排斥異己，殺靈公立成公，晉放鬆了對外的爭霸活動。而這時楚的國勢正盛，楚人範山對穆王說：「晉君少，不在諸侯，北方可圖也。」楚看出晉國的弱點，很想到中原建立霸業，但不久穆王即死去。

繼穆王而立者是莊王。莊王初年，楚的局勢很不穩定，接連發生貴族暴亂，又逢天災侵襲，而鄰近於楚的群蠻、百濮也都乘機對楚進行騷擾。莊王平息亂事，並在內政方面作過一些改革，能夠賞罰分明，大小貴族各有所用，使「群臣輯睦」對人民也有所加惠，即使經常出兵，但國內可以「商農工賈，不敗其業」。由於莊王治國、治軍有方，楚國力日益強盛。

西元前 606 年，莊王伐陸渾之戎（今河南伊川一帶），觀兵於周郊，並派人向周詢問周九鼎之輕重，以表示有吞周之意。西元前 598 年，楚攻破陳的都城次年又興兵圍鄭，鄭被困三月因城破而降楚。這使晉難堪，故晉派荀林父率大軍救鄭，晉楚兩軍大戰於邲（今河南鄭州北）。這時晉國政令不行，將帥不和，特別是副帥先縠剛愎自用，不肯服從命令，結果晉軍被楚打敗，狼狽逃歸。邲之戰是楚國在中原所取得的第一次大勝。西元前 594 年，楚又圍宋達九月之久，宋向晉告急，晉因畏楚

而不敢出兵。宋、鄭等國都屈服於楚，莊王成為中原的霸主。

鞌之戰和鄢陵之戰隨著晉霸的中衰，常和晉站在一起的齊，漸對晉藐視起來。齊頃公時，齊一面和楚連結，一面又不斷對魯、衛兩國用兵。另外又不尊重晉的使臣郤克。西元前589年，魯、衛兩國因不堪齊的侵伐而向晉求救，晉派郤克率兵攻齊，兩軍激戰於鞌（今山東濟南），齊師戰敗。齊與晉結盟，並答應歸還占領魯、衛之地。這次戰役表明，晉雖不如以前強盛，但齊仍不是晉的對手。

鞌之戰晉獲勝後，又引起楚對晉的敵意。這年冬，楚以救齊為名而大興師。接著楚在蜀（今山東泰安）舉行了盟會，參與者有齊、秦、宋、鄭、衛等十國，聲勢頗盛。晉不敢出來與楚抗爭。當然，楚也不敢攻晉，兩強處於相持階段。

西元前580年，晉厲公立。厲公頗有重整晉國之意，於即位之初就打敗了狄人和秦人。被晉人稱為「四強」的齊、秦、狄、楚，這時除楚之外，都為晉所制服。

西元前579年，晉、楚兩國在宋華元的調停下議和，但兩國均缺乏誠意，只能使矛盾獲得暫時的緩和。西元前576，楚首先違約而向鄭、衛發動進攻。次年，晉國以鄭服於楚為藉口而伐鄭，鄭向楚求援，楚恭王率大軍救鄭，晉、楚兩軍大戰於鄢陵，楚戰敗而退兵。鄢陵之戰後，晉在實力和條件上略勝於楚，晉厲公因此驕傲自滿起來。次年，「欲去群大夫」，殺掉了郤至、郤犨，想以此來加強君權，但晉室弱而權在卿大夫的局面已很難扭轉，所以次年厲公即被欒書、中行偃這些實力很強的大臣所殺死。

晉悼公復霸厲公被殺之後，晉國卿大夫之間的抗爭也趨於緩和，故在悼公時期，晉勢復振。

悼公在對付戎人方面採取魏絳和戎的策略，即用財物去換取戎人的

土地，以代替過去的單純的軍事殺伐，藉此抽出部分的兵力來加強對中原的爭霸活動。

西元前 571 年，晉在虎牢（今河南汜水）築城以逼鄭。鄭背楚而倒向於晉。這時晉、楚俱在走向下坡，但相比之下，晉略占優勢，故楚不敢與其相抗。悼公能夠復霸，原因就在於此。當然，晉的霸業，至此也已接近尾聲。

向戌弭兵西元前 546 年，宋向戌繼華元而提出弭兵之議，晉、楚、齊、秦四大國都表示同意。是年六、七月間，晉、楚、齊、秦、宋、衛、鄭、魯等十四國在宋都開弭兵之會。齊、秦是大國，邾、滕是齊、宋的屬國，這四國不參加盟約。會上規定晉、楚之從必須交想見，就是說兩國的僕從國既要朝晉又要朝楚，同時承認晉、楚為霸主，遂出現了前所未有的霸業由兩強來平分的現象。

弭兵之會的幾十年中，由於晉、楚兩強力量的接近於平衡，彼此的軍事衝突較以前大為減少。

小國對霸主的貢賦西周時各諸侯都要定期對周天子納貢，春秋時因周衰而此制漸廢。隨著大國爭霸的出現，各小國都要向霸主國交納貢奉。特別到春秋晚期，霸主國為了加緊對小國的勒索，甚至規定出貢賦的標準，如魯襄公幾次到晉國去聽政，就是去聽取晉對魯賦的具體數目。霸主為了能保證有這種收入，時常對小國施加軍事威懾，小國為了不致遭受戰爭的災難，故必須不斷地對霸主交納奉獻。《左傳》說：「魯之於晉也，職貢不乏，玩好時至，公卿大夫，相繼於朝，史不絕書，府無虛月。」除了晉以外，楚是另一個霸主，齊是強鄰，魯對這兩國也不敢稍有違抗。據《左傳》記載，魯在春秋時期，對晉、楚、齊三國共朝見過三十三次。

鄭國地當晉、楚之間，兩強發生軍事衝突時，鄭受害最大。鄭在子

馴當政時期，採取唯強是從的策略，「犧牲玉帛，待於二境，以待強者而庇民焉」。後來子產當政，他對晉人說：「以敝邑之褊小，介於大國，誅求無時，是以不敢寧居，悉索敝賦，以來會時事。」鄭和魯一樣，為了少受討伐，只能向兩強多交貢賦。鄭人每次赴晉，都要帶著豐厚的禮品，如晉安葬晉平公，鄭執政子皮帶著一百輛車的禮物前去送葬。

春秋晚期，晉的執政都很貪婪，加重了對小國的壓榨。《左傳》說：「範宣子為政，諸侯之幣重，鄭人病之。」又說：「韓宣子為政，不能圖諸侯，魯不堪晉求。」霸主國的苛求無厭，使小國承受著很重的負擔。但和魯鄰近的滕、小邾、杞、鄅等小國，都要經常去朝魯，如杞對魯稍有不敬，魯則出兵討伐之，可見魯又模仿著強國去對待比自己弱小的國家。

吳的興起和吳破楚　地處長江下游的吳國，由於經濟文化較落後，在春秋前期和中原各國少有來往，其活動狀況也不見於史書記載。

從春秋晚期開始，吳漸漸強大起來。西元前 583 年，晉採納從楚逃亡到晉的申公巫臣的策略，扶植吳國以制楚，派巫臣使吳，並把中原的乘車、射御、戰陣都教授給吳人，還「教之叛楚」。從此，吳果然加緊對楚的進攻，屬於楚的一些蠻、夷，也漸被吳所吞併。

西元前 515 年，吳公子光殺王僚而自立，即吳王闔閭。《左傳》稱闔閭與民「辛苦同之」，是一位有作為的君主。吳在其治理下而日益強盛。西元前 512 年，吳滅徐（在今安徽泗縣北）。楚的卿大夫這時已感到吳的威脅，而且也預見到吳將是楚不易對付的強敵。

吳重用楚亡臣伍員。伍員認為「楚執政眾而乖，莫適任患」，建議吳王把吳軍抽成三部分，每次出一師以擊楚，如此輪番地去擾楚，便可削弱楚人，最後以三軍攻之，楚一定無法支持。吳王接受了這一計謀，果然，從楚昭王即位之後，「無歲不有吳師」，使楚疲於奔命。

西元前 506 年，吳大舉攻楚。吳軍溯淮而上，轉戰於小別山、大別

山一帶。繼而吳與楚軍戰於柏舉（今湖北麻城），楚軍失利。吳從攻楚以來，五戰皆捷，吳軍遂攻入楚的郢都（今湖北江陵），昭王奔於隨（今湖北隨州）。楚申包胥入秦乞師，秦襄公派兵車五百乘以救楚。楚人在秦的支持下，把吳軍逐出楚境。楚因遭到這次大敗而失去其霸主地位。

吳伐越和越滅吳越和吳相毗鄰，占有今浙江一帶。越乘吳忙於攻楚而經常出兵以襲吳。西元前496年，吳伐越，戰於槜李（今浙江嘉興），吳師敗，吳王闔閭負傷而卒。西元前494年，吳王夫差為報父仇而敗越於夫椒（今江蘇蘇州），又乘勝而攻入越都。越王勾踐率領五千甲盾而退保於會稽山（今浙江紹興），並使人向吳求和，伍員要求夫差滅越以除吳心腹之患，而夫差因勝越而驕傲自滿，不聽伍員諫阻而許越議和。

吳勝越以後，自以為從此可無後顧之憂，於是一心想到中原和晉、齊試比高下。西元前486年，吳人在邗（今江蘇揚州附近）築城，又開鑿河道，將長江、淮水接連起來，開闢出一條通向宋、魯的水道，進逼中原，在其壓力下，魯、邾等國紛紛臣服。西元前485年，吳派舟師從海上伐齊次年，又興兵伐齊，大敗齊師於艾陵（今山東萊蕪），齊軍主帥國書戰死，吳俘獲齊兵車八百乘。西元前482年，吳王夫差與晉、魯、周等國會於黃池（今河南封丘）。在這次會上，晉與吳都爭作霸主，晉由於國內內亂未止，故不敢與吳力爭，使吳奪得了霸主的位置。

《左傳》說夫差時，「吳日敝於兵，暴骨如莽」，又說他不恤民力，「視民如讎」。吳在爭霸方面雖得逞，但連年的興師動眾，造成國力空虛。越王戰敗以後，不忘會稽之恥，臥薪嘗膽，「十年生聚而十年教訓」，越的國力漸漸恢復起來。而吳對此並不警惕。吳王為參加黃池之會，竟率精銳而出，使太子和老弱留守。越王勾踐乃乘虛而入，大敗吳師，並殺死吳太子。夫差聞訊而匆匆趕回與越議和。吳長期的窮兵黷武，民力凋敝，難以和越對抗。西元前473年，越滅吳。

勾踐滅吳之後，步吳之後塵，以兵北渡淮，會晉、齊諸侯於徐州。越兵橫行於江淮以東，「諸侯畢賀，號稱霸王」。《墨子》說當時的強國是楚、越、晉、齊，「四分天下而有之」。在春秋末到戰國初，越代吳成為長江下游的強國。

各國君主權力更替和卿大夫的兼併戰爭

春秋時從周王室到各個侯國，君權不強者占大多數。魯、宋、鄭、齊、晉等國的君權日益衰弱，而主宰國家命運的卿大夫為了爭權奪利，又不斷地展開激烈的兼併戰爭。

魯國在僖公時，由桓公之子季友秉政，其後代稱季孫氏。季友之兄慶父、叔牙之後為孟孫氏、叔孫氏。這三家皆為桓公之後，故稱三桓。僖公以後到春秋末，魯的政權基本上由三家所把持。襄公時，季孫宿執政，三分公室，魯君實力被削弱。到昭公時，昭公被逐出魯國，流浪在外七年而卒。《左傳》說：「魯君世從其失，季氏世修其勤。」由於季氏頗得民心，故魯國出現「民不知君」的現象。但隨著三桓勢力的過於強大，三桓的家臣也非同一般。在春秋晚期，南蒯、陽虎、侯犯等先後起來反對季氏和叔孫氏，像陽虎就一度執掌魯的大權，即所謂的「陪臣執國命」。由此又反映出三家也在走向衰微。

孔廟大成殿宋國的卿大夫和魯一樣，以公族子孫為主，如有戴公之後的華、樂、老、皇四家，後來有桓公之後的魚、蕩、鱗、向四家。整個春秋時期，宋國的執政不出於戴、桓兩族，其中尤以戴族為多。各大族的傾軋很激烈，到春秋晚期，桓氏勢力被剷除，剩下戴族的樂、皇幾家。

鄭國的執政以穆公後人為主。穆公有十三子，其中罕、駟、豐、遊、印、國、良七家為強族，即所謂的七穆。從春秋中期到晚期，任鄭執政者不出這七家。

　　齊國在春秋早期由國、高二氏掌握大權，以後又有崔、慶二氏，這四家都是齊的公族。屬於異姓貴族者有姬姓的鮑氏和媯姓的田氏。田完本為陳國的公子，後逃到齊，桓公使其為工正。齊莊公時，田氏漸漸得勢。景公時，田乞為大夫。田氏為了擴張自己的勢力，「其收賦稅於民，以小斗受其粟，予民以大斗」，以此來籠絡人心，抬高田氏在齊國的聲望。景公死後，田氏滅國、高二氏，田乞專齊政。到其子田常時，鮑氏、晏氏也為田氏所除，田氏占有的土地比齊君的封邑還大。到田盤時，田氏的宗族「盡為齊都邑大夫」。田氏在外則和晉通使，成為齊國的實際統治者，齊宣公則有名無實。後田氏廢康公（宣公子），代替姜氏而統治齊國。

　　晉國從獻公時起，不許立公子、公孫為貴族，公子、公孫只好離晉而仕於他國。這就是所謂的「晉無公族」，為春秋時他國所無的現象。排斥公族，導致異姓或國姓中疏遠的卿大夫得勢。文公、襄公時，狐、趙、先、郤、胥等氏頗有權勢，以後又有韓、魏、欒、範、荀氏等強大宗族。春秋中期以後，卿大夫之間兼併激烈。從厲公時起，郤氏、胥氏、欒氏被翦除，到春秋晚期只剩下最強的趙、魏、韓、範、中行氏。後來趙又滅範、中行氏。春秋末年，智氏最強，趙聯合韓、魏而消滅智氏。晉長期的卿大夫兼併戰爭到此告一段落，晉國也被這勢均力敵的三家所瓜分。到戰國初年，三家得到周天子的認可，晉國乃抽成趙、魏、韓三國。

　　以上幾個國家都因為存在強大的同姓或異姓貴族勢力，致使君權削弱，「權去公室，政在家門」。卿大夫為了爭權奪利，引起內亂頻繁發生。但並非諸侯國皆如此，如楚王的宗族雖強盛，卻未形成像魯、晉那樣實力很大並能控制君主的強家，故楚的君權較許多中原國家為強。秦的情況和楚也有某些相像之處。

戰國

西元前 475 年到前 221 年秦統一以前的中國歷史時期。這一時期各國混戰不休，故前人稱之為戰國。但前人也把春秋、戰國合稱東周，還有稱戰國為列國或六國者。戰國始於何年，過去有不同的劃分法。《史記》的《六國表》定在周元王元年（前 475），而《資治通鑑》則以西元前 403 年韓、趙、魏三家分晉作為戰國開端。前 403 年似失之稍晚，故現在已很少有人採用這一劃分標準。

戰國和春秋一樣，全國仍處於分裂割據狀態，但趨勢是透過兼併戰爭而逐步走向統一。春秋時全國共有一百多國，經過不斷兼併，到戰國初年，只剩下十幾國。大國有秦、楚、韓、趙、魏、齊、燕七國，即有名的「戰國七雄」。除七雄外，越在戰國初也稱雄一時，但不久即走向衰亡。小國有周、宋、衛、中山、魯、滕、鄒、費等，後來都先後被七國所吞併。與七雄相毗鄰的還有不少少數民族，北面和西北有林胡、樓煩、東胡、匈奴、儀渠，南面有巴蜀和閩、越，至秦統一，已多與漢民族融合。

七國的疆域情況是：秦占有今陝西及甘肅之東南部，以後漸進到今四川、山西、河南。都城最初在雍（今陝西鳳翔），最後遷咸陽。韓的國土是七國中最小者，今晉東南及豫中、豫西部都屬韓地，都城在平陽（今山西臨汾），後遷鄭（今河南新鄭）。趙占有今山西的中部、北部以及河北中部和西北部，後拓地至今內蒙古南部的黃河兩岸，都城在邯鄲。魏占有今晉南及豫北和豫中偏東一帶，都城在安邑（今山西夏縣），後遷大梁（今河南開封）。齊占有今山東北部及河北東南的一部分，都城在臨淄。楚占有今湖北、湖南、四川、安徽、江蘇、浙江和山東的一部分，都城在郢（今湖北江陵），後遷於陳（今河南淮陽）、壽春（今安徽壽縣）等地。燕占有今河北北部及遼西一帶，後又占有今遼東和內蒙古、吉林

的一部分，都城在薊（今北京），其下都在今河北易縣。

司馬遷因當時缺乏完整的戰國史專著，故《史記》只能根據儲存在《戰國策》、《世本》等書中的原始材料寫成有關戰國史的紀傳和世家。銀雀山、馬王堆、雲夢等地所出土的竹簡和帛書，以及各種器物上的銘記材料，都有許多重要的史料，可訂正或補充《史記》等書。

七國的兼併戰爭

戰爭規模的擴大戰國時期兼併戰爭比春秋時更為激烈和頻繁，規模也更大。各大國都擁有雄厚的武裝力量，三晉、齊、燕各有帶甲之士數十萬人，秦、楚兩國各有「奮擊百萬」。在作戰時更是大量出動，秦、趙長平一役，趙出兵四十多萬人秦為了滅楚，動員兵力達六十萬人之多。春秋時的大戰，有時數日即告結束，戰國時則短者數月，長者可以「曠日持久數歲」。作戰雙方都要求消滅對方實力，因此一次戰役中被殺的士兵多達數萬人乃至數十萬人。「爭城以戰，殺人盈城，爭野以戰，殺人盈野」，已成為常見的現象。戰爭中消耗的物力也十分驚人。《孫子兵法》說「興師十萬，日費千金」。《戰國策》說一次大戰，僅以損失的兵甲、車馬而言，「十年之田不能償也」。

各國為了克敵致勝，還競相改進武器裝備。韓、楚兩國都以武器製作精良而著稱於當時。兵器方面的最大變化是鐵兵器開始出現。如《史記》有「楚之鐵劍利」的話，《荀子》也說楚的宛（今河南南陽）地所出的戟和鐵矛極為鋒利。河北易縣出土有戰國末年燕國的鋼戟和鋼劍。另外，當時還有鐵甲和鐵盔。武器中的新品種有弩，弩是在弓上安裝木臂和銅製的郭，即利用簡單的機械將箭從弓上射出，使箭具有很強的穿透力，像韓國所造的勁弩，可把箭射到六百步以外。作戰用的器械也多種多樣，如有攻城用的雲梯、衝車，水戰用的鉤拒。有關的情況，在《墨

子》的《備城門》等篇中都有記述。

作戰方法和兵種，也隨著戰爭規模擴大而發生變化。長期以來以車戰為主的作戰方法，漸退居於不太受地形條件限制的步戰之下。在北方民族的影響下，騎兵作為新兵種開始推廣。《戰國策》說七國各有騎數千匹或萬匹。為了便於，騎戰，西元前 307 年，趙武靈王命令「將軍」、「大夫」、「戍史」都要穿胡服，即歷史上有名的「胡服騎射」。在《孫臏兵法》中，曾提出「用騎有十利」的看法。騎兵的許多長處，非其他兵種所能及，當時兵家對此已深有認識。

為了加強防禦，各國不惜動用大量人力來修建長城。齊的長城西起於平陰防門（今山東平陰），南面到海邊的琅邪。魏為了保護其河西，曾在今陝西洛水以東築長城。趙國在漳水、滏水流域修造過長城，趙武靈王又在陰山下修長城。燕國在大破東胡以後修造長城，西起造陽（今河北懷來），東止於襄平（今遼寧遼陽）。燕、趙修築北邊長城，目的在於防禦北方各族入侵，後來秦、漢長城即在其舊基址上加固而成。

魏的盛衰魏是戰國初年中原的一個強國。文侯、武侯兩世，魏因經過政治改革而國力強盛，東面屢敗齊人，又滅中山國，西面則派李悝、吳起守西河，一再挫敗秦人的進攻。

到惠王時，魏更加強大，從此更加緊侵伐宋、衛、韓、趙等國。西元前 354 年，魏攻趙，次年，魏攻陷趙的邯鄲，齊救趙敗魏於桂陵（今山東曹縣），後魏將邯鄲歸還給趙。西元前 344 年，惠王在逢澤（今河南開封南）開會，「率十二諸侯，朝天子於孟津」，並於是年開始稱王，成為七國君主中最先稱王者。他在禮制方面處處模仿天子，企圖使中原各國都能聽從魏的號令。

惠王稱王是魏國強盛的頂峰，但很快就開始走下坡路。西元前 341 年，魏軍在馬陵之戰中，為齊伏兵所敗，損失十萬兵，主將太子申、龐

涓都戰死，實力大為削弱。魏在西面又受挫於秦，失去少梁（今陝西韓城），河西屏障被秦突破。西元前340年，秦商鞅率兵伐魏，虜魏將公子印。惠王被迫從安邑（今山西夏縣）遷都於大梁（今河南開封）。由於魏一再在軍事上失利，不能繼續稱雄於中原，西元前334年，魏惠王和齊威王在徐州（今山東滕縣）相會，互尊為王，承認魏、齊的對等地位，以共分霸業，並緩和魏、齊的矛盾。

由於秦的崛起，秦東向發展，魏首當其衝，成為秦進攻的主要對象。故惠王以後，魏日益削弱。

秦的對外進攻和疆土的擴大秦經過商鞅變法，國勢蒸蒸日上，不斷攻打韓、魏，以擴大秦的疆域。西元前333至前328年，秦接連擊敗魏軍，魏被迫割地求和，失去其全部河西之地。西元前325年，秦惠文王也開始稱王。秦強大之後對三晉威脅很大，西元前318年，魏公孫衍起來聯趙、韓、燕、楚「合縱」攻秦，結果被秦打敗，將帥被秦俘獲。西元前316至前313年，秦先後攻占趙的中都（今山西平遙）、西陽（即中陽，今山西中陽）、藺（今山西離石西），大敗韓軍於岸門（今河南許昌），對三晉的攻伐都取得了勝利。

西元前312年，秦、楚大戰於丹陽（今河南淅川一帶），楚大敗，楚的軍將死者七十餘人。楚懷王派兵襲秦藍田，又敗於秦。秦從此取得楚漢中地的一部分，置漢中郡，而楚失去西北的門戶。秦又不斷攻打義渠之戎，西向而拓地。西元前316年，蜀有內亂，秦惠文王派司馬錯一舉而滅蜀，於是秦益強，「富厚，輕諸侯」。

齊伐燕和燕破齊魏、齊相王以後，齊成為關東的最強者。燕王噲晚年，讓國於大臣子之，太子平聚眾攻子之，引起內亂。西元前314年，齊宣王派田章率兵攻燕，僅五十天就滅燕。齊軍對燕人肆意蹂躪，引起燕人反抗，終於趕走齊兵，但燕也因此而殘破。趙武靈王護送燕公子職

回國即位，是為燕昭王，燕國復定。

　　齊湣王時，武力很強，對外發動了一系列的戰爭。西元前 301 年，齊、秦率韓、魏攻楚，敗楚於重丘（今河南泌陽一帶），殺楚將唐眜。西元前 296 年，齊又聯合三晉和宋等國「合縱」以攻秦，秦不利，故退出一部分侵占別國的土地而求和。齊和燕又戰於「桓之曲」，燕損兵十萬。湣王因屢勝而更加驕傲自滿。西元前 288 年，齊和秦曾一度互相稱帝，齊湣王為東帝，秦昭王為西帝，齊和秦成為天下的兩強。西元前 286 年，齊又滅「五千乘之勁宋」，使得「泗上諸侯鄒、魯之君皆稱臣，諸侯恐懼」。但齊因連年興師用眾，造成「穡積散」、「民憔悴、士罷弊」。特別在滅宋以後，齊實際上已成為強弩之末。

　　燕昭王即位之後，禮賢下士，樂毅等人都奔赴於燕，經過二十八年而「燕國殷富」。西元前 284 年，燕聯合三晉、秦楚而大舉伐齊，齊無力抵禦，燕將樂毅很快攻下齊都臨淄，湣王出走，不久被殺。齊除莒、即墨以外的七十餘城都為燕所占領，併成為燕的郡縣。西元前 279 年，燕昭王卒，子惠王立，惠王以騎劫代樂毅，齊將田單舉兵反攻，殺騎劫，大破燕兵，收復了所有的失地，迎齊襄王入臨淄。齊雖能取得勝利，但國力未能因此而重振。

　　楚的削弱春秋時楚和晉為兩強，進入戰國後楚已大不如以前，但因其地廣人眾，在關東六國中仍是比較強大的一國。魏公孫衍「合縱」攻秦，楚懷王曾被推為縱長。懷王時楚又滅越，楚的疆域擴大到今江浙和魯南一帶。自從秦、齊兩國強盛起來之後，楚不斷和秦、齊進行戰爭，但都遭到失敗，最後楚懷王被秦誘至秦國而死於秦。

　　到楚頃襄王時，頃襄王「淫逸奢靡，不顧國政」，又不修城池，不設守備。西元前 280 年，秦攻下楚的漢北地及上庸（今湖北竹山），司馬錯又從蜀而攻楚的黔中郡（今湖南西部）。次年，秦將白起更是引兵深入，

攻下鄢（今湖北宜城）、鄧（今湖北襄樊附近）和西陵（今湖北宜昌西），次年攻占了郢都，秦軍繼續南進，一直打到今洞庭湖邊上。楚的軍隊潰散而不戰，楚頃襄王逃竄於陳（今河南淮陽）。秦在所占領的楚地設立黔中郡和南郡，從此，「楚遂削弱，為秦所輕」。

趙向北發展和長平之戰趙武靈王實行「胡服騎射」，增強了軍隊的戰鬥力。當時在趙北面或西北方面的林胡、樓煩等北方民族，是趙國的強敵。武靈王乃向北進攻，「攘地北至燕、代，西至雲中、九原」。武靈王晚年，傳位於子惠文王，自號為「主父」，「而身胡服，將士大夫西北略胡地」，占領今內蒙古南部黃河西岸之地，建立雲中、九原兩郡，又在陰山下修長城。故在戰國晚期趙成為實力僅次於秦、齊的軍事強國。

西元前 270 年，秦、趙戰於閼與（今山西和順），趙將趙奢大敗秦兵。西元前 263 年，秦攻占韓的南陽（今河南沁陽一帶），使韓和其上黨郡隔絕。郡守馮亭便以上黨降趙。秦和趙為爭奪上黨郡而發生了有名的長平之戰。西元前 260 年，趙軍被困於長平（今山西高平），因絕糧而全軍降秦，秦坑殺趙卒四十餘萬人。次年，秦軍乘勝進圍邯鄲，攻打兩年多而城未下。後因魏信陵君及其他國家派兵救趙，秦才解兵而去。趙經過長平之戰和邯鄲被圍，實力大為削弱。

秦滅六國

秦從孝公、惠文王時開始向東進攻，取得不少勝利。到昭王時，滅六國的基礎已經奠定。昭王任用足智多謀的魏冉為相，《史記》以為秦所以「東益地弱諸侯，嘗稱帝於天下，天下皆西向稽首者」，都是魏冉的功勞。後來又任用范雎，雖對外主張遠交近攻，對內則主張要清除貴戚大臣之有勢者。昭王採用其謀，使秦更為強大。到昭王末年，屬於三晉的上郡、河東、上黨、河內、南陽等地都被秦所攻占。秦又南滅巴蜀，建

立巫郡、黔中郡和漢中郡。其疆土之大，六國中罕有其匹。特別是「天下之樞」的韓魏，是當時經濟、文化上最先進的地區。而秦占領了不少韓、魏的領土，兩國之君甚至入朝於秦，「委國聽命」，秦對中原已造成主宰的作用。

到秦莊襄王時，東周、西周都被秦所滅，「秦界至大梁」，其勢力進一步深入到關東地區。西元前 246 年，秦王政即位，呂不韋仍為相，招致天下賓客，準備滅六國。西元前 237 年，秦王政親自執政，以李斯為佐，開始大規模對關東用兵。為配合軍事上的攻勢，秦又用金錢收買六國權臣以分化其內部。

西元前 230 年，秦滅韓，以韓地為潁川郡。西元前 228 年，用反間計殺趙將李牧。次年，攻下邯鄲，虜趙王遷。趙公子嘉逃到代地，自立為王。西元前 226 年，秦破燕，燕王喜逃到遼東。次年，秦決河水灌魏都大梁，城壞，魏王投降，魏亡。西元前 223 年，秦將王翦率六十萬人攻楚，虜楚王。次年，秦完全攻占楚地，楚亡。西元前 222 年，秦攻遼東，虜燕王喜，又攻代而虜代王嘉，燕、趙兩國亡。次年，滅齊，中國統一。

經過戰國，全國從分裂割據的狀態走向統一，是歷史發展的必然。從春秋到戰國，由於社會生產力的提高，農業、手工業、水利、交通、商業等方面都有了較大的發展，使各地區經濟上的不平衡性減少，彼此間的聯繫加強，相互的依賴關係更為密切。經濟的發展，為全國統一奠定了基礎。政治方面，各國經過變法，建立了百官必須服從君主法令的新的中央官僚制度地方上原來的貴族分封制為郡縣制所取代，從而消除了各自為政的現象。政治制度上的重大改革，為大一統政權的出現準備了條件。

秦能夠統一中國的客觀原因為：秦據有富饒而又易守難攻的關中地區，具有良好的地理環境秦變法比關東六國更為成功，對舊勢力、舊制

度的剷除較徹底,故在經濟、政治方面比其他各國更為先進。秦昭王時,荀子曾到秦國去過。他說秦實行法治很成功,統治階級內部矛盾較少,政治清明,故秦從孝公至昭王,軍事上屢能獲勝,決非偶然。

二、封建王朝更替

▌秦

由戰國後期一個諸侯王國發展起來的統一大國,中國封建社會的第一個統一王朝(前221～前207)。秦始皇繼歷代秦王蠶食諸侯之後,完成了統一六國的事業,實現了從分封制到郡縣制的轉變。他所建立的專制主義中央集權制度,及所採取的旨在鞏固統一的某些措施,為後世帝王所取法。秦朝急政暴虐,導致速亡。末年陳勝、吳廣領導的農民戰爭,在中國歷史上開創了武裝反對黑暗統治的傳統,影響至為深遠。由於過去的割據局面所造成的社會影響,反秦過程中重新出現了分裂的傾向。在接踵而來的爭奪統治權的楚漢之戰(前207～前202)中,漢勝楚敗,使分裂形勢受到控制,統一國家得以恢復。

專制主義中央集權制度的建立

西元前221年,秦王政(前246～前210年在位)統一六國,結束了長期的諸侯割據局面,建立了一個以咸陽為首都的幅員遼闊的國家。這個國家的疆域,東至海,西至隴西,南至嶺南,北至河套、陰山、遼東。秦王政兼採傳說中三皇五帝的尊號,宣布自己為這個國家的第一個皇帝,即始皇帝,後世子孫代代相承,遞稱二世、三世皇帝。他認為帝王死後以其行為為謚的制度,是「子議父,臣議君」,有損於帝王的尊

嚴，所以宣布取消。他規定皇帝自稱曰「朕」，並制定了一套尊君抑臣的朝儀和文書制度。這些都是為了顯示皇帝的無上權威，表示秦的統治將萬世一系，長治久安。

周代以來封國建藩的制度，與專制皇權和統一國家是不相容的，所以必須加以改變。始皇二十六年（前 221 年），丞相王綰請封諸皇子為燕、齊、楚王，得到群臣的贊同。廷尉李斯力排眾議，主張廢除分封諸侯的制度，全面推行郡縣制度。秦始皇接受了李斯的建議，把全國抽成三十六郡，以後又陸續增設至四十餘郡。這些郡完全由中央和皇帝控制，是中央政府轄下的地方行政單位。中央集權的制度從此確立。始皇二十八年的嶧山刻石辭說：「追念亂世，分土建邦，以開爭理」、「乃今皇家，一家天下，兵不復起」。這說明秦始皇認為廢分封行郡縣是消除各地兵爭所必須的。

秦始皇以戰國時期秦國官制為基礎，把官制加以調整和擴充，建成一套適應統一國家需要的新的政府機構。在這個機構中，中央設丞相、大尉、御史大夫。丞相有左右二員，掌政事。太尉掌軍事，不常置。御史大夫是丞相的副貳，掌圖籍祕書，監察百官。丞相、太尉、御史大夫以下，是分掌具體政務的諸卿，其中有掌宮殿掖門戶的郎中令，掌宮門衛屯兵的衛尉，掌京畿警衛的中尉，掌刑辟的廷尉，掌穀貨的治粟內史，掌山海池澤之稅和官府手工業製造以供應皇室的少府，掌治宮室的將作少府，掌國內民族事務和外事的典客，掌宗廟禮儀的奉常，掌皇室屬籍的宗正，掌輿馬的大僕等。丞相、太尉、御史大夫與諸卿議論政務，皇帝作裁決。

地方行政機構分郡、縣兩級。郡設守、尉、監（監御史）。郡守掌治其郡。郡尉輔佐郡守，並典兵事。郡監司監察。縣，萬戶以上者設令，萬戶以下者設長。縣令、長領有丞、尉及其他屬員。郡、縣主要官吏由

中央任免。縣以下有鄉，鄉設三老掌教化，嗇夫掌訴訟和賦稅，遊徼掌治安。鄉下有裡，是最基層的行政單位。裡有裡典，後代稱裡正、裡魁，以「豪帥」即強而有力者為之。此外還有司治安、禁盜賊的專門機構，叫做亭，亭有長。兩亭之間，相距大約十里。

早在秦獻公十年（前 375），秦國就建立了以「告奸」為目的的「戶籍相伍」制度。後來商鞅規定，不論男女，出生後都要列名戶籍，死後除名還「令民為什伍」，有罪連坐。秦律載明遷徙者當謁吏轉移戶籍，叫做「更籍」。秦王政統治時期，戶籍制度趨於完備。秦王政十六年（前 231）令男子申報年齡，叫做「書年」。據雲夢秦簡推定，秦制男年十五（另一推算是十七）載明戶籍，以給公家徭役，叫做「傅籍」。書年、傅籍，是國家徵發力役的依據。始皇三十一年「使黔首自實田」，即令百姓自己申報土地。土地載於戶籍，使國家徵發租稅有了主要依據。戶籍中有年紀、土地等項內容，戶籍制度也就遠遠超過「告奸」的需要，成為國家統治人民的一項根本制度。秦置二十級爵，以賞軍功。國家按人們的爵級賜給田宅，高爵者還可以得到食邑和其他特權（見爵制）。爵級載在戶籍，所以戶籍也是人們身分的憑證。

統治一個大國，需要全國一致而又比較完備的法律制度。出土的雲夢秦簡提供了自秦孝公至秦始皇時期陸續修成的秦律的部分內容，其中有刑律的律文和解釋，有名目繁多的其他律文，還有案例和關於治獄的法律文書。秦始皇統一六國以後，以秦律為基礎，參照六國律，制定了全境通行的法律。秦律經過漢朝的損益，成為唐以前歷代法律的藍本。

維持一個大國的統一，還需要強大的軍隊。秦軍以滅六國的餘威，駐守全國，南北邊塞，是屯兵的重點地區。秦制以銅虎符發兵，虎符剖半，右半由皇帝掌握，左半在領兵者之手，左右合符，才能調動軍隊。這是保證兵權在皇帝手中的重要制度。秦軍是一支前所未有的巨大的震

懾力量。近年發掘的秦始皇陵側的兵馬俑坑，猜想其中兩坑有武士俑七千件，戰車百乘，戰騎百匹。武士俑同真人一樣高大，所持武器都是實物而非明器。這種車、步、騎兵混合編組的大型軍陣，其規模之大，軍容之盛，是秦軍強大的表徵。

秦始皇不但建立了一套專制主義中央集權的統治機構和制度，而且還採用了戰國時期陰陽家的終始五德說，以辯護秦朝的法統。終始五德說認為，各個相襲的朝代以土、木、金、火、水等五德的順序進行統治，周而復始。秦得水德，水德尚黑，所以秦的禮服旌旗等都用黑色與水德相應的數是六，所以符傳長度、法冠高度各為六寸，車軌寬六尺水德主刑殺，所以政治統治力求嚴酷，不講究「仁恩和義」與水德相應，曆法以亥月即十月為歲首，等等。秦始皇還確定了一套與皇帝地位相適應的複雜的祭典以及封禪大典，擇時進行活動。秦始皇在咸陽附近仿照關東諸國宮殿式樣營建了許多宮殿，並於渭水之南修造富麗宏偉的阿房宮。咸陽宮殿布局取法於天上的紫微宮，儼然是人間上帝的居處，天下一統的象徵。秦始皇還在驪山預建陵寢，墓室中以水銀為百川、江河、大海，機相灌輸，上具天文，下具地理。他採取這些措施，和他採用皇帝的名號一樣，是要表示他在人間的權力與上帝在天上的權力相當，從而向臣民灌輸皇權神祕的觀念。皇權神祕觀念，是專制主義中央集權制度的思想基礎。

皇權的加強和神化，郡縣制的全面推行，展現專制皇權的官僚機構和各種制度的建立，法律的完備和統一，皇帝對軍隊控制的加強等等，這些就是專制主義中央集權制度的主要內容。專制主義中央集權制度，在當時的條件下是維持封建統一所不可少的條件。但是這種政治制度對百姓的束縛極大而且它對經濟文化發展的促進作用也可以轉變為阻滯作用，這在封建社會後期更為顯著。

防止封建割據的措施

長期分裂局面造成的影響，使秦始皇非常關心六國舊地的動靜，擔心六國舊貴族圖謀復辟。為了防止割據的再現，秦始皇把六國富豪和強宗十二萬戶遷到咸陽，另一部分遷到巴蜀、南陽、三川和趙地，使他們脫離鄉上，以便監視。他把繳獲的和沒收的武器加以銷毀，在咸陽鑄成十二個各重千石的鐘鐻銅人。又下令「墮壞城郭，決通川防，夷去險阻」，盡可能消滅封建貴族依以割據的手段。為了控制廣闊的國土，特別是六國舊境，秦始皇還修建由首都咸陽通到全國各地的馳道，東窮燕齊，南極吳楚。他自己多次順著馳道巡遊郡縣，在很多地方刻石紀功，以示威強。為了加強北方的防務，秦始皇三十五年（前212），又修築由咸陽經過雲陽（今陝西淳化西北），直達九原（今內蒙古包頭西）的直道，塹山堙谷千八百里。在西南地區，還修築了今四川宜賓以南至雲南昭通的五尺道，於近旁設官進行統治。

秦始皇對分裂割據的思想和政治傾向，也進行了抗爭。當時的一些儒生、遊士，希望復辟貴族割據局面，他們「人則心非，出則巷議」，引證《詩》、《書》、百家語，以古非今。始皇三十四年，丞相李斯請求焚毀《詩》、《書》，消滅私學。他建議「史官非秦記皆燒始皇封禪處天盡頭之。非博士官所職，天下敢有藏《詩》、《書》、百家語者，悉詣守、尉雜燒之。有敢偶語《詩》、《書》者棄市。以古非今者族。吏見知不舉者與同罪。令下三十日不燒，黥為城旦。所不去者，醫藥卜筮種樹之書。若欲有學法令，以吏為師」。秦始皇接受了這一建議，於是就發生了焚書事件。第二年，為秦始皇求仙藥的方士有誹謗之言，又相邀逃亡，秦始皇派御史偵察咸陽的儒生方士，把其中被認為犯禁者四百六十多人坑死。在早期封建社會的歷史條件下，在統一與分裂激烈抗爭的年代，秦始皇用焚書坑儒手段來打擊貴族政治的思想是可以理解的。但是，焚書坑儒

摧殘文化，是極其野蠻殘暴的事，對於古文獻的儲存和學術的傳授，造成了極大的損失。

秦始皇的事業，是在殘酷地剝削壓迫人民的條件下，在短短的十幾年中完成的，這使秦的統治具有急政暴虐的特徵。

在秦統一以後的十幾年中，秦始皇維持了一支龐大的軍隊，建立了一個龐大的官僚機構，進行了多次的大規模戰爭，完成了巨大的國防建設和土木建築。秦始皇大大增加了對人民的徵斂。據猜想，當時全國的人口約為一千多萬，而當兵服役的人超過二百萬，占壯年男子三分之一以上。當兵服役的人脫離子農業生產，靠農民養活，這就出現了男子力耕，不足以供糧餉，女子紡績，不足以供衣服的嚴重局面，大大動搖了秦的統治基礎。為了強化地主階級的統治，秦朝又推行嚴刑峻法以鎮壓人民，並且把數十萬人民變為封建國家的囚徒。

秦始皇使黔首自實田，在中國境內正式承認土地私有制。地主階級憑藉這個命令，不僅得以合法占有土地，而且可以用各種手段兼併農民的土地。土地被兼併的農民，不得不以「見稅什五」的苛刻條件耕種豪民之田。農民生活悲慘，穿牛馬之衣，吃犬彘之食，往往在暴吏酷刑的逼迫下逃亡山林，舉行暴動。

這種種情況說明，急政暴虐激化了社會矛盾，秦始皇在完成統一事業的同時，也造成了秦王朝傾覆的條件。所以西漢時的賈誼談到秦代「群盜滿山」的情況時說：秦始皇在世時，他的統治已經在崩潰，雖然他自己並不知道。

西元前 210 年秦二世胡亥即位。他進一步加重對農民的剝削和壓迫，以「稅民深者為明吏」，以「殺人眾者為忠臣」。他令農民增交菽粟芻藁，自備糧食，轉輸至咸陽，供官吏、軍隊以至於狗馬禽獸的需要。他繼續修建阿房宮，繼續發民遠戍。徭役徵發的對象進一步擴大，農民的

困苦達於極點，大規模的農民起義已經到一觸即發的地步。

在農民醞釀反秦的時候，潛伏著的六國舊貴族殘餘勢力也在伺機進行分裂活動。始皇三十六年（前211），東郡出現「始皇帝死而地分」的刻辭，就是這種分裂活動的徵兆。

陳勝、吳廣領導的農民戰爭

二世元年（前209）七月，一隊開赴漁陽（今北京密雲）的閭左戍卒九百人，遇雨停留在大澤鄉（今安徽宿縣境），不能如期趕到漁陽戍地。秦法「失期當斬」，戍卒們面臨著死刑的威脅。於是，在陳勝、吳廣的領導下，在大澤鄉舉起了中國歷史上第一次大規模農民起義的旗幟。

陳勝，即陳涉，陽城（今地有異說，在河南境內）人，僱農出身，吳廣，陽夏（今河南太康）人，也是農民。他們都是戍卒的屯長。為了發動起義，他們在帛上書寫「陳勝王」三字，置魚腹中，戍卒買魚得書，傳為怪異。吳廣又於夜晚在駐地旁叢祠中燃篝火，作狐鳴，發出「大楚興，陳勝王」的呼聲。接著，陳勝、吳廣率領戍卒，殺押送他們的秦尉，用已被賜死的秦公子扶蘇和已故楚將項燕的名義，號召農民反秦。附近農民斬木揭竿紛紛參加起義。起義軍分兵東進，主力則向西進攻，連下今豫東、皖北的姪、酇、苦、柘、譙（分別在今安徽宿縣，河南永城、鹿邑、柘城，安徽亳縣境）諸縣。當他們推進到陳（今河南淮陽）的時候，已是一支數萬人的聲勢浩大的隊伍了。

在起義軍的影響下，許多郡縣的農民殺掉守令，響應陳勝特別是在舊楚國境中，數千人為聚者到處可見。一些潛藏民間的六國舊貴族、遊士、儒生，也都乘機來歸，憑藉舊日的地位，在農民軍中發揮影響。遊士張耳、陳餘甚至勸陳勝派人「立六國後」，被陳勝斷然拒絕。陳勝自立為「張楚王」，分兵三路攻秦：吳廣為「假王」西擊滎陽武臣北進趙地魏

人周市攻魏地。吳廣軍在滎陽被阻，陳勝加派周文西擊秦。

周文軍很快發展到車千乘，卒數十萬人，進抵關中的戲（今陝西臨潼境），逼近咸陽。秦二世慌忙發修驪山陵墓的刑徒為兵，以少府章邯率兵應戰，打敗周文軍。

武臣占領了舊趙都城邯鄲後，在張耳、陳餘慫恿下自立為趙王，陳勝勉強予以承認。武臣抗命不救周文，卻派韓廣略取燕地。韓廣在燕地貴族的慫恿下，也自立為燕王。

周市進到舊魏南部和舊齊境內。舊齊貴族田儋自立為齊王，反擊周市。周市在魏地立舊魏貴族魏咎為魏王，自為魏丞相，並派人到陳勝那裡迎接魏咎。

舊貴族的勢力很活躍，渙散了農民起義隊伍。陳勝缺乏經驗，決心不夠，眼看著分裂局面的形成。陳勝周圍也出現了不團結的現象。

秦將章邯軍連敗周文，周文自殺。章邯又東逼滎陽，吳廣部將田臧殺吳廣，迎擊章邯，一戰敗死。章邯進到陳，陳勝敗退到下城父（今安徽渦陽東南），被叛徒莊賈殺死，陳縣失守。陳勝部將呂臣率領一支「蒼頭軍」英勇接戰，收復陳縣，處決了莊賈。陳勝作為反秦的先驅者，領導起義只有半年就失敗了，但是反秦的浪潮卻被他激起，繼續不斷地衝擊秦的統治。

▍漢

漢（前 202 ～ 220）是繼秦朝而出現的統一王朝，包括西漢和東漢（也稱前漢和後漢），分別建都於長安和洛（雒）陽。在兩漢之際，還有王莽、劉玄兩個短暫的統治時期。它們的年代分別如下：

西漢：前 202 ～西元 8 年，

王莽：西元 8 ～ 23 年在位，

劉玄：西元 23 ～ 25 年在位，

東漢：西元 25 ～ 220 年。

西漢王朝的建立與發展

漢高祖劉邦建立的西漢王朝，各種制度基本上沿襲秦朝而有所增益，但在施政方面則以秦朝速亡為鑑，力求在穩定中求發展。文景之治以後出現的漢武帝劉徹，以其雄才大略鞏固並發展了秦始皇創立的統一事業和專制主義中央集權制度。他統治的半個世紀，是西漢王朝的鼎盛時期。武帝以後，西漢經濟繼續有所上升，但國力逐漸衰落，社會矛盾激化。王莽代漢未能緩和矛盾，終於爆發赤眉、綠林起義。

漢光武帝劉秀鑒於西漢以篡奪而亡，企圖進一步加強專制皇權，剝奪相權。但是世襲的皇位制度不能保證每代皇帝都有能力實現皇權。封建田莊經濟的發展，豪強地主勢力的擴張，滋長著分裂因素。外戚、宦官貪立並挾持幼帝，迭相執政，使皇權旁落，矛盾重重，統治日趨腐朽。遍及許多州郡的黃巾起義瓦解了東漢王朝。西元 189 年東漢政權被權臣逼迫，遷離洛陽，從此至西元 220 年，東漢正朔雖存，但歷史已進入三國時期。

階級矛盾的發展與王莽改制

漢武帝末年的農民暴動西漢的社會經濟發展過程，同時是愈來愈嚴重的土地兼併過程，也是農民重新走上流亡道路的過程。還在所謂文景之治的昇平時期，就隱伏著深刻的階級矛盾。賈誼為此警告文帝說：「飢寒切於民之肌膚，欲其無為奸邪，不可得也。國已屈矣，盜賊直須時耳！」賈誼筆下的「盜賊」，指的就是行將出現的農民暴動。

漢武帝統治時期，一方面社會經濟發展到頗高的水平，非遇水旱，則農民可以自給另一方面，豪強之徒兼併土地，武斷鄉曲的現象，比以

前更為嚴重。官僚地主無不追逐田宅、產業和牛羊、奴婢，交相壓榨農民。武帝外事四夷，內興功利，在完成了輝煌事業的同時，也耗盡了文、景以來府庫的積蓄，加重了農民的困苦。貧困破產的農民，多淪為豪強地主的佃客、傭工，受地主的殘酷剝削。農民賣妻鬻子，屢見不鮮。針對這種情形，董仲舒曾建議「限民名田」，「去奴婢，除專殺之威」，和「薄賦斂，省徭役」。他認為，如果富者足以表現尊貴而不至於驕奢，貧者足以維持生活而不至於憂苦，那麼，財富不匱，上下相安，維持統治就容易了。顯然，董仲舒的思想和建議，著眼於地主階級的長遠利益而不符合其眼前利益，所以無法實行。從此以後，農民的困苦更是有加無減。

武帝前期，東郡（治今河南濮陽）一帶有農民暴動發生。以後流民愈來愈多。元封四年（前 107），關東流民達到二百萬口，無戶籍者四十萬口，天漢二年（前 99）以後，南陽、楚、齊、燕、趙之間，農民起義不時發生，南陽有梅免、百政，楚有段中、杜少，齊有徐勃，燕趙之間有堅盧、範主之屬，大群至數千人。在關中，也有所謂「暴徒」阻險。起義農民建立名號，攻打城邑，奪取武庫兵器，釋放死罪囚徒，誅殺郡守、都尉。至於數百為群的農民，在鄉裡搶奪地主的糧食財物，更是不可勝數。漢武帝派「直指繡衣使者」分割槽鎮壓，大肆屠殺，但是農民軍散而復聚，據險反抗，不屈不撓。漢武帝又作《沉命法》，並規定太守以下官吏如果不能及時發覺並鎮壓暴動，罪至於死。

在農民反抗抗爭逐漸興起的時候，漢武帝劉徹認識到要穩定統治，光靠鎮壓是不行的，還要在施政上有所轉變，使農民得以喘息。他寄希望於「仁恕溫謹」的「守文之主」衛太子（即以後所稱的戾太子）。他曾對衛太子之舅、大將軍衛青說：「漢家庶事草創，加四夷侵凌中國，朕不變更制度，後世無法，不出師征伐，天下不安。為此者不得不勞民。若後

世又如朕所為，是襲亡秦之跡也。太子敦重好靜，必能安天下，不使朕憂。」但是此時漢武帝還沒有實現這一轉變的決心。在他遲疑不決的時候，徵和二年（前91）直指繡衣使者江充以窮治宮中巫蠱的名義逼迫衛太子，激起衛太子在長安的兵變。結果，江充被殺，衛太子也兵敗自縊而死。經過這一段曲折過程以後，武帝追悔往事，決心「與民休息」。他在徵和四年斷然罷逐為他求仙藥而傷民糜費的方士，拒絕在輪台（今新疆輪台）屯田遠戍，停止向西修築亭障，並且下詔自責，申明此後務在禁苛暴，止擅賦，力本農，修馬復令（養馬者得免徭役）以補缺，只求不乏武備而已。同時，他還命趙過推行代田法，改進農具，以示鼓勵農業生產。這樣，農民暴動暫時平息了。進作用。但是他們關於鹽鐵等方面的具體要求，多未被西漢政府採納。始元六年七月，詔罷郡國榷酤和關內鐵官，其餘鹽鐵等政策，仍遵武帝之舊。

漢宣帝劉詢是戾太子之孫，起自民間。他即位後慎擇刺史守相，平理刑獄，並繼承昭帝遺法，把都城和各郡國的苑囿、公田假給貧民耕種，減免田賦，降低鹽價。這些政治經濟措施，使階級矛盾繼續得到緩和，農業生產開始上升。由於連年豐稔，穀價下降到每石五錢，邊遠的金城、湟中地區，每石也不過八錢，這是西漢以來最低的穀價記錄。過去，每年需要從關東漕運糧食六百萬斛，以供京師所需，宣武五鳳年間（前57～前54）大司農從三輔、弘農、河東、上黨、太原各郡糴粟運京，關東漕卒因此罷省半數以上。這是三輔、河東等地農業有了發展的具體說明。沿邊許多地方這時都設立了常平倉，穀賤則糴，穀貴則糶，以調濟邊地的需要。更值得注意的是，沿邊的西河郡（今內蒙古東勝附近）以西共十一郡以及二農都尉，都因長期的屯田積蓄，到了元帝初年，有了可供大司農調撥的錢穀。

此時官府手工業繼續得到發展。齊三服官，蜀、廣漢以及其他各郡

工官，東西織室，生產規模都很龐大。銅器及鐵器製造等手工業呈現繁榮景象。所以班固稱讚宣帝時技巧工匠器械，元、成間很難趕上。

漢宣帝被封建時期的歷史家稱為「中興之主」，劉向讚揚他政教明，法令行，邊境安，四夷清，單于款塞，天下殷富，百姓康樂，其治過於太宗（文帝）之時。但從另一方面看來，當時西漢統治集團積弊已深，豪強的發展和農民的流亡，都已難於遏止，所以階級抗爭的形勢外弛內張，實際上比文帝時要嚴重得多。膠東、渤海等地，農民進行暴動，早已發展到攻打官府、搶奪囚徒、搜尋朝市、劫掠列侯的程度，連宣帝自己也承認當時民多貧困，「盜賊」不止。

西漢末年階級矛盾的尖銳化元帝時，西漢社會險象叢生。農民由於受鄉部胥吏無端勒索，儘管由政府賜給土地，也不得不賤賣從商，實在窮困已極，就只有起為「盜賊」。元帝為了懷柔關東豪強，消除他們對西漢王朝的「動搖之心」，甚至把漢初以來遷徙關東豪強充實關中陵寢地區的制度也放棄了。儒生京房曾問元帝當今是不是治世，元帝莫可奈何地回答：「亦極亂耳，尚何道！」

成帝時，西漢王朝走上了崩潰的道路。成帝大興徭役，加重賦斂。假民公田的事不再見於記載。外戚王氏逐步控制了西漢政權，帝舅王鳳、王商、王音、王根兄弟四人和王鳳弟王曼之子王莽相繼為大司馬大將軍，王氏封侯者前後共達九人之多，朝廷中重要官吏和許多刺史郡守，都出於王氏門下。外戚貪賄掠奪最為驚人。紅陽侯王立在南郡占墾草田至幾百頃之多，連貧民開闢的熟田也在占奪之列。王立把這些土地高價賣給國家，得到的報償超過時價一萬萬錢。外戚在元帝時勢力還不很大，資產千萬者不多他們後來家財成億，膏田滿野，宅第擬於帝王，都是在成、哀的短期內暴斂的結果。其他的官僚也依恃權勢，大占良田，丞相張禹買田至四百頃，都有涇渭渠道灌溉，地價極貴。土地以

外，他們的其他財物也極多。哀帝寵臣董賢得賜田兩千餘頃，賢死後家財被斥賣，得錢竟達四十三萬萬之巨。

商人的勢力，這時又大為抬頭。長安、洛陽等地多有資財數千萬的大商人。成都大商人羅裒壟斷巴蜀鹽井之利，還厚賂外戚王根、倖臣淳於長，依仗他們的勢力，在各郡國大放高利貸，沒有人勇於拖欠。

成帝即位不久，今山東、河南、四川等地相繼爆發了農民和鐵官徒的暴動。建始四年（前29），有東郡茌平（今山東茌平）侯毋闢領導的暴動。陽朔三年（前22），有潁川（今河南禹縣）鐵官徒申屠聖等的暴動。鴻嘉三年（前18），有自稱「山君」的廣漢（今四川金堂）鄭躬所領導的暴動。永始三年（前14），有尉氏（今河南尉氏）儒生樊並等和山陽（今山東金鄉）鐵官徒蘇令等的暴動，蘇令暴動經歷十九郡國，誅殺長吏，奪取庫兵，聲勢最為浩大。

哀帝時，西漢王朝的危機更加嚴重。師丹建議限田、限奴婢。孔光、何武等人擬定了一個辦法，規定諸王、列侯以至吏民占田以三十頃為限占奴婢則諸王最多不超過二百人，列侯、公主一百人，以下至吏民三十人商人不得占田，不得為吏。這個辦法受到當權的外戚官僚們的反對，被擱置起來了。

農民處境如當時的鮑宣所說，「有七亡而無一得」，「有七死而無一生」。哀帝採納陰陽災異論者的主張，企圖用「再受命」的辦法來解脫西漢統治的危機。他自己改稱「陳聖劉太平皇帝」，改元「太初元將」。這充分暴露了西漢統治者空虛絕望的心情。

王莽代漢和改制

在農民戰爭迫在眉睫，西漢王朝搖搖欲墜，「再受命」說風靡一時的時候，王莽繼諸叔之後出任大司馬大將軍。輔政一年多。哀帝即位後，

王莽失勢。當丁、傅等外戚和其他達官貴人激烈反對限田之議時，太皇太後王氏（即原來的元帝王皇后）表示，願意把王氏家族除塚塋以外的田地全部分給貧民。平帝時，王莽復任大司馬，屢次損錢獻地，收攬民心。在政治上，他一方面排除異己，窮治與平帝外家衛氏有關的呂寬之獄，連引不附王氏的郡國豪傑，死者以百數另一方面，他又極力樹立黨羽，籠絡儒生，讓他們支持自己奪取政權的活動。在這種情況下，各地上書頌揚王莽功德者，以及獻祥瑞、呈符命者，絡繹於途。這些人都力圖證明漢祚已盡，王莽當為天子。

平帝死，孺子嬰立，王莽繼續輔政，稱攝皇帝。漢宗室劉崇和東郡太守翟義相繼起兵反對王莽，關中二十三縣民十餘萬群起響應，一度震動長安，但都被壓平了。居攝三年（初始元年，西元 8 年），王莽自立為帝，改國號曰新。為了解決西漢遺留的社會矛盾，王莽陸續頒布法令，附會《周禮》，託古改制。

始建國元年（西元 9），王莽下詔，曆數西漢社會兼併之弊，其中最主要的是土地問題和奴婢問題。詔令說到權勢之家占田無數，而貧弱之人連立錐之地都沒有又置奴婢市場，把奴婢同牛馬關在一起，專斷奴婢性命。針對這種情況，調令宣布：天下的土地，一律改稱王田天下的奴婢，一律改稱私屬，都不許買賣。男口不足八人而土地超過一井（九百畝）的人家，把多出的土地分給九族、鄰里、鄉黨。無田者按一夫百畝的制度受田。有敢表示違抗者，流放四裔。

王莽頒布這個詔令的目的，不是也不可能是真正改變私人的封建土地所有權和奴婢的社會地位，而是凍結土地和奴婢的買賣，以圖緩和土地兼併和農民奴隸化的過程。在此以後，地主官僚繼續買賣土地和奴婢，以此獲罪的不可勝數，因此他們強烈反對這個詔令。始建國四年，王莽不得不改變這個詔令，宣布王田皆得買賣犯買賣奴婢罪者也不處

治。這樣，王莽解決當前最主要的社會矛盾的嘗試，很快就失敗了。不過王莽所定王田、私屬之制和山澤六筦之禁，名義上還存在，直到地皇三年（西元 22），即王莽政權徹底崩潰前夕，才正式宣告廢止。

始建國二年，王莽下詔實行五均六筦，企圖以此節制商人對農民的過度盤剝，制止高利貸者的猖獗活動，並且使封建國家獲得經濟利益。五均是在長安以及洛陽、邯鄲、臨淄、宛、成都等大都市設立五均司市師，管理市場。每季的中月，司市師評定本地物價，叫做市平。物價高過市平，司市師照市平出售低於市平，則聽民買賣五穀布帛絲棉等生活必需品滯銷時，由司市師按本價收買。民因祭祀或喪葬需錢，可向錢府借貸，不取利息欲經營生計而缺乏本錢的，也可低利借貸。

六筦是由國家掌握鹽、鐵、酒、鑄錢、五均賒貸等五項事業，不許私人經營同時控制名山大澤，向在名山大澤中採取眾物的人課稅。六筦中除五均賒貸一項是平準法的新發展以外，其餘五項都在漢武帝時實行過。王莽用來推行五均六筦的多是一些大商賈，這也同武帝以賈人為鹽鐵官一樣。但是武帝憑藉強大的國家力量，能夠基本上控制為國家服務的商人而王莽則沒有這樣的力量可以憑藉，所以對這些人也無能為力。這些人乘傳巡行，與郡縣通同作弊，盤剝人民，損公肥私。所以王莽實行五均六筦，同武帝實行同類措施相比，其結果也就各異了。

居攝二年，王莽加鑄錯刀、契刀、大錢等三種錢幣，規定錯刀一值五千，契刀一值五百，大錢一值五十，與原有的五銖錢共為四品，同時流通。始建國元年，王莽廢錯刀、契刀與五銖錢，另作小錢，與大錢一值五十者並行，並且頒令禁挾銅炭，以防盜鑄。始建國二年，王莽改作金、銀、龜、貝、錢、布，名曰寶貨，凡五物（錢、布皆用銅，共為一物）、六名、二十八品。人民對王莽錢幣毫無信任，都私用五銖錢，王莽又加嚴禁，人民反抗不已。王莽迫於民憤，暫廢龜、貝等物，只行大、

小錢，同時加重盜鑄的禁令，一家鑄錢，五家連坐，沒人為奴婢。地皇元午，王莽又盡廢舊幣，改行貨布、貨泉二品。

王莽像貨幣不合理的變革，引起了經濟混亂，加速了王莽財政的崩潰和人民的破產。他濫行五家連坐的盜鑄法，實際上恢復了殘酷的收孥相坐律。犯法的人沒為官奴婢，鐵索繫頸，傳詣鍾官，以十萬數。到達鍾官以後，還要易其夫婦，以至愁苦而死者十之六七。這項法令增加了漢末以來奴隸問題的嚴重性，使人民受苦最深，人民的憤恨最大。

在政治制度方面，王莽也大事更張。他把中央和地方的官名、郡縣名和行政區劃，都大大加以改變。他還恢復五等爵，濫加封賞。官吏俸祿無著，就想方設法擾民。

王莽改制所引起的混亂愈來愈大。他為了挽回威信，拯救危亡，一面繼續玩弄符命的把戲，一面發動對匈奴和對東北、西南邊境各族的不義戰爭。沉重的賦役徵發，戰爭的騷擾，殘酷的刑法，使農民完全喪失了生路。據官吏報告，人民苦於法禁煩苛，手足無措盡力耕耘，不足以給貢稅閉門自守，又受鄰伍鑄錢挾銅的株連。奸吏煩擾人民，人民無路可走，不得不起為「盜賊」。嚴重的天災也不斷襲擊農村，米價高達五千錢、萬錢一石，甚至黃金一斤只能易豆五升。這種情況更促使農民暴動風起雲湧。西漢宗室舊臣反對王莽的抗爭也不斷發生，而且逐漸與農民的抗爭發生聯繫。在西漢統治的窮途末路中登上歷史舞台的王莽，不能解脫社會危機。更始元年（23），王莽政權終於在起義農民的打擊下徹底崩潰。

綠林、赤眉大起義

綠林軍反對王莽政權的農民起義，首先發生在北方邊郡地區。王莽為了出擊匈奴而進行的徵發，在邊郡比在內地更為嚴重。邊境數十萬駐

軍，不但仰給邊民供應，而且還大肆騷擾，邊民不堪其苦，鋌而走險，聚眾反抗。始建國三年（11），邊民棄城郭流亡，隨處暴動，并州、平州一帶更為猛烈。天鳳二年（15），五原、代郡民舉行暴動，數千人為群，轉入旁郡。

接著，黃河流域和長江流域也相繼出現了農民暴動。天鳳四年，臨淮人瓜田儀在會稽長洲（今江蘇蘇州西南）起義，出沒於湖海之間。同年呂母在海曲（今山東日照）起義，殺縣令，入海堅持戰鬥。此起彼伏的暴動，預示大規模的農民戰爭即將來臨。

天鳳年間，荊州一帶遇到連年的大饑荒，農民相率到野澤中掘荸薺為食。他們人數越聚越多，形成一支武裝力量，推新市（今湖北京山境）人王匡、王鳳為首領，不時攻擊附近的鄉聚。他們隱蔽在綠林山中（今湖北京山北），因而被稱作綠林軍。幾月後，綠林軍發展到七八千人。但是那時他們還沒有攻城略地的打算，只盼望年成好轉，能夠返回田間。

地皇二年（21），王莽的荊州牧發兵進攻綠林軍，綠林軍出山迎擊獲勝，部眾增至數萬人。地皇三年，綠林山中疾疫流行，綠林軍出山，一支由王常、成丹等率領，西人南郡（治今湖北江陵），稱下江兵另一支由王匡、王鳳、馬武等率領，北上南陽，稱新市兵。新市兵攻隨縣時，平林人陳牧、廖湛率眾響應，於是綠林軍中又增添了一支平林兵。漢宗室劉玄這時也投身於平林兵中。

南陽大地主劉縯、劉秀兄弟也是漢宗室，他們以「復高祖之業」相號召，聯繫附近各縣地主豪強，並且把宗族、賓客組成一支七八千人的軍隊，稱為春陵軍，參加反對王莽的行列。春陵軍與王莽軍接戰不利，乃與向北折回的下江兵約定「合縱」。這時綠林軍連敗莽軍，發展到十多萬人。綠林軍領袖為了擴大影響，於宛城南面的清水上擁立劉玄作皇帝，恢復漢的國號，年號更始（23年）。劉玄在宗室中是沒落的一員，參加起

義雖早，卻無兵權。綠林軍領袖擁劉玄為帝，這是他們受到劉漢正統思想影響的表現但是立劉玄而不立野心勃勃的劉縯，又是綠林軍領袖疏遠劉縯、劉秀的結果。

　　綠林建號以後，王莽發州郡兵四十二萬，由王邑、王尋率領，阻擊綠林軍。六月，王莽軍前鋒十多萬人，圍綠林軍於昆陽（今河南葉縣）。綠林軍八九千人，由王鳳、王常率領，堅守昆陽，劉秀則突圍徵集援兵。那時昆陽城外圍兵數十重，列營百數，圍兵挖掘道地，又用撞車攻城，積弩亂髮，矢下如雨。劉秀等十三騎突出圍城，發郾、定陵營兵數千人援昆陽，王邑、王尋一戰失敗，王尋被殺。城中守軍乘勢出擊，裡外合勢，莽兵大潰，士卒相踐踏，奔走百餘里。綠林軍在這一戰役中奪獲軍實輜重車甲珍寶，不可勝數。這就是中國歷史上著名的以少勝多的昆陽之戰。昆陽戰後，海內聞風響應，起兵誅殺牧守，自稱將軍，用漢年號，以待更始詔命。顯然，這次戰役對於綠林軍入關和王莽覆滅，起了決定作用。

　　劉秀在昆陽之戰中立了功績，劉縯又奪得宛城，勢力逐漸凌駕農民軍，因此新市、平林諸將勸更始帝把劉縯殺了。接著，綠林軍分兵兩路進擊王莽。一路由王匡率領，攻克洛陽。更始帝在洛陽派遣劉秀到黃河以北去發展勢力，劉秀北上後，逐步脫離了農民軍的控制。另一路由申屠建、李松率領，西入武關。析縣人鄧譁起兵攻下武關，迎入綠林軍，合兵直取長安，關中震動。這時長安發生暴動，王莽被殺，長安被綠林軍迅速攻克。更始二年初，更始帝遷都長安。

　　進入長安的綠林軍紀律嚴明，府庫宮室一無所動，長安市裡不改於舊。綠林軍瓦解了一批關中的豪強武裝，迅速平定三輔。但是不久以後，更始帝自己首先沉醉在宮廷生活中，地主儒生大肆活動，起義軍內部離心離德的現象便逐漸出現了。

　　赤眉軍比綠林軍發動起義稍後，琅邪人樊崇等在莒縣起義。樊崇作戰勇敢，青、徐各地起義領袖逄安、徐宣、謝祿、楊音等都率部歸附他。他們在泰山、北海一帶進行抗爭，擊敗田況所部莽軍。參加這支起義軍的都是為飢餓所迫的農民，他們同綠林軍一樣，起初並無攻城徇地的意圖。他們因襲漢朝鄉官、小吏稱號，把各級首領分別稱為三老、從事、卒吏，彼此之間以巨人相呼。他們沒有文書、旌旗、部曲、號令，口頭相約：「殺人者死，傷人者償創。」為了作戰時與敵人相區別，他們把眉毛塗紅，因而獲得赤眉軍的稱號。

　　西元22年，王莽派太師王匡和更始將軍廉丹，率軍十多萬，進攻這一支起義軍。王匡、廉丹的軍隊殘害百姓，十分橫暴，百姓作歌道：「寧逢赤眉，不逢太師（王匡），太師尚可，更始（廉丹）殺我。」赤眉軍在成昌（今山東東平）擊敗莽軍，殺廉丹，勢力大為擴展。當劉玄進入洛陽時，赤眉軍也在中原活動，樊崇等二十多人還接受了劉玄的列侯封號。劉玄排斥赤眉，樊崇等人乃脫離劉玄，轉戰於今河南一帶。

　　赤眉軍雖然連戰獲勝，但是部眾思歸。赤眉領袖認為部眾回鄉必散，於是率領他們西攻長安。西元25年，赤眉軍進至華陰，有眾三十萬。赤眉領袖在巫師慫恿下，在軍中找到一個沒落的西漢宗室、十五歲的牛吏劉盆子作皇帝。接著，赤眉軍進攻長安，推翻了劉玄的統治。

劉秀建立東漢王朝

　　赤眉入關時，劉秀也派兵向關中出發。在此之前，當劉秀於更始元年（23）冬渡河北上時，黃河以北有銅馬、大彤、高湖、重連、鐵脛、大槍、尤來、上江、青犢、五校、檀鄉、五幡、五樓、富平、獲索等部農民軍。他們各領部曲，或以山川土地為名，或以軍容強盛為號，據說有數百萬人。除了農民軍以外，各地豪強地主武裝和王莽的殘餘勢力也

還不少。豪強地主在邯鄲立詐稱成帝之子的卜者王郎為帝，聲勢最大。劉秀依靠信都（治今河北冀縣）太守任光、昌成（今河北冀縣西北）人劉植、宋子（今河北趙縣東北）人耿純等地主武裝的支持，又得到上谷（治今河北懷來東南）太守耿況、漁陽（治今北京密雲西南）太守彭寵的援助，擊敗了王郎。更始帝派人立劉秀為蕭王，並令他罷兵去長安。劉秀羽翼已成，拒絕受命，留在河北坐觀關中的變化。他逐個吞滅了銅馬、高湖、重連等部農民軍，關中一帶把他稱作「銅馬帝」。

西元 25 年，當赤眉軍迫近長安時，劉秀在鄗縣（今河北高邑東南）之南即皇帝位（光武帝），沿用漢的國號，以這一年為建武元年。不久，劉秀定都洛陽，史稱東漢。

同年九月，赤眉軍入長安。長安附近的豪強地主隱匿糧食，武裝抵制赤眉。赤眉軍糧盡不支，西走隴阪，尋找出路。赤眉在那裡受到割據勢力隗囂的阻擋和風雪的襲擊，折返長安，引眾東歸。這時，劉秀的軍隊已經扼守殽函地區，截斷了赤眉東歸道路。赤眉軍奮勇力戰，但終因糧盡力絀，於建武三年（27）春失敗。

漢光武帝劉秀繼續鎮壓河北農民軍餘部，並削平各地的割據勢力，於建武五年統一了北方的主要地區。建武九年他平定了割據天水的隗囂，建武十二年平定了割據蜀地的公孫述，實現了全國的統一。

東漢後期的階級抗爭和黃巾大起義

東漢後期的階級抗爭和帝、安帝以後，東漢統治集團腐朽，豪強勢力擴張，輪流當政的宦官外戚競相壓榨農民，農民境況日益惡劣。長期戰爭加重了農民的苦難。水旱蟲蝗風雹和牛疫連年不斷，地震有時成為一種嚴重災害。沉重的賦役和瘟疫、饑饉嚴重地破壞了農村經濟，迫使農民到處流亡。東漢王朝屢頒詔令，用賜爵的辦法鼓勵流民向郡縣著

籍，但這不過是畫餅充饑，對流民毫無作用。流民數量越來越多，桓帝永興元年（153）竟達數十萬戶。地方官吏為了考績的需要，常常隱瞞災情，虛報戶口和墾田數字，這又大大增加了農民的賦稅負擔，促使更多的農民逃亡異鄉。

靈帝時，宦官支配朝政，政治腐敗達於極點。光和元年（178），靈帝開西邸公開賣官，二千石官兩千萬，四百石官四百萬，縣令長按縣土豐瘠各有定價，富者先入錢，貧者到官後加倍繳納。靈帝又私賣公卿等官，公千萬，卿五百萬。州郡地方也多是豺狼當道。

農民暴動早在安帝永初三年（109），就有張伯路領導流民幾千人，活動於沿海九郡。順帝陽嘉元年（132），章河領導流民在揚州六郡暴動，縱橫四十九縣。漢安元年（142），廣陵人張嬰領導流民，在徐、揚一帶舉行暴動，時起時伏，前後達十餘年之久。桓帝、靈帝時，從幽燕到嶺南，從涼州到東海，到處都有流民暴動發生，關東和濱海地區最為突出。流民暴動的規模也越來越大，從幾百人、幾千人擴展到幾萬人、十幾萬人。一些流民隊伍，還與羌人、蠻人反對東漢王朝的抗爭相呼應。從安帝到靈帝的八十餘年中，見於記載的農民暴動，大小合計將近百次，至於散在各處的所謂「春飢草竊之寇」、「窮厄寒凍之寇」，活動於大田莊的周圍，更是不可勝數。那時，農民中流傳著一首豪邁的歌謠：「小民發如韭，翦復生頭如雞，割復鳴。吏不必可畏，民不必可輕！」這首歌謠，生動地表現了農民前赴後繼地進行抗爭的英雄氣概。

東漢時期，起義農民首領或稱將軍、皇帝，或稱「黃帝」、「黑帝」、「真人」。前者表示他們無須假託當權集團人物來發號施令後者表示他們懂得利用宗教組織農民。桓、靈之間流傳的「漢行氣盡，黃家當興」的讖語，是起義農民政治要求的一種表達形式。

分散的農民暴動，雖然在東漢軍隊和豪強武裝的鎮壓下一次又一次

地失敗了，但是繼起的暴動規模越來越大，終於形成了全國性的黃巾起義。

黃巾大起義順帝以後，以至於桓、靈時期，道教的一支 —— 太平道，在流民中廣泛地傳布開來。鉅鹿人張角是太平道的首領。張角稱大賢良師，為徒眾畫符治病，並派遣弟子分赴四方傳道，得到農民的信任，歸附的人絡繹於途。張角還和洛陽的一部分宦官聯繫，利用他們作為內應。據說張角自己還曾潛伏京師，觀察朝政。

張角的活動，引起了東漢統治集團的注目。東漢王朝企圖以赦令瓦解流民群。但是流民群在張角影響下，仍然日益壯大。東漢王朝又準備用州郡武力大肆「捕討」。司徒楊賜深恐單純的鎮壓會加速農民起義的發動，因此主張責令郡國守相甄別流民，送歸本郡，以削弱流民群的力量，然後誅殺流民領袖。稍後，侍御史劉陶等人建言，要求漢朝下詔重募張角等人，賞以國土。東漢統治者所有這些策劃，都沒有達到破壞農民起義的目的。

張角的道徒，迅速發展到幾十萬，遍布在青、徐、幽、冀、荊、揚、兗、豫八州。張角部署道徒為三十六方，大方萬餘人，小方六七千，各立首領，由他統一指揮並傳播「蒼天已死，黃天當立，歲在甲子，天下大吉」的讖語，向人民宣告東漢崩潰在即，新的朝代將要代起。太平道徒廣為散布「黃天泰平」的口號，並在各處府署門上用白土塗寫「甲子」字樣。經過這些醞釀和部署以後，大規模農民起義的形勢，在城鄉各地完全成熟了。

中平元年（184，甲子年）初，大方馬元義調發荊、揚等地徒眾數萬人向鄴城集中，又與洛陽的道徒相約，在三月初五日同時發動起義。但是，起義計劃由於叛徒告密而完全洩露，東漢王朝逮捕馬元義，誅殺洛陽通道的宮廷禁衛和百姓千餘人，並令冀州逐捕張角。張角得知計劃洩

露，立即通知三十六方提前起義。中平元年二月，以黃巾為代表的農民起義軍，在七州二十八郡同時俱起，中國歷史上第一次組織、準備比較嚴密的農民戰爭，就這樣爆發了。

勢力強大的黃巾軍，有如下幾個部分：波才領導的潁川黃巾張曼成、趙弘、韓忠、孫夏等人相繼領導的南陽黃巾彭脫等人領導的汝南、陳國黃巾卜已領導的東郡黃巾張角、張寶、張梁兄弟領導的鉅鹿黃巾戴風等人領導的揚州黃巾今北京地區的廣陽黃巾，等等。黃巾人眾極多，聲勢浩大，東漢統治者誣稱為「蟻賊」。南陽黃巾殺太守褚貢，汝南黃巾敗太守趙謙，廣陽黃巾殺幽州刺史郭勳和太守劉衛。鉅鹿附近的農民也俘虜安平王劉續和甘陵王劉忠，響應黃巾。黃巾軍攻占城邑，焚燒官府，趕走官吏，震動京師。同年七月，漢中爆發了五斗米道首領巴郡人張修領導的起義，被統治者誣稱為「米賊」。此外，湟中義從胡（小月氏）和羌人，也在隴西、金城諸郡起兵，反對東漢統治。

東漢外戚何進受命為大將軍，將兵屯駐洛陽都亭，部署守備。洛陽附近增設了八關都尉。為了統一力量，東漢王朝宣布赦免黨人，解除禁錮。東漢還詔敕州郡修理守備，簡練器械，並調集大軍，包括羌胡兵在內，對各部黃巾陸續發動進攻。

皇甫嵩、朱儁率軍四萬，進攻潁川波才的黃巾。波才打敗朱儁軍，並在長社（今河南長葛境）把皇甫嵩軍圍住。波才缺乏戰鬥經驗，依草結營，在漢軍火攻下受挫，又被皇甫嵩、朱儁軍與曹操的援軍追山，陷於失敗。漢軍接著向東進攻。擊敗了汝南、陳網黃巾，皇甫嵩又北上東郡，東郡黃巾領袖卜已不幸被俘。

南陽黃巾領袖張曼成戰死後，趙弘率十餘萬眾繼起，據守宛城、朱儁軍轉擊南陽，圍宛城三月，戰鬥非常激烈，趙弘戰死。十一月宛城陷落，這支義軍也失敗了。

　　鉅鹿黃巾領袖張角稱天公將軍，弟張寶、張梁分別稱地公將軍、人公將軍，號召力很大，是黃巾的主力。東漢先後以涿郡大姓盧植和率領羌胡軍隊的董卓進擊張角。張角堅守廣宗（今河北威縣）。八月，東漢以皇甫嵩代董卓進攻鉅鹿黃巾。那時張角病死，義軍由張梁統率應戰。十月，漢軍偷襲張梁軍營，張梁陣亡又攻張寶於下曲陽（今河北晉縣），張寶敗死。東漢統治者對農民進行血腥的報復，對張角剖棺戮屍，又大量屠殺農民，在下曲陽積屍封土，築為京觀。

　　黃巾起義爆發以後，黃河以北的農民紛紛保據山谷，自立名號，反對東漢統治。他們是博陵張牛角（青牛角）、常山褚飛燕（張燕）以及黃龍、左校、郭大賢、於氏根、張白騎、劉石、左髭、丈八、平漢、大洪、司隸、緣城、羅市、雷公、浮雲、白雀、楊鳳、於毒、五鹿、李大目、白繞、睅固、苦蜍等部，大者二三萬，小者六七千。張燕聯繫太行山東西各郡農民軍，眾至百萬，號黑山軍，勢力最為強大。中平五年，各地農民又相繼以黃巾為號，起兵於西河、汝南、青州、徐州、益州和江南等地區。

　　黃巾起義發動的廣泛，計劃的周密，階級對立的鮮明，在中國歷史上是空前的但是黃巾起義發生在封建割據傾向迅速發展，豪強地主擁有強大武裝的年代，這種地主武裝同官軍聯合，處處阻截和鎮壓農民軍，迫使農民軍不能集中力量發動大規模的進攻。起義高潮過去以後，黃巾餘部和黑山軍各部人數雖然很多，但是缺乏攻擊力量，在四面八方的敵人夾攻中相繼失敗。

　　黃巾起義取得了瓦解東漢王朝的偉大成果。極端黑暗的宦官、外戚集團失去了東漢王朝的憑藉，經過短暫反覆以後也就從歷史上消失了。

晉

3 世紀 60 年代至 5 世紀 20 年代以漢族為主體的封建王朝。魏咸熙二年（265）十二月，晉王司馬炎（即晉武帝司馬炎）奪取政權，建立晉朝，先都洛陽，後遷長安，歷四帝。建興四年（316）為匈奴劉氏所滅史稱西晉。建武元年（317）琅邪王司馬睿（即晉元帝司馬睿）在江南即晉王位，都於建康，歷十一帝。元熙二年（420），為劉裕所滅，史稱東晉。

西晉

晉武帝太康元年（280）平吳，統一南北，全國計有司、冀、兗、豫、荊、徐、青、揚、幽、平、並、雍、涼、秦、梁、益、寧、交、廣十九個州，一百七十三個郡、國，二百四十餘萬戶。

晉武帝司馬炎即位後採取寬和節儉的方針，繼續推行廢止典農官的政策，把曹魏以來的屯田民編人郡縣為自耕小農，從而增加了納稅人口。全國百姓的賦稅徭役負擔歸於一律，有利於政令的統一和中央集權的統治。對於吳蜀故地，採取了一些區別對待的措施，加以安撫。同時也注意防範，如派中央兵到江南駐守，把吳人向北遷徙。吳蜀人士在朝廷的仕進，無形中受到一些限制。出身於東吳高門的顧榮和陸機、陸雲兄弟，雖有「三俊」之稱，平吳後到洛陽，只被任命為八品的郎中。在朝廷大臣中，存在以山濤、羊祜為首的和賈充、荀勖為首的兩派政治勢力。但晉武帝「寬而能斷」，在重大問題上擇善而從，平吳以統一全國的決策，就是力排賈充等反對意見，堅決採納羊祜、張華等人的主張而制定的。

晉武帝立白痴的惠帝為太子，又為他娶了凶狠狡詐的賈南風（賈充之女）為妃。平吳以後，武帝不再兢兢業業，卻奢侈放縱起來。他死後，元康元年（291），賈後聯合楚王瑋先後殺死輔政的楊駿（惠帝繼母

之父）和汝南王亮，接著又消滅楚王瑋。賈後專擅朝政，任用裴頠、張華，維持了短暫平穩的政局。但延綿十六年之久的八王之亂也從此開始。趙王倫殺賈後，廢惠帝自立。齊王冏、成都王穎、河間王顒聯合起兵，殺趙王倫。諸王為爭奪中央權力，內訌不已。以後加入混戰的，還有長沙嘹乂、東海王越。光熙元年（306）惠帝被東海王越毒死。永嘉五年（311），劉曜攻陷洛陽，懷帝被俘至平陽（今山西臨汾西）。五年後，即位於長安的愍帝投降於漢。

　　西晉的政治、經濟、軍事措施，多沿襲曹魏舊章，又加以改革，其目的在於鞏固中央集權的統治。而東晉南朝門閥士族的興盛，人身依附關係的加強，方鎮勢力的強大，這些影響以至削弱中央集權統治的因素，這時也開始出現。

　　封建統治階級互相混戰造成的災難，迅速激化了階級矛盾民族矛盾中有些帶有階級矛盾的因素，也加劇起來。統治階級無法緩和各種矛盾，導致了西晉王朝的滅亡。

　　惠帝時，人為禍患之外，加以疾疫饑饉等天災，百姓背井離鄉，流離失所。各地方的統治者不但不妥善安置，反而迫使他們還鄉，甚至濫加殘害。如荊州刺史王澄沉溺巴蜀流民八千人於長江，各地流民不斷反抗，先後有太安二年（303）張昌於安陸（今湖北雲夢）、光熙元年（306）劉伯根、王彌於東萊（今山東掖縣）、永嘉四年（310）王如於宛（今河南南陽）、五年杜弢於長沙發動起義。抗爭的時間雖不長，但都不同程度地打擊了司馬氏的統治。荊、江、徐、揚、豫五州之境，一度多為張昌起義軍所占據。但顛覆西晉王朝的根本力量是匈奴、羯、氐、羌、鮮卑這「五胡」中的匈奴與羯，「五胡」或加巴賨稱為「六夷」。

　　西晉時北方、東北和西北，尤其并州和關中一帶居住著很多處於不同社會發展階段的少數民族。江統曾說「西北諸郡皆為戎居」，關中百餘

萬口，「戎狄居半」。平吳以前，涼州鮮卑族人禿髮樹機能起兵反晉，不少羌胡人民參加（270～279）。惠帝時，氐人齊萬年在關中起兵（296～299），「秦、雍、氐、羌悉反」，郭欽、江統都主張「徙戎」，即把與漢族雜居內地的少數民族集體遷徙到邊遠之地。他們預見到被壓迫的廣大少數民族對晉王朝統治的威脅，但建議都未見實行。備受民族和階級雙重壓迫的各少數民族，相繼起而反抗。惠帝永興元年（304），率領流民由西北進入益州的賨人李雄在成都稱成都王，匈奴五部與雜胡的首領左賢王劉淵在左國城（今山西離石北）稱漢王，這是少數民族最初建立的兩個政權。愍帝降於漢，西晉亡，以後其他少數民族相繼崛起，漢族統治者張氏、李氏也先後在涼州據地自保，形成十六國局面。

東晉

西晉覆亡後，各少數民族競相建立政權，戰爭不已。中原的漢族人士不願受胡族統治，紛紛南遷。西晉時，北方諸州人口約七百餘萬。而永嘉之亂後幾次大批南渡的達九十萬人，約占八分之一。東晉和南朝境內人民，大約土著占六分之五，北來僑人占六分之一。司馬睿與封國琅邪的大族王氏建立默契，各自出鎮南方要地，以預謀退路。早在永嘉元年（307），司馬睿已出鎮建業（後改名建康，今江蘇南京）。長安陷後，建武元年（317）睿稱晉王，次年即帝位。

東晉疆域狹窄，貴族官僚大量占山固澤。世家大族大量庇廕人口，未入私門的僑人流民，又不編戶貫，影響政府的財源與兵源。成帝咸和時（326～334）已開始實行土斷，即把僑人從白籍移入黃籍，成為所居地方的正式編戶，納稅服役。在實行土斷的同時，必然也搜檢官僚貴族隱匿的戶口。桓溫、劉裕執政時期，兩次大規模實行土斷，收到「財阜國豐」和開拓兵源的效果。有利於鞏固偏安江南的政權。

　　東晉統治階級內部，存在著北人士族與南人士族，北人士族中的上層與下層，皇室司馬氏與僑姓大族、各大族之間、中央與地方（揚州與荊州）等錯綜複雜的矛盾。當時流行的「王與馬，共天下」說法，既反映了王氏扶持在南方尚未站穩的司馬氏政權，也反映了東晉一代皇室與僑姓大族不斷的抗爭。王導執政，以寬和著稱，其目的除結好南人，鞏固司馬氏地位外，也為維護世家大族的利益。元帝對王敦和簡文帝對桓溫，都曾有過「請避賢路」的表示，為封建社會中的君臣關係所罕見。「君弱臣強」的局面，是司馬氏與以王氏為首的各大族「共天下」的結果。

　　王敦擔任都督江、揚、荊、襄、交、廣六州軍事、江州刺史，擁重兵鎮守武昌（今湖北鄂城）。元帝畏惡王敦，任用劉隗、刁協與之相抗。劉，刁維護皇室威權，「崇上抑下」，如大批徵調大族家的奴僮和依附的客，以充兵役，引起王氏等大族的不滿。永昌元年（322），王敦以問罪於劉隗、刁協為名，起兵攻下建康，殺死刁協等。又從武昌移鎮姑孰（今安徽當塗），自領揚州牧，內外大權集於一身。兩年後，王敦病重，仍命其兄王含為元帥，率軍進攻建康。建康未克而王敦病故。他雖被譴責為叛逆，琅邪王氏的地位卻未受任何影響。

　　晉元帝司馬睿像成帝即位年幼，舅父庾亮執政。北宋的流民首領蘇峻、祖約都擁有重兵，分別駐在歷陽（今安徽和縣）和壽春。他們不滿於大族庾亮、卞壺等人的排擠，咸和二年（327），起兵進攻建康。江州刺史溫嶠乞援於荊州刺史陶侃，聯合擊敗蘇峻（見蘇峻、祖約之亂）。陶侃死後，庾亮代為江、荊、豫三州刺史，既擁強兵據上游，又執朝廷大權。他代表皇室利益，與王導產生矛盾。但在衝突表面化之前，王導、庾亮相繼去世。

　　桓溫繼庾氏之後據有荊楚，又領揚州牧，也集內外大權於一身，企圖奪取司馬氏政權。桓溫先廢司馬奕為海西公，立簡文帝，實則企望其

讓位於己。穆帝時，簡文帝為會稽王輔政，任用殷浩以抵制桓溫，但未成功。接近皇室的庾氏家族中，多人被桓溫殺害，桓溫病中要求朝廷賜他「九錫」，以為禪讓的前奏。由於謝安等人的拖延策略，桓溫不及待而死。謝安輔政，姪兒謝玄在肥水之戰中立了大功。但孝武帝的兄弟會稽王司馬道子排斥謝氏。東晉前期，政權一直在大族手中。肥水戰後，轉入孝武帝及司馬道子之手。戰後兩年，謝安被迫避往廣陵，不久死去。戰後四年，謝玄又從坐鎮的邊境要地彭城被調移內地任會稽內史。以後桓溫的幼子桓玄又以荊州為據點，攻入建康，殺司馬道子父子，總攬朝權。元興二年（403），桓玄稱帝，國號為楚。劉裕從京口（今江蘇鎮江）起兵討伐，桓玄退歸江陵，失敗被殺。

東晉政權所受外部威脅，主要來自黃河流域的胡族和長江上游（益州）的政治勢力。北人南渡之初，上下同仇敵愾，要求驅逐胡人，返回故土。祖逖及其部下流民可為代表。祖逖從淮水流域進抵黃河沿岸，聯繫保據塢壁不甘臣服胡族的北方人民，謀劃恢復中原，經營達八年（313～321）之久。當時北方匈奴劉氏與胡羯石氏相爭，形勢有利於東晉。但元帝無意北伐，對祖逖所需人力物力都不予支持，加以皇室與王敦矛盾尖銳，祖逖備遭掣肘，壯志未伸而死。石氏兵力一度威脅江南，後趙建國，據有幽、冀、並諸州後，軍事優勢更為顯著。庾亮、庾翼雖先後擬議北伐，由於力量對比懸殊，都未實現。石虎死後，河北大亂，西晉遺民二十餘萬口渡河欲歸附東晉。褚裒北伐，先鋒達到彭城，戰敗退回。以後北方前燕與前秦東西並立，殷浩北伐也屢次失敗。

永和十年（354）桓溫伐前秦，深入敵境，但未乘勝奪取長安，只徙關中三千餘戶而歸。兩年以後，又伐前燕，奪取了洛陽，但不久復歸於燕。太和四年（369）再度北伐，到達距前燕首都鄴不遠的枋頭，未再前進，退敗於襄邑（今河南睢縣）。桓溫晚年借北伐以樹立威名，謀求禪

讓，但未成功。前秦苻堅吞併前燕（370）後，屢次南向出兵，意圖統一南北。太元八年（383），苻堅以絕對優勢的兵力威脅江南，謝玄率北府兵以寡敵眾，肥水一戰秦軍大敗。乘前秦衰弱，後秦姚氏占有關中，後燕慕容氏立國河北，東晉雖暫時解除了大軍壓境的威脅，並未能在北伐事業上有所進展。

義熙六年（410）劉裕滅南燕，此後青、兗等州歸屬東晉、劉宋五十餘年。十三年，滅後秦。由於關中懸遠，東晉很難從江南遙控，劉裕又忙於南歸奪取政權，無意進一步恢復中原，一度收復的長安與洛陽，隨即為赫連夏與北魏所得，終東晉之世未能長期恢復西晉的兩京。

江南政權穩固與否，和長江上游益州的歸屬很有關係。成漢李氏據蜀三十年，永和三年（347）桓溫西征滅之，有利於鞏固東晉政權。二十六年以後，益州又被前秦占領，肥水戰後才復歸東晉。到義熙元年，譙縱據益州，又從東晉分裂出去。劉敬宣一度攻益州，距成都五百里而敗還。及至九年，劉裕西征，滅譙氏，從此益州再歸東晉統治。東晉百年間，益州不受其統治的期間達五十年。只是由於占有益州的勢力既未與北方密切聯合，不具備能順流東下、吞併江南的實力，東晉政權才得免除來自益州上游的後顧之憂。

隆安三年（399）爆發了孫恩、盧循起義，抗爭持續近十二年，司馬氏政權受到沉重打擊。孫恩死後，桓玄起兵稱帝。劉裕對內鎮壓孫恩、盧循起義，討平桓玄，對外北伐滅南燕，西征平譙縱，江南政權擺脫了最直接的外部威脅，得到穩定。滅後秦之後，420 年劉裕取代了東晉。

▌隋

中國封建社會的一個統一王朝，都長安（今陝西西安），歷文帝楊堅、煬帝楊廣、恭帝楊侑，凡三帝，共三十八年。文帝年號二：開皇

（581 ～ 600）、仁壽（601 ～ 604）煬帝年號一：大業（605 ～ 618）恭帝年號一：義寧（617 ～ 618）。大業五年（609）時的隋朝疆域，東、南皆至海，西至且末，北至五原。以西京長安、東京洛陽為中心，下統郡（州）一百九十，縣一千二百五十五。有戶八百九十萬七千五百三十六，人口四千六百零一萬九千九百五十六。

隋朝的建立和強盛

隋朝的建立隋朝皇室據說出於漢代以後的士族高門弘農華陰楊氏，但早自北魏初期就世居武川鎮（今內蒙古武川西）。楊堅父忠是西魏、北周的軍事貴族，西魏時為十二大將軍之一，賜姓普六茹氏，北周時官至柱國大將軍，封隋國公。楊堅襲爵，堅女為周宣帝皇后。

大成元年（579）二月，周宣帝宇文贇傳位於其子衍（後改名闡），改元大象，是為周靜帝，宇文贇至自己以天元皇帝名義掌握政權。次年五月宇文贇死，靜帝時方八歲，內史上大夫鄭譯、御正下大夫劉昉假傳遺詔，召楊堅入宮，以左大丞相、都督內外諸軍事名義掌握軍政人權。

楊堅並無煊赫大功，也沒有超越諸大臣的實權與重望，僅憑藉軍事貴族的家世與後父的地位得掌大權。但由於周宣帝誅戮大臣，當時朝中已無有力的反對派楊堅掌握府兵集中的關中，軍事上對地方居於優勢。他在元老宿將李穆、韋孝寬的支持下，憑仗關中軍事力量，僅用不到半年的時間，就迅速平定了反抗他的相州（今河南安陽南）總管尉遲迥、鄖州（今湖北安陸）總管司馬消難、益州（今四川成都）總管王謙。三方叛軍在不同程度上都和北齊舊臣有關。特別是尉遲迥，所用多齊人，如親信謀士崔達拏就是第一流高門博陵崔氏。他起兵時，據說「趙魏之士，從者若流」，不久就至數十萬眾，尉遲迥起兵實際上代表了關東士族豪強的割據願望。司馬消難自己就是北齊舊臣，王謙所用之人也有北齊後主

的寵臣高阿那肱。所以，楊堅平定三方是在北方統一的基礎上進一步削弱割據力量。

平定地方叛亂的同時，楊堅還屠戮了宇文氏諸王。在消滅內外政敵以後，他自左大丞相遷大丞相，並於周大定元年（581）二月代周稱帝，國號隋，改元開皇，是為隋文帝（見隋文帝楊堅）。

統一南北自從西晉末年以來，南北分裂將近三百年，歷史發展傾向是統一，隋朝完成了這個歷史任務。

隋朝初年，北方突厥的勢力強盛，與隋朝相對抗。開皇二年（582），隋軍挫敗入掠河西以至弘化、上郡、延安（今陝西北部）的突厥軍。突厥汗國的內部矛盾隨之激化，三年，突厥分裂為東、西兩汗國。五年，東突厥沙缽略可汗歸附隋朝，經隋朝同意，率部內遷白道川（今內蒙古呼和浩特西北），北方獲得安定。隋朝的力量於是轉向江南。

八年二月，隋文帝下詔伐陳。十一月，合九十總管之兵五十一萬八千人，以晉王楊廣為統帥，沿長江中、下游分兵八路，大舉南進。次年正月，隋大將賀若弼自廣陵渡江，韓擒虎自採石渡江，東西兩路直指建康。賀若弼激戰於鐘山，打敗了前來迎戰的陳軍韓擒虎因陳將領任忠投降，得以先入宮城，俘後主陳叔寶。長江中下游的陳軍隨即或降或破嶺南方面，在高涼（今廣東陽江西）太守馮寶妻冼夫人（少數族人）的協助下也迅即安定。這場統一戰爭從發兵到戰事結束，不過四個月。

隋朝平陳之後，得州三十，郡一百，縣四百，籍上戶數共五十萬，人口二百萬。以後，隋又遷陳朝皇室和百官家屬入關中。江南士族高門從此更加衰落。

陳亡之後，江南士族高門雖大都北遷，但梁陳時正在擴大勢力的地方豪強以及所謂「溪洞豪帥」卻仍然保有實力。隋朝派到江南的官吏都是北方人，不尊重地方豪強的特權。豪強們認為統一損害了他們的利益。

開皇十年冬，遍及陳朝舊境的反隋暴動爆發。當時謠傳隋朝要把所有江南人全部遷入關中，豪強們因此得以糾集民眾，大股數萬人，小股數千人。隋朝派遣楊素為行軍總管，領兵鎮壓。統一是大勢所趨，分裂割據不可能真正獲得江南人民的支持豪強們各踞一方，力量也分散。隋軍將其各個擊破，大約次年即告平定。士族高門的北遷和這次鎮壓，沉重打擊了江南的割據勢力。

西晉末年以來，南北長期分裂的主要原因是尖銳的民族矛盾。北朝後期，鮮卑貴族的門閥化，尤其是各族人民共同的生產抗爭和階級抗爭，促進了民族大融合漢族楊氏代周以後，象徵民族矛盾的鮮卑政權亦告消亡，南北統一的條件已經成熟。當時，隋的經濟、政治、軍事力量都比陳強。於是，結束近三百年分裂狀態的歷史任務便由隋來完成了。

在文帝統治時期和煬帝統治的前期，隋朝先後進行了一系列有利於完成和鞏固統一、強化中央集權的改革。

隋代的這些改革適應了國家統一、民族融合、門閥制度衰落的歷史發展趨向，因而具有積極意義。實行這些改革，加強了封建國家機器，維護了以關隴軍事集團為核心的地主階級專政。

隋代許多改革是文帝和煬帝兩朝完成的。文帝有五個兒子。長子楊勇在文帝代周前夕，內領禁衛，外統故齊之地，後立為太子，參決軍政大事，曾經獲得文帝的寵任，但他奢侈好色，使得文帝和獨孤皇后逐漸失去對他的信任。次子楊廣同樣奢侈好色，但卻善於矯飾，貌為節儉孝順，博得父母寵愛。他與大臣楊素勾結，向文帝揭發楊勇的過失。文帝和楊勇間的感情日益惡化，文帝甚至懷疑楊勇有篡奪皇位的意圖。開皇二十年（600）十月，文帝廢楊勇，十一月，立楊廣為太子。仁壽四年（604），楊廣即位，是為煬帝。傳說文帝是被楊廣暗害的。

煬帝即位時，文帝第五子漢王楊諒身居并州總管重任，統轄今山

西、河北、山東境內五十二州，手握強兵。他早就覬覦皇位。七月，煬帝即位，八月，楊諒就以討楊素為名，起兵反叛。楊諒雖然擁有可觀的兵力，但改變不了關中的軍事優勢他用兵又舉棋不定，忽攻忽守，所以很快就被楊素領兵鎮壓了。

隋朝的覆亡

　　繁重的勞役徵發導致人民反抗的直接原因是漫無限止的勞役徵發。煬帝營建東京、修長城、開運河，雖有一定的積極意義，但卻濫用了民力至於純為個人享樂而徵發的勞役，只能帶來災難給人民。

　　從煬帝即位開始，幾乎每年都有重役。仁壽四年十一月，他發丁男數十萬，在今山西、河南境內夾黃河兩岸掘了兩道長塹。大業元年三月營建東京，月役丁二百萬（次年正月告成，歷時十個月）。同時煬帝徵發河南、淮北丁男前後百餘萬開鑿通濟渠，又發淮南民十餘萬開邗溝，不到半年便完成了這兩項工程。這一年還在江南採伐木材，建築東京和其他各地宮殿為了巡遊江都而在江南造作龍舟和數以萬計的各色大小船隻。八月巡遊江都，徵發挽船士數萬人。粗略猜想，從仁壽四年十月到大業元年十月的一年間，被徵發的丁男不少於四百萬。大業二年統計的戶數為八百九十萬七千五百三十六，就是說，平均每兩戶徵發一丁，而且徵發地域集中在河南至淮南之間，這一地區被徵發的丁男所占的比例當然更高。營建東京的二百萬丁，由於苦役，死亡率殆半，其他勞役的死亡率大概也差不多。可見這一年徵發丁男的比例和死亡率都是高得驚人的。此外，該年被誅戮和流配的所謂楊諒「叛黨」還有幾十萬人。

　　隨後是大規模地修築長城，開鑿永濟渠。早在開皇六年和七年，文帝曾兩次修建長城，一次徵發丁男十一萬（一作十五萬），另一次徵發十萬餘，都是按制度「二旬而罷」。大業三年煬帝到榆林，七月發丁男百餘

萬築長城，雖仍按制度「二旬而罷」，但死者過半。次年正月，徵發河北諸郡男女百餘萬開永濟渠，丁男不足，以婦人供役。七月，煬帝北巡五原（今內蒙古五原南），又發丁男二十餘萬築長城。此外，大業三年，還徵發河北十餘郡丁男鑿太行山，開一條通往并州的馳道，雖沒有具體的徵發數字，但徵發範圍達十餘郡，人數當不會少。從大業三年五月到四年七月一年多的時間內，所發丁男以至婦女，大約在三百萬人次左右，徵發地區包括今內蒙古、山西和河北，當時這些地區的戶數，大致為三百五十萬左右，可見徵發比例也非常高。

煬帝在十四年統治期間，幾乎沒有一年不出去巡遊。他曾三巡江都，三到涿郡，兩至榆林，一遊河右，還有長安與洛陽間的頻繁往還。伴隨著巡遊，到處建築宮殿每次出巡，宮人、侍衛和各色隨從人員多達十萬人，沿路供需都由所經地方承辦。這筆費用最後都落在人民的頭上。

這些勞役徵發超出了人民所能承擔的限度。大業六年就已有人民起義發生。次年，煬帝發動對高麗的戰爭，更大規模地徵發兵役和勞役，終於點燃隋末農民起義的燎原大火。

煬帝三征高麗

隋朝時，朝鮮半島上有高麗、百濟、新羅三國，其中，高麗最強。東晉時，高麗人據遼東，奚、契丹、珠羯等族受其控制。開皇十八年（598），高麗王高元聯合靺鞨進攻遼西，被隋朝地方軍擊退。文帝發兵三十萬進擊，高元遣使謝罪，罷兵修好。

煬帝即位後，要求高元入朝未成，便決心大舉東征。大業四年（608）開永濟渠，就是要為東征作交通運輸準備。同時，煬帝命令山東（今河北、山東地區）廣置軍府，充實軍馬，整備武器。運輸之役更是繁重：七年二月，煬帝命令在東萊（今山東掖縣）海口造船三百艘，官吏督

役嚴急，死者達百分之三四十五月，命令河南、淮南、江南造戎車五萬輛，裝載衣甲帳幕，由兵士自己牽挽，送往高陽七月，發江淮以南民夫和船，運黎陽及洛口諸倉米到涿郡，船舶連線達千餘里。運輸兵民交錯往還，晝夜不絕，死的就拋在路旁，臭穢滿路。又發民夫自辦車牛運糧械到瀘河（今遼寧錦州）、懷遠（今遼寧遼河西北）兩鎮，車牛都一去不返。又發鹿車（即獨輪車）夫六十餘萬，每兩人推米三石，路途遙遠，三石米還不夠路上吃的，車伕到鎮無米可交，只好逃亡。

　　大業八年，隋軍雲集涿郡，共一百一十三萬三千八百人，分左右各十二軍，運輸人員加倍。當年二月，煬帝和大軍渡過遼水，圍攻遼東城（今遼寧遼陽）。這次聲勢浩大的東征本來不得人心，高麗又頑強抵抗，隋軍遭到失敗，士兵役丁死亡大半，物資裝備幾乎全部丟失。宇文述進攻平壤（今朝鮮平壤）的九軍共三十萬五千人，只兩千七百人生還遼東。七月，煬帝被迫退兵。

　　失敗並沒有使煬帝接受教訓，他在退兵時就下令繼續搬運黎陽、洛口、太原諸倉穀物北上。九年正月再次在全國徵發兵士集中涿郡。四月，煬帝再渡遼水，和上次一樣攻圍遼東城，一個多月仍沒有攻下。六月，在黎陽督運兵糧的楊玄感起兵攻東都（東京改稱）。訊息傳到前線，煬帝有後顧之憂，只好退兵。

　　同年八月，楊玄感敗亡。但農民起義軍卻風起雲湧，隋王朝處於崩潰前夕。煬帝妄想以對外的勝利來扭轉危亡的命運，於大業十年二月發動了第三次東征。三月煬帝又到涿郡，七月到達懷遠鎮。高麗雖兩敗隋軍，卻因連年戰爭，所受損失也非常嚴重，所以立即遣使請和，並囚送隋的叛將斛斯政。這次戰爭是在義軍遍地的形勢下發動的，徵集的士兵多因道路阻隔，不能如期到達，有的根本沒有來，來的又因沿途多有逃亡，以致兵員不足，實是湊合成軍。煬帝也感到無法把戰爭進行下去，

只好因高麗請和，乘勢收兵。

隋末農民大起義煬帝三次東征，給人民造成一場非常嚴重的災禍。大業八年雲集涿郡的兵士和民夫大致為三百五十萬人，如果再加上造船之類的就地徵役、或逃或死的兵民，數字就更大了。以後連年東征，都是在全國徵發，人數也不會少。除了勞役以外，軍需的徵發也非常嚴重，常規租調已預支數年。這樣擾動全國，弄得盛強的隋王朝「黃河之北則千里無煙，江淮之間則鞠為茂草」（楊玄感的檄文），社會生產力遭到嚴重的破壞，人民受到無邊的苦難。

河北、山東是籌備東征的基地，兵役、力役最為嚴重。大業七年，這一地區遭到超大水災，次年又發生旱災，人民走投無路，起義的戰鼓首先就在這裡敲響。最早見於記載的是大業七年鄒平縣民王薄於長白山（在今山東鄒平南）起義，自稱「知世郎」，作《毋向遼東浪死歌》號召反抗。這一年還有劉霸道起義於平原東豆子航（今山東商河、惠民間），孫安祖、竇建德起義於高雞泊（今河北故城西），鄃縣（今山東夏津）人張金稱、蓓縣（今河北景縣）人高士達各在境內起義。後來發展壯大的翟讓領導的瓦崗（在今河南滑縣南）軍和以後南渡長江由杜伏威、輔公祏領導的起義軍，也都在這一二年間組織起來。從此直到隋亡，見於史籍的武裝反隋力量北至今山西、河北北部，南達嶺南，東至山東、江浙、福建沿海，西達河西走廊，大大小小數以百計，其中在今河北、山東、河南的約占半數，起義時間也較早。這些起義隊伍經過激烈的搏鬥，分並離合，最後大致形成三大起義力量：一是威震全國、據有河南的李密領導的瓦崗軍二是雄踞河北的竇建德領導的夏軍三是自淮南轉移到江南由杜伏威領導的吳軍。

關隴貴族統治集團的分裂農民起義軍的發展，促使統治階級內部分化。有的反隋武裝力量，本來就是乘亂起兵的地方豪強，如據有朔方的

本郡豪族梁師都，據有江南吳興等郡的江東豪族沈法興，據有江陵的蕭梁後裔蕭銑等也有擁有兵力的軍府將領，如據有隴右的金城府校尉薛舉、馬邑（今山西朔縣）的鷹揚府校尉劉武周、涿郡的虎賁郎將羅藝等。他們大都志在乘亂割據。更有不少地主豪強參加了起義軍，比如瓦崗軍中的徐世勣、王伯當等。此時，關隴軍事貴族集團也發生了分化。尤其是大業九年楊玄感的起兵，對隋朝的崩潰有很大影響。

楊玄感是大貴族、權臣楊素的兒子。第二次東征時，他以禮部尚書在黎陽督運糧食，六月，聚眾起兵，攻圍東都。煬帝派來救援東都的遼東還軍將到，玄感撤圍西入關中，八月為追兵所及，敗死。楊玄感聲稱「為天下（百姓）解倒懸之急」，具有很大的號召力，一呼而集就有十萬人。他的好友和參謀李密，家世也是西魏以來的關隴世襲大貴族。和玄感通謀的斛斯政、投奔玄感的李子雄及隋宗室觀王楊雄的兒子恭道、大將韓擒虎的兒子世諤，也都是關隴世襲貴族。楊玄感雖然很快失敗，但卻促使了作為隋朝統治核心的關隴集團的迅速分裂，進一步孤立了隋煬帝。

大業十一年八月，煬帝第三次巡視北境。突厥始畢可汗（啟民子）眼見隋朝大勢已去，就發兵圍煬帝於雁門，也企圖乘機稱霸。煬帝下詔各地募兵救援，九月解圍，煬帝還東都。從此，突厥經常攻擾并州，威脅太原。

并州地區的起義力量在大業十一至十二年間日益壯大，汾水兩岸義旗競舉。在此背景下，隋太原留守李淵乘機而起。李淵（即唐高祖李淵）是西魏六柱國之一李虎之孫，既是關隴世襲貴族，又是煬帝的姨表兄，一向為煬帝所信任。大業十一年他以山西河東慰撫大使領兵解雁門之圍有功，被留在并州防禦突厥和鎮壓農民軍。大致在大業十二、十三年之間，煬帝命李淵為太原留守。當時，隋朝的危亡形勢已很明顯。李淵既

害怕無功被罪，又懷有政治野心，加之次子李世民等的勸說，經過密謀部署，於大業十三年五月起事，七月進軍關中，十一月攻占長安。李淵立煬帝孫代王侑為帝，改元義寧，尊煬帝為太上皇，自為大丞相，掌握大權。次年五月，李淵代隋稱帝，國號唐，改元武德。

大業十三年，瓦崗軍推李密為魏公，先後攻占洛口、回洛、黎陽諸倉，散糧聚眾數十萬，進逼東都。河北起義軍領袖竇建德也在這年稱長樂王於樂壽（今河北獻縣）。

隋煬帝的窮途末路自大業七年農民起義爆發時起，隋煬帝就力圖用嚴刑酷法鎮壓人民的反抗怒火。文帝時就經常超越法律、任意加刑，這時更甚。大業七年，煬帝命令竊盜以上，不分輕重，隨獲隨殺。九年又下詔凡為盜者抄沒全家。楊玄感被鎮壓後，朝廷追究黨羽脅從，死者達三萬多人，凡取過黎陽倉粟者，不管多少，一律處死。秉承煬帝意旨，統兵鎮壓起義軍的將領任意屠殺人民。如樊子蓋鎮壓汾、晉間起義軍時，大肆燒殺王世充鎮壓劉元進領導的起義軍時，一次坑殺三萬人。但是屠殺只能激起人民更大的憤怒，起義隊伍愈加壯大。大業九年以後，隋軍只能據守一些城鎮，已不能控制廣大農村。煬帝命令百姓盡數遷入城堡內，就近給田，就反映了這一事實。大業十二年煬帝第三次到江都。面對著土崩瓦解的形勢，他已經感到處境的危險。但為了逃避現實，他整天飲酒作樂，不准人說「盜賊」眾多，如有人這樣報告，輕則免官，重則處死。那時煬帝所能控制的地域已非常狹小，糧倉被占，租調不入，江都糧食供應越發感到困難。一些江南出身的官僚建議煬帝南渡。煬帝便在十三年下令修築丹陽宮，準備渡江。

大業九年第二次征遼時，煬帝為了擴充軍隊，除徵發府兵外，又曾募人從軍，稱為驍果。這次到江都，天下大亂，府兵上番宿衛制度難以維持，只能以驍果代替。驍果中多數是關中人，一向不願久留南方，往

往逃亡。為了安定驍果，煬帝竟然蒐括江都寡婦和未嫁女子強配給他們。此舉並沒有收到什麼效果。當驍果們知道煬帝方謀南渡，就決定劫掠馬匹財物，集體西返。十四年三月，在煬帝寵臣宇文述之子宇文智及的鼓動下，驍果發動兵變，殺死煬帝，立煬帝姪孫秦王浩為帝，推宇文智及兄化及為大丞相掌握大權，率眾自運河西返，他們來到徐州時，路已不通，就又掠奪百姓的車牛，改從陸道進向東都。

煬帝死訊到達東都，群臣立煬帝的又一個孫兒越王侗為帝，改元皇泰，史稱皇泰主。這年六月宇文化及兵到黎陽，黎陽早由瓦崗軍占領。那時，李密已接受東都官爵，便與化及在黎陽的倉城相拒。化及糧盡北走魏縣（今河北大名西），九月殺秦王浩，稱帝，國號許。唐武德二年（619）宇文化及於聊城為竇建德所擒殺。李密擊走宇文化及後，想應命到東都占「輔政」。當時，東都發生內訌，反對召李密的王世充專政，發兵攻李密。武德元年九月，李密於偃師戰敗，降唐。王世充擊敗李密後，聲勢很大，遂於次年四月，廢皇泰主，稱帝，國號鄭，改元開明。到此，三個象徵性的隋政權殘餘全部滅亡。

▌唐

唐朝是中國歷史上的重要朝代之一。在經濟、政治、文化和中外交流等方面，中國在唐代都取得了輝煌的成就。李唐王朝歷高祖、太宗、高宗、中宗、睿宗、玄宗、肅宗、代宗、德宗、順宗、憲宗、穆宗、敬宗、文宗、武宗、宣宗、懿宗、僖宗、昭宗及哀帝共二十帝，中間在中宗、睿宗之際曾出現過短暫的武周政權。據開元二十八年（740）戶部統計，全國共有三百二十八個郡、府，一千五百七十三個縣。唐朝的疆域東至安東，西迄安西，北起單于府，南止日南都西京長安（今陝西西安），以洛陽（今河南洛陽東）為東都，通稱「二京」。

唐朝的建立

李淵是唐朝的開國皇帝。隋朝末年，農民起義遍及全國各地，隋煬帝楊廣於大業十一年（615）以李淵為山西河東慰撫大使，不久又拜太原留守，以北備突厥，並鎮壓今山西省境內的農民起義。當時，隋政權已呈土崩瓦解之勢，統治階級一再發生大分裂，地主武裝和義軍星羅棋布於各地。李淵素有大志，移官太原後，看到隋朝即將敗亡，萌動了取而代之的念頭。他左右的裴寂、劉文靜及次子李世民亦紛紛建議起兵以舉大事。到大業十二年，農民起義在全國已居優勢，隋朝再也無法集中兵力有效地打擊各個武裝集團，李淵覺得時機成熟，遂於次年五月在太原殺死副留守王威和高君雅，正式宣布起事。

七月，李淵與長子建成、次子世民揮師南下，先後破霍邑（今山西霍縣），渡黃河，向西南挺進。當時，隋煬帝遠在江都（今江蘇揚州），關內隋軍力量薄弱中原瓦崗軍與王世充激戰方酣，均無暇西顧。因此李氏父子進軍神速，十一月間攻入長安。李淵進入長安不久，就宣布遙尊隋煬帝為太上皇，擁立煬帝孫代王楊侑為帝，改元義寧，是為隋恭帝。李淵任大丞相，進封唐王。大業十四年三月隋煬帝在江都被殺，五月，李淵逼恭帝禪讓，自己稱帝，國號唐，是為唐高祖。改元武德，仍都長安。

唐朝建立後，唐高祖面臨的首要任務是以關中為根據地統一全國。為此，他派李世民攻打據有金城（今甘肅蘭州）等地的薛舉。經過反覆較量，唐軍於武德元年（618）十一月俘殺薛舉子薛仁杲，平定了西北廣大地區。同年冬，幽州羅藝降唐。武德二年，唐朝出使涼州（今甘肅武威）胡商安興貴、安修仁兄弟計擒李軌，平定了河西走廊。同年，劉武周、宋金剛勾結突厥大舉南攻，占領了今山西省大部分地區。唐高祖派李世民率軍征討，於武德三年收復并州（今山西太原西南），劉武周北

走突厥，不久被突厥所殺。這時，黃河流域形成竇建德的夏政權、王世充的鄭政權與唐政權鼎足而立的形勢。李淵派李世民東征王世充，鄭、夏結成聯盟抗唐。次年，竇建德被李世民所俘，王世充被迫出降。竇氏餘部受唐迫害，因而在劉黑闥的領導下兩次起事，並聯合突厥兵南攻。李淵先後派秦王李世民及太子建成率軍東討。建成於武德六年俘斬劉黑闥，平定了河北地區。在江淮方面，李世民東征時，占有丹陽的杜伏威受唐朝冊封為吳王，不久，又親赴長安朝見唐高祖。武德六年，杜氏的江淮餘部在輔公祏策動下再度起事反唐，據丹陽，稱宋帝。七年公祏被執殺，江南平。武德四年唐大將李靖圍江陵，南朝梁代後裔蕭銑降，其於隋末所建的蕭政權被消滅。五年，嶺南（今廣東、廣西一帶）馮盎降，唐以其地置八州。同年，據有虔州（今江西贛州）的林士弘死，其地為唐所有。

武德九年六月初四，秦王李世民伏兵玄武門發動宮廷政變，殺死其兄太子建成及四弟齊王元吉，逼高祖立自己為太子。不久，世民即位，是為唐太宗。李淵退位為太上皇。次年改元貞觀。

唐太宗即位不久，於貞觀二年（628）發大軍征討據有夏州（今陝西白城子）的梁師都，師都為其下所殺，夏州歸唐所有，至此全國統一。

武周代唐

貞觀二十三年（649）唐太宗逝世，第九子李治即位，是為高宗。唐高宗李治統治時期，皇后武則天逐步登上政治舞台，並且成為中國歷史上唯一的女皇帝。她是武士彠之女，十四歲入宮做唐太宗的才人。太宗死後，她入感業寺為尼。唐高宗即位後，召她入宮，封為昭儀。永徽六年（655）高宗在李勣、許敬宗等人的支持下宣布廢黜王皇后，改立她為皇后。以後她排除異己，對反對立她為後的顧命大臣加以打擊，如先後

流放褚遂良，逼長孫無忌自殺。從顯慶（656～661）開始，唐高宗因體弱多病，政柄漸操武後之手，天下稱皇帝和武後為「二聖」。弘道元年（683）高宗死後，武則天立太子李顯為帝，是為中宗。不久，又廢中宗，改立另一個兒子李旦為帝，是為睿宗。天授元年（690），武則天終於廢睿宗稱帝，改國號周。在稱帝前後，她大力打擊皇親國戚，誅殺海內名士。武周政權持續了 15 年之久（690～705）。

神龍元年（705），宰相張柬之、崔玄暐及敬暉、桓彥範、袁恕己等人策動左右羽林軍李湛、李多祚等人發動政變，殺死武則天的親信張昌宗、張易之兄弟，擁立中宗李顯復位，重建了李氏王朝。中宗復位以後仍然是一個傀儡皇帝，大權旁落在皇后韋氏、女兒安樂公主及武後餘黨武三思等人手中。這些新貴濁亂朝政，濫增官員，廣占田園，財貨山積，肆意侵剝勞動人民。在一片混亂聲中，中宗於景龍四年（710）去世，韋后立溫王李重茂為帝，是為少帝，並欲加害相王李旦。李旦子隆基遂發動政變，誅殺韋后、安樂公主及武氏殘餘勢力，擁立李旦即位，是為睿宗。此後睿宗妹太平公主因擁立之功而大權在握，與李隆基發生了權力之爭。睿宗於延和元年（712）讓位於太子隆基，是為唐玄宗。次年，太平公主被賜死，黨羽或殺或逐，混亂政局至此結束。同年唐玄宗改元開元。

唐初，各種服色役的人已有納錢代役的情況，稱作納課或納資。但此項特殊的錢幣收入在國家財政總歲入中所占比重甚小，一般服役者仍以履行現役為主。隨著商品經濟的發展和勞動人民人身地位的變化，納錢代役的情況逐漸發展和普遍。由於服色役者可以免除其他課役，而色役本身又可以錢代役，所以部分地主和較富裕的農民也掛名色役，以逃正役，遂形成了「色役偽濫」的情況。到開元初年，終於正式出現了納錢代役的課稅，稱作「資課」，並且成為一項與正稅並列的稅收。天寶時

期，農民服正役二十日的現役亦不復存在，幾乎全部為「輸庸代役」所取代。自開元以後，詔令中經常提到以和僱代差科的事，說明徵調番戶、雜戶的情況日見減少，和僱匠在官府作坊中逐漸增加。大致統治者就是以資課酬僱值的。番役制度的改變和國家稅收中錢幣比重的上升，都反映商品貨幣關係有了顯著的發展，國家對勞動者的人身控制進一步趨向緩和了。

關中是京畿所在的地區，集中了大量的皇族、官僚和軍隊，而這一帶土地兼併又特別嚴重，唐王朝在這裡的需求日益增加，同租庸調的破壞發生了尖銳的矛盾，尤其是糧食供應緊張更成為迫在眉睫的問題。為了緩和這種狀況，唐朝在開元年間先後改革漕運，實行「變造」、「和糴」及「迴造納布」等一系列新的措施。中宗神龍以後開始興變造法，即取江南義倉米北運關中。開元四年（716）一度禁斷變造，但不久，玄宗就在二十二年採納京兆尹裴耀卿的建議，在運河沿線普遍設倉，分段節級轉運江淮的大量義倉、正倉米達於關中。改革漕運後三年中，共運變造米六七百萬斛，暫時緩和了關中的糧食緊張狀況。但大量漕運引起了江淮變造之勞，沿途亦增加了轉輸之弊，運費數倍於米價，而關中地主的私廩中卻大量積穀。為了克服捨近求遠的弊病，唐玄宗又於開元二十五年在長安附近大興和糴。從此，不但減少了南糧北調，而且皇帝本人也不再頻頻去東都就糧。由於均田制和租庸調制的破壞，唐王朝向各地徵收貢品也發生了困難，所以唐初已經存在的和市到開元年間進一步發展了，中央政府大規模和糴、和市，需要掌握足夠的支付手段。為此，唐朝在同年下令江南諸州的租並「迴造納布」，即以絹代租北運長安。類似的辦法也實行於河南、河北二道不通水運之處，稱作「折租造絹」。

隨著土地高度集中，地主階級日益富裕，貞觀、永徽時期統治集團的儉樸自持之風逐漸為聲色狗馬的奢靡風尚所代替。唐玄宗即位之初，

尚能勵精圖治，在政治上有所作為但到天寶年間，在一派歌舞昇平聲中，逐步轉化成了一個貪圖逸樂的皇帝，揮霍浪費，用不知節。皇族、貴戚生活上的腐化必然引起政治上的濁亂。開元二十二年（734）「口蜜腹劍」的李林甫拜相後，居相位長達十九年之久，他善於諂媚逢迎皇帝，玄宗受其矇蔽，杜絕了逆耳的忠言。李林甫為人陰險狠毒，排擯賢良，在他執政時期，以諂佞進身的人與日俱增。繼起的權臣楊國忠，是楊貴妃之堂兄，也是一個恣弄威權的奸佞，身兼四十餘使，玄宗對他盲目信任，莫見其非，群臣因之杜口。皇帝的腐化是宦官易於得勢的重要條件之一。從玄宗朝開始出現了宦官干政的局面，宦官稍稱旨者即授三品左右監門將軍。長安一帶的甲第、名園、上田大量為宦官所有。高力士特蒙恩寵，四方進奏的文表，往往須先呈給他，然後才得以進御小事則由他自行斷決，權勢炙手可熱。總之，到唐玄宗統治的末年，唐朝鼎盛局面的背後已經顯露出嚴重的危機。

後期的政治

安史之亂府兵制的崩潰意味著中央集權軍事紐帶的鬆弛。長征健兒的出現雖能加強邊防，但同時使節度使得以同士兵建立穩固的統屬關係，容易形成割據勢力。節度使不僅兼任採訪使，而且多兼屯田使、支度使等職，他們終於成為既掌握軍事權又掌握行政權和財政權的自雄於一方的力量。當時全國共有軍隊五十七萬餘，而鎮兵竟達四十九萬，中央與軍鎮的力量對比失去平衡，形成了外重內輕的局面。中央上層統治集團的腐化大大削弱了控制地方的能力，政治上也出現了不平衡的局勢，這就很容易使擁兵自重的將帥萌動問鼎犯上的野心，發動安史之亂的安祿山和史思明就是兩個這樣的人物。

安祿山和史思明都是東北一帶的雜胡。唐朝前期，大臣往往在朝為

相，外出為將。李林甫為杜絕「出將入相」的情況，以鞏固自己獨專朝柄的地位，建議玄宗任命寒人蕃將鎮守邊境，安祿山遂得一身兼任平盧（今遼寧朝陽）、范陽（今北京）、河東（今山西太原西南）三鎮節度使，還兼任河北道採訪處置使，專事對付奚、契丹等族。史思明亦官至平盧兵馬使。安祿山經過累年的策劃和準備，終於天寶十四載（755）十一月在范陽發動叛亂。

唐朝政治腐敗，軍備廢弛，安祿山很快就攻下洛陽，自行稱帝，國號燕，並分兵西突破瓶頸中。唐玄宗於潼關失守後倉皇逃往成都。太子李亨在靈武即位，是為肅宗。他一面以朔方軍將領郭子儀和李光弼分任朔方節度使和河東節度使，統兵進討一面命敦煌王李承寀借回紇兵，以增強軍事力量。在戰爭期間，安史集團內部一再發生內訌，先是安祿山為其子慶緒所殺，後來安慶緒又為史思明所殺，最後思明亦為其子朝義所殺。內部抗爭大大削弱了安史軍的力量，尤其重要的是他們發動戰爭不得民心，到處遭到群眾的打擊，在這種情況下，唐軍逐步轉敗為勝。寶應元年（762）肅宗去世，太子李豫即位，是為唐代宗。他以雍王李適為天下兵馬元帥，會諸道軍與回紇軍展開反攻，最後在次年正月戰敗叛軍，史朝義自縊。歷時七年多的安史之亂至此結束。

安史之亂是唐朝中央政權與地方割據勢力之間的一場統治集團內部的抗爭。這次事件對社會、政治產生了巨大的影響，是唐王朝由統一集權走向分裂割據的轉捩點，是階級矛盾由緩和走向激化的轉捩點，是唐王朝對周邊各族由主動進攻走向被動挨打的轉捩點。以此為標誌，唐朝的歷史分為前後兩個截然不同的時期。

藩鎮割據和中央對藩鎮的戰爭安史之亂雖然平定，藩鎮割據的形勢卻從此形成。唐代宗在戰爭結束之初就繼續任命安史降將張忠志為成德節度使，賜姓名李寶臣薛嵩為相衛節度使李懷仙為幽州節度使田承嗣為

魏博節度使。安史之亂過程中及平定戰亂後，唐朝軍將亦幾乎都授以節度使之名，內地也先後建立軍區，藩鎮制度因此進一步推廣，遍於各地。在節度使中，雖然有服從君命，臣事中央的人但不少藩鎮都具有不同程度的割據性，其中最嚴重的是成德、盧龍、魏博三鎮，統稱「河朔三鎮」。淄青鎮與上述三鎮情況完全相同。這些節度使父死子繼，自署將吏，繕邑治兵，目無朝廷，他們「喜則連衡而叛上，怒則以力而相併」，釀成了戰火連年、國無寧日的局面。有的藩鎮乾脆不供王賦，有的則大量占有送使、留州部分，上供中央的賦稅亦很有限。

唐朝後期，中央同藩鎮間發生過三次大規模的戰爭。第一次，唐德宗力圖平藩，引起了「二帝四王」之亂第二次唐憲宗大舉用兵，平定了不少藩鎮，第三次，唐武宗平澤潞。

德宗即位之初，建中二年（781）正月，成德節度使李寶臣死，子李唯嶽向朝廷請求襲其父位，魏博節度使田悅亦代為之請。唐德宗堅決拒絕這種無理要求，李、田遂連結淄青節度使李正己、山南東道節度使梁崇義等起兵反唐。七月李正己死，八月子李納亦請襲父位，德宗不允，李納遂反。戰事日益擴大，捲進來的藩鎮越來越多，其中有四人稱王，兩人稱帝，即朱滔稱冀王，王武俊稱趙王，田悅稱魏王，李納稱齊王，朱泚稱秦帝，李希烈稱楚帝。德宗一度逃往奉天（今陝西乾縣），後又奔梁州（今陝西漢中）。這次戰爭持續了五年之久，朱泚和李希烈等雖先後敗死，唐朝卻與其餘藩鎮妥協，條件是藩帥取消王號，朝廷承認他們在當地的統治權。德宗對藩鎮的態度由堅決討伐轉變為姑息妥協。從此，有些節度使父死子繼、兄終弟立成為慣例，割據局面進一步深刻化了。

唐憲宗是一個有作為的皇帝，即位之始就大力對強藩巨鎮進行抗爭，企圖恢復中央集權。從元和元年（806）到元和七年，朝廷先後討平西川節度使劉闢、夏綏節度留後楊惠琳、鎮海節度使李錡迫使魏博節度

使田弘正歸命，在成德鎮自立的王承宗也輸貢賦、請官吏。憲宗取得的最大成就是平定淮西。元和九年，淮西節度使吳少陽死，其子吳元濟自領軍務，隨即發動叛亂。憲宗發宣武等十六道兵討伐，經過長期的戰爭，最後李愬於元和十二年攻破蔡州城（今河南汝南），生擒吳元濟，平定了淮西。在這次勝利的影響下，很多藩鎮相繼歸命，後又平定了淄青節度使李師道。憲宗雖然能夠平定部分藩鎮的叛亂，卻不能從根本上消除產生割據的根源，因而取得的成就並不鞏固。元和十五年憲宗去世後，短短的兩年中，盧龍、成德、魏博、淄青、澤潞、徐泗、汴宋、浙西等鎮又紛紛發生變亂或不稟朝命。

澤潞節度使劉從諫與朝廷素相猜恨。會昌三年（843）從諫卒，姪劉稹請為留後，武宗採納宰相李德裕建議，發兵進討。戰事進行了一年多，劉稹為部將郭誼所殺，朝廷平定了澤潞。武宗以後，中央再也無力與藩鎮進行較量，藩鎮內部驕兵逐帥日見頻繁，抵消了不少力量，雙方在相當長的時期中未再發生重大的戰爭。

唐朝後期，藩鎮戰爭連年不斷，朝廷每次鎮壓藩鎮的戰爭都意味著一批新的割據勢力又在醞釀之中，藩帥割據不能消除的重要原因之一，是他們得到本鎮驕兵的支持。這種兵士全家老小隨身，兵餉衣糧只供本人消費，家屬妻子多賴賞賚為生。節度使對他們厚賞豐賜，他們就擁護愛戴，成為其進行割據叛亂的工具節度使對他們刻薄衣糧，驕兵就起而逐帥殺將，因而形成了「兵驕則逐帥，帥強則叛上」的現象。

連綿不斷的、此起彼伏的藩鎮戰爭給社會經濟和人民生活帶來了嚴重的後果。一次大的戰亂之後，黃河流域往往出現人煙斷絕、千里蕭條的慘狀。唐代後期朝廷與藩鎮各自擴大自己的兵力。唐憲宗元和中，朝廷直接控制的地區平均以兩戶資一兵，大大加重了人民的負擔。節度使在本鎮勾結豪強地主對人民進行橫暴的統治，戰爭和重斂使生產遭到嚴

重破壞。

宦官專權唐朝後期政治生活中的一個嚴重問題是宦官猖獗，專擅朝柄。從唐玄宗晚年重用高力士開始，宦官逐漸參政。但宦官的進一步猖獗和擅弄威權，還是安史之亂以後的事。代宗即位於非常時期。宦官李輔國有擁立之功，因此深受重用，御前符印軍號都委交他處理。後來，輔國甚至對代宗說：「大家（指皇帝）但內裡坐，外事聽老奴處置。」代宗時程元振、魚朝恩先後專制禁軍，權勢很大。四王二帝之亂的過程中，德宗由長安外逃，禁軍都召集不起來，僅宦官竇文場、霍仙鳴及親王左右從駕逃難。因此，德宗還京師後把神策軍交給宦官統領。貞元十二年（796），竇、霍二人分任左右神策護軍中尉。至此，宦官掌握禁軍成為定制。當時的北衙六軍已經名存實亡，神策軍是中央唯一的一支有較強戰鬥力的軍隊，所以宦官掌握這支軍隊後實際上掌握了京師的全部軍力，如虎添翼，不可一世。代宗時，始用宦官於內廷知樞密，參與機要。憲宗時正式設樞密使，由宦官擔任，中書、門下的權力亦受侵奪。皇帝深感握重兵的軍將及藩帥難於控制，往往以宦官為監軍使，分赴各地進行監督。凡此種種，皆使宦官集團在全國形成一股政治勢力，干預國家的軍政大事。尤其是中央的宦官更是大權在握，發展到最厲害的時候，立君、弒君、廢君如同兒戲。唐代自憲宗起，有八個皇帝是由宦官擁立的。憲宗與敬宗皆死於宦官之手。宦官進退朝臣、任命節帥就更是司空見慣的事了。

宦官得勢不僅濁亂朝政，而且對社會生活也產生了惡劣的影響。長安一帶的甲舍、名園、上腴之田，為宦官占有的，近半京畿，因而大大激化了階級矛盾。宦官專權是皇帝腐化的產物，但它又反轉來進一步加重這種腐化。唐文宗時的宦官仇士良就公然對其同夥說，天子如果「智深慮遠，減玩好，省遊事」，「吾屬」就不免恩薄權輕了。最好是以聲色

狗馬蠱惑皇帝之心，使他不了解朝政，這樣就可以「萬機在我」，穩享「恩澤權力」了。宮中由宦官主管的五坊是專門為皇帝飼養雕、鶻、鷂、鷹、狗等，以供皇帝玩樂的。為捕獲這些珍禽異獸，「五坊小兒」四出騷擾百姓，甚至藉機敲榨。宦官至長安兩市替宮中購買用物稱作「宮市」，實際是購買其名，豪奪其實，往往只用值百錢的代價就強買人家值數千錢的東西，而且還要另索「腳價（錢）」。這些惡棍被稱作「白望」。這些情況雖僅見於順宗時的記載，但實際上普遍存在於唐代後期。

反宦官的抗爭宦官集團的猖獗和專擅，引起了皇帝和朝臣的不滿。所以唐中葉以後，不僅宦官和朝臣間的南衙北司之爭經常發生，有的皇帝還和朝臣一起企圖窮除這一惡勢力，因而唐代後期爆發過幾次反宦官的大抗爭。

第一次重大事件是王叔文集團的革新。唐順宗李誦為太子時，早已有意改變宦官專擅的政局，並且十分信任翰林待詔王叔文、王任兩人。貞元二十一年（805）德宗去世，順宗即位，遂任用王叔文、王任及柳宗元、劉禹錫等人，著手進行革新，抗爭矛盾首先直指宦官集團。朝廷宣布罷官市和五坊小兒，停十九名宦官的俸錢，尤其是任朝臣範希朝為左右神策京西諸城鎮節度使，韓泰為行軍司馬，企圖以此削弱宦官的兵權。此外，順宗和革新派還罷免貪官京兆尹李實，蠲免苛雜，停止財政上的「進奉」。這些改革都具有進步性，但引起以俱文珍為首的宦官集團及與之相勾結的藩帥劍南西川節度使韋皋、荊南節度使裴均和河東節度使嚴綬等人的強烈反對。最後，俱文珍發動政變。幽禁順宗，擁立太子李純，大肆打擊和貶降革新派人物。王叔文被貶後賜死，王伍外貶後不久也病死，其餘柳宗元、劉禹錫、韓泰、陳諫、韓曄、凌準、程異及韋執誼八人均被貶為外州司馬，史稱二王八司馬。改革歷時一百餘日，以失敗而結束。

　　第二次反宦官的重大抗爭是甘露之變。唐文宗即位後，深以宦官專權為患感到謀殺憲宗、敬宗的宦官猶有在左右者，決心加以窮除。當時神策中尉王守澄尤其專橫，招權納賄，皇帝對他無可奈何。文宗曾與宰相宋申錫謀誅宦官，不料事洩失敗。此後，宦官更加驕橫，文宗感到忍無可忍，於是提拔李訓、鄭注為翰林侍講學士，常與兩人密謀清除宦官勢力。大和九年（835）李訓以鄭注出任鳳翔節度使，企圖內外配合，發動事變。不久，李訓拜相。這年初冬，文宗誅殺王守澄，消滅了弒憲宗的最後一個逆黨。在李訓的策劃下，十一月二十一日文宗在紫宸殿朝會，左金吾衛大將軍韓約偽奏左金吾仗院內的石榴樹夜有甘露，百官稱賀，文宗遣宦官仇士良、魚志弘（一作魚弘志）等前往驗看。李訓預先已伏兵該處，謀乘機誅殺宦官，不料為仇、魚等發覺，宦官因強擁皇帝退往後宮，並與朝官展開搏鬥。大臣李訓、鄭注、王涯、賈餗、舒元輿等均全家被殺，其餘死者不可勝計。抗爭結果，朝官慘敗，宦官全勝。這次事件在歷史上稱作「甘露之變」。

　　牛李黨爭唐朝後期政治生活中的另一個重大問題是牛李黨爭。牛黨的首領是牛僧孺和李宗閔，李黨的首領是李德裕。牛李黨爭從憲宗朝開始，至宣宗朝結束，持續近半個世紀之久。

　　元和三年（808）制科策試賢良方正、直言極諫科，舉人牛僧孺、皇甫湜及李宗閔等指陳時政之失，被考策官吏部侍郎楊於陵和員外郎韋貫之署為上第。宰相李吉甫厭惡牛僧孺等人，因此貶楊、韋兩人，牛僧孺等只得長期充當藩鎮的幕僚，不能即時升遷。這次事件揭開了牛李兩個朋黨抗爭的序幕。李黨的首領李德裕是李吉甫之子，主要成員有李紳、鄭覃、陳夷行與李讓夷等人。牛黨除牛僧孺、李宗閔外，主要成員還有令狐綯、李珏和楊虞卿等人。

　　牛李兩黨的政治主張截然不同，主要表現在：李黨力主摧抑藩鎮割

據勢力，恢復中央集權牛黨反對用兵藩鎮，主張姑息妥協。牛黨利用科舉中投卷、關節之風、相互援引，竭力擁護進士科取士李黨對科舉制有所不滿，企圖改革選舉制度。李黨主張精簡國家機構，裁汰冗官，牛黨持相反態度。李德裕支持唐武宗廢佛之舉，宣宗即位後牛黨執政，恢復了會昌廢佛時被廢毀的寺院。

李德裕任劍南西川節度使時，吐蕃的維州（今四川理縣東北）副使悉怛謀曾於大和五年（831）率眾來降，德裕遂收復了該城。當時，牛僧孺居相位，因疾李黨之功，表示反對，德裕被迫按照朝廷命令放棄維州，悉怛謀等送還吐蕃後全部被殺。

牛李兩黨交替執政，執政時各自貶謫對方。會昌六年（846）唐武宗去世，皇太叔李忱即位，是為宣宗。李黨從此失勢，德裕被貶死於崖州（今廣東瓊山東南）。以後，朝廷上形成了牛黨當權的形勢，黨爭至此結束。

唐末農民起義和唐朝的滅亡

階級矛盾的激化唐朝後期正值土地制度發生劇變的階段，土地兼併空前嚴重，大土地所有制惡性發展，貧富不均成為階級矛盾趨向極度尖銳化的總根源。

強藩巨鎮遍布各地，藩鎮戰爭連年不絕，不但在戰火中生靈塗炭，廬舍為墟，即使在和平的年代，也由於大量養兵而增加了人民的負擔。節度使對本轄區的人民則施以「繁刑暴賦」，肆意壓榨。

土地和財富的集中使地主階級趨向奢靡腐化，從皇帝到各級官吏的荒淫縱侈更屬驚人。唐懿宗不但親迎佛骨，大造浮圖、寶帳和幡蓋，而且為其女同昌公主的婚事大肆鋪張。宰相路巖的親吏邊鹹，其家財據說可供全國兩年的軍費開支。

　　唐王朝為增加財政收入，壟斷食鹽貿易，嚴禁私人販運，違者治罪，對武裝反抗的私鹽販處以死刑。但由於鹽價過高，私運有利，實際上武裝販鹽的商人大有人在，他們具有同官軍進行武裝抗爭的經驗。唐朝後期鹽價逐漸提高達幾十倍，廣大群眾困於高估，有的只好「淡食」。

　　農民在土地兼併、賦稅繁重的情況下無以為生，紛紛背井離鄉，轉化成逃戶。統治者把逃戶的課役分攤給鄰伍負擔，這種辦法叫做「攤逃」。進行「攤逃」的結果大大加重了未逃戶的負擔，迫使他們也先後成為逃戶。這種情況雖然在唐朝前期就已經存在，但到中葉以後日益嚴重。逃戶的增加為農民的武裝抗爭準備了群眾基礎，所以，唐朝末年出現了「所在群盜，半是逃戶」的狀況。

　　唐文宗時應賢良方正科的劉蕡，在對策中指出了「官亂人貧，盜賊並起，土崩之勢，憂在旦夕」的嚴重局面。唐僖宗時翰林學士劉允章在《直諫書》中進一步羅列了農民的「八苦」，描繪了他們「凍無衣，飢無食」的悲慘遭遇，說明廣大勞動人民再也無法照舊生活下去了。

　　裘甫起義和龐勛起義東南一帶素來階級矛盾就比較尖銳，早在安史之亂行將結束之際，就爆發過浙東袁晁起義和宣歙方清、陳莊起義。唐朝後期，中央的財政主要依靠搜刮東南各道，當地農民遭受的苦難特別深重。於是，在唐宣宗大中十三年（859）終於爆發了裘甫領導的浙東農民起義。

　　裘甫發動起義後連續攻克象山、剡縣（今浙江嵊縣）等地，農民紛紛參加起義，義軍很快就擴充到三萬人。裘甫遂自稱「天下都知兵馬使」，建元「羅平」，鑄印曰「天平」。義軍向各地積極進軍，先後克唐興（今浙江天台）、焚上虞、入餘姚，然後東下慈溪，南克奉化，攻占寧海，並重新分兵圍攻象山。

　　唐朝的浙東觀察使鄭祗德連吃敗仗，朝廷知道他本性「懦怯」，乃

改派王式前往鎮壓起義。訊息傳來,義軍內部就如何應敵的問題發生了爭議,裘甫猶豫不決,未能制定任何作戰方略,因而錯過了時機。王式率唐軍趕到後,義軍立即陷於被動,連遭創敗。唐懿宗咸通元年(860)夏,裘甫被圍困於剡縣城內,與唐軍展開了最後的決戰。義軍主動出擊,三日內凡八十三戰,婦女亦組成女軍登城參戰。裘甫知寡不敵眾,不宜久守孤城,遂乘夜出城突圍,不幸中伏犧牲,起義失敗。

唐朝與南詔雖有經濟、文化交流,但有時亦難免發生戰爭。為了加強南方邊備,統治者曾調徐州士卒三千人戍守嶺南,分其中八百人駐守桂州(今廣西桂林)。至咸通九年,戍卒因不滿超期戍邊,遂擁立糧料判官龐勳為都將,擅自卷旗北歸。他們回到徐州城下,因懼怕自投羅網,欲脅迫朝廷任命龐勳為節度使。唐朝徐泗觀察使崔彥曾於是先發制人,主動派兵出戰,正式開啟戰端。

龐勳避開敵人主力,南向攻克宿州不久又攻占彭城(徐州治所),俘虜了崔彥曾。在作戰過程中,農民紛紛加入這支軍隊,使之很快就壯大到萬人以上,兵變於是發展成為起義。此後義軍攻泗州(今江蘇泗洪東南)、濠州(今安徽鳳陽東),克滁州、和州,向北攻沂州(今山東臨沂)、海州(今江蘇連雲港市西南海州鎮),取得了一系列勝利。這時,龐勳「自謂無敵於天下」,滋長著驕傲情緒,而且始終念念不忘向朝廷邀求節鉞,對統治者存有幻想,往往坐失良機。這些因素使義軍逐漸由主動變為被動,連吃敗仗。在形勢日趨不利的時侯,又發生了宿州守將張玄稔叛變降敵的事件。不久,唐大將康承訓占領了徐州,並分兵西追龐勳。咸通十年九月,龐勳在撤往蘄州途中被唐軍追上,戰犧牲,起義被撲滅。

黃巢、王仙芝領導的農民戰爭咸通十四年(873)懿宗去世,太子李即位,是為僖宗,改名儇。僖宗終日獵遊嬉,朝政日非。黃河中游天災

嚴重廣大農民賣妻鬻子，無以為生。農民抗遍於各地，大起義爆發的條件終於成熟。

王仙芝和黃巢是唐末農民戰爭的動者和領導者。兩人原來都販私鹽，貫與官軍為敵，具有武裝抗爭的經驗。唐僖宗乾符二年（875），濮州（今山東鄄城北）人王仙芝與尚讓、尚君長等首先在長垣發動起義，釋出檄文指責唐政權「吏貪沓，賦重，「賞罰不平」。王仙芝自稱「天補平均大將軍兼海內諸豪都統」。義軍先後攻克濮州、曹州。冤句（今山東曹縣西北）人黃巢亦於同年以數千人起義，響應王仙芝。兩支義軍會合在一起壯大了聲勢，困於重斂的農民爭先恐後歸附者凡數萬人。

三年，義軍攻克汝州（今河南臨汝），俘刺史王鐐，東都大震。以後進軍鄭州，因感敵人軍力強大，乃改用避實就處的策略，向敵人力量薄弱的南方進軍，主要在長江中游以北及淮河上游以南戰鬥，攻克不少州縣。由於在圍攻蘄州的戰役中，王仙芝曾發生動搖，有降唐意，黃巢遂與他分兵作戰。大致此後仙芝仍轉戰於南方，黃巢則北上打回沂州等地。四年，王仙芝第二次發生動搖，雖降敵之舉未成功，但士氣大為削弱。五年，王仙芝在黃梅戰死，尚讓率餘眾北上與黃巢會合，眾推黃巢為「沖天大將軍」，建元「王霸」。從此，黃巢就成為起義軍的最高領導人。同年，義軍進攻受阻，遂再次揮軍南下，渡過長江後向東挺進，由浙趨閩，最後於乾符六年攻占了廣州。在嶺南經過兩個月的休整，黃巢於冬季開始率大軍北伐，目標是攻取兩京，推翻唐政權。黃巢自號「義軍都統」，露表指斥唐廷「宦豎柄朝，垢蠹紀綱。指諸臣與中人賂遺交構狀，銓貢失才」，並宣告「禁刺史殖財產，縣令犯贓者族」。所指皆當時極弊。義軍北伐後，在荊門（今屬湖北）為劉巨容所挫，乃轉而東進，在信州（今江西上饒）之役擊殺唐將領張璘，取得了重大的勝利。不久，黃巢自採石（今安徽馬鞍山西南長江東岸）渡長江北上，接著，攻克了洛

陽。義軍沿途不剽財貨，紀律嚴明，入洛陽城後「閭裡晏然」。不久，黃巢又乘勝西進，破潼關天險，攻占長安。唐僖宗狼狽逃往成都。黃巢入城的時候，尚讓對群眾宣布：「黃王起兵，本為百姓，非如李氏不愛汝曹。汝曹但安居無恐！」

廣明元年十二月十三（881 年 1 月 16 日），黃巢在含元殿即位，國號「大齊」，改元「金統」。農民政權在長安正式建立後，立即鎮壓隱藏在城內的公卿、貴族和百官沒收富豪之家財產，號為「淘物」。唐官四品以下的酌情留用，三品以上者全部罷免。

當時，關中尚有殘留的數萬禁兵，觀翔節度使鄭畋把這些殘軍組織起來，並傳檄諸道，號召藩鎮出兵鎮壓起義。於是雙方在關中展開了反覆的拉鋸戰，戰爭呈相持狀態。後來，發生了對大齊不利的幾件事：長安城中糧食嚴重不足；大齊的同州（今陝西大荔）守將朱溫叛變，投降了敵將王重榮；唐朝乞援於沙陀族李克用，李親率一萬七千人自雁門（今山西代縣）南下支持唐軍。隨著力量對比朝不利於大齊的方向發展，義軍在中和三年（883）春大敗於梁田陂（今陝西華縣西南）。黃巢知久留關中已不可能，遂於四月放棄長安東撤。

義軍撤出關中時猶有眾十五萬，途經蔡州（今河南汝南）時，迫使唐朝守將秦宗權戰敗投降。夏秋之交，黃巢圍攻陳州（今河南淮陽）。這次戰役持續達三百日之久，最後唐朝調朱溫、李克用增援，義軍連遭挫敗，黃巢終於在中和四年夏退軍北撤。圍陳之役耗盡了義軍的力量，黃巢犯了屯兵於堅城之下的錯誤。李克用與忠武軍監軍田從異在王滿渡（今河南中牟北）發動進攻，義軍損失萬餘人，尚讓降敵。黃巢渡汴河北去，最後與親故數十人退至狼虎谷（今山東萊蕪西南），壯烈犧牲。歷時九年餘的農民戰爭至此結束。

唐末農民戰爭在政治上、經濟上和軍事上犯了一系列錯誤，導致悲

劇性的結局。但這次大起義有力地打擊了唐政權，並且首次提出了「平均」財富的要求，在一定程度上打擊了地主經濟，在中國古代農民戰爭史上具有重大意義。

唐朝的滅亡唐王朝在黃巢起義的沉重打擊下分崩離析，名存實亡。鎮壓農民起義的過程中，又新興起一批節度使，於是新舊割據勢力相互間展開了劇烈的兼併戰爭，其中黃河流域勢力最大的是河東節度使李克用、汴宋節度使朱全忠（朱溫降唐後被賜名全忠）和鳳翔節度使李茂貞三人。僖宗還京後，唐王朝能夠控制的不過河西、山南、劍南、嶺南諸道數十州，其餘各地的藩帥皆自擅兵賦，相互兼併。

文德元年（888）唐僖宗去世，宦官楊復恭擁立李曄即位，是為昭宗。在他統治時期，藩鎮更加猖獗，無論是北司的宦官還是南衙的宰相，都必須依靠藩帥的支持才能維護自己的地位。朝官如崔昭緯、崔胤和柳璨等人，實際上都是節度使在中央政權的代表。其中尤其是崔胤，因交結朱全忠而擅權，氣凌人主。宦官如駱全瓘、劉景宣、韓全誨、張彥弘等，均先後黨附於李茂貞。南衙、北司的抗爭，崔胤與韓全誨的抗爭，實質上是朱全忠與李茂貞的抗爭在中央的反映。這種情況說明皇帝進一步失去了昔日的政治地位。

宦官和宰相儘管重藩帥而輕皇帝，但這兩個集團畢竟還是寄生在皇權上的政治勢力，皇權的淪落最終會動搖他們的生存基礎。李茂貞與朱全忠各有挾天子以令諸侯之意，後來雙方發生戰爭，唐昭宗被宦官和李茂貞劫持至鳳翔。朱全忠在軍事上占優勢，遂兵圍鳳翔。李茂貞不能支，終於讓步講和。天覆三年（903）朱全忠擁昭宗還京，利用自己的軍事實力，盡誅內侍省宦官數百人，出使在外的宦官亦下令就地誅殺，持續一百多年的宦官勢力至此被徹底剷除了。次年，朱全忠奉表逼唐昭宗遷都洛陽，強令朝廷百官隨駕東行，動身後派人盡毀長安宮室、百司及

民間廬舍。後來，朱全忠使人殺昭宗，另立李祝為太子。李楨不久即位，是為哀帝。天祐二年（905）朱全忠大肆貶逐朝官，接著又把崔樞等被貶的朝官三十餘人全部殺死於白馬驛，投屍於河，這次事件史稱「白馬驛之禍」。政治上的阻力已全部掃除，朱全忠遂於天祐四年逼唐哀帝禪位於己，改國號梁（史稱後梁），是為梁太祖（不久，改名晃），改元開平，都於開封。唐朝滅亡。

▌宋

10世紀60年代到13世紀70年代建立的以漢族為主體的封建王朝。960年在開封建國，1127年政權南遷後建都臨安（今浙江杭州），1279年被元朝滅亡。習慣上稱1127年前的宋朝為北宋，1127年後的宋朝為南宋。

北宋建國和消滅諸割據勢力

北宋東京城平面圖五代後周顯德六年（959），後周世宗柴榮病死，他的幼子柴宗訓即位。次年正月，殿前都點檢趙匡胤在陳橋驛（今河南封丘東南陳橋鎮）發動兵變，率軍返回開封，奪取皇位，建立了宋朝，改年號為建隆，定都於開封。

宋朝建立時，北邊有勁敵遼朝和在遼朝控制下的北漢，南方有吳越、南唐、荊南、南漢、後蜀等割據政權。宋太祖趙匡胤在平定李筠、李重進叛亂後，依照先南後北的策略方針，首先集中兵力進攻經濟富庶的南方諸國，準備在此後北向收復燕（今北京）雲（今山西大同）等州。

乾德元年（963），宋太祖出兵荊南，占領江陵府（今湖北江陵），荊南主高繼衝投降，宋軍繼續向湖南出發，擊敗抵禦的守軍，擒湖南主周保權，平定了湖南。

乾德二年至三年，宋軍自劍門、夔峽兩路進攻後蜀，連敗後蜀軍的反抗，迫使後蜀主孟昶歸降。

開寶三年 (970) 至四年，宋發兵嶺南，負隅興王府 (今廣東廣州) 的南漢主劉張投降。

開寶七年至八年，宋發兵進攻南唐，戰艦沿江而下，殲滅南唐軍主力，包圍江寧府 (今江蘇南京)，南唐主李煜投降。

宋太宗趙炅即位後，使用政治壓力，迫使吳越錢俶和割據漳泉二州的陳洪進相繼納土歸附，兩浙、福建亦納入宋的版圖。

宋太祖曾兩次發兵進攻北漢，未獲克捷。太平興國四年 (979) 初，宋太宗親率大軍北征，他採用了圍城打援的戰法，派潘美等率軍四面合圍太原，並擊敗遼朝援兵，北漢主劉繼元被迫投降。至此，安史之亂以來的兩百多年的藩鎮割據局面，基本結束。

北宋農民起義

川蜀農民起義宋初，川峽地區保留較為落後的生產關係。土地集中尤其嚴重，豪強地主役使著幾十、幾百乃至幾千家「旁戶」，世代相承，視同奴隸。旁戶除向豪戶納租外，還負擔官府的賦稅和伕役。宋朝消滅後蜀，除向蜀地人民徵收兩稅等「常賦」外，還在成都設定博買務，徵調各州農民織作一些精美的絲織品，禁止商人販賣和農民出售，並「掊取」茶利，使川峽人民的生路幾致斷絕。到淳化四年 (993) 二月，廣大旁戶在王小波領導下，在永康軍青城縣 (今四川灌縣南) 發動了武裝反抗戰爭 (見王小波、李順起義)。

王小波宣告：「吾疾貧富不均，今為汝均之！」立即獲得川蜀人民廣泛的響應。起義軍攻占青城，轉戰邛州 (今四川邛崍)、蜀州 (今四川崇慶) 各縣，進而攻打眉州彭山縣。起義軍把貪汙害民的彭山縣令齊元振

處死，並把他蒐括所得金帛散發給農民。起義隊伍發展到一萬多人。王小波在作戰中犧牲，起義軍推舉李順為領袖。李順繼續貫徹均貧富的主張，凡起義軍所到之處，將「鄉裡富人大姓」家中的財物、糧食，除生活需用外，「一切調發」，分給貧苦農民。

淳化五年正月，起義軍攻克成都府，李順建國號「大蜀」，年號「應運」，占領了劍關以南、巫峽以西的廣大地區。宋太宗極為震驚，立即派遣兩路大軍，分別向劍門（今四川劍閣北）和峽路進軍。李順原想在宋大軍入蜀前，先派兵占領劍門棧道，但未獲成功。宋軍占據棧道，得以長驅直入，李順也在戰鬥中壯烈犧牲。起義軍餘部在張餘、王鸕鷀等人領導下，在川南、川東一帶堅持抗爭，直到至道二年（996）最後失敗。起義失敗後，宋朝取消了成都的博買務，川峽地區的封建生產關係得到了一些調整。

北宋中期的農民和士兵起義宋真宗初年，益州（今四川成都）戍卒在王均領導下舉行起義，占領益州，建立大蜀國。王均起義失敗後數年，以陳進為首的宜州（今廣西宜山）士兵發動起義，擁立盧成均為南平王，前後堅持抗爭三四個月。

宋仁宗、英宗時，小規模的農民起義和士兵抗爭在各地陸續爆發。其中聲勢較盛的有王倫領導的起義，張海、郭邈山等領導的起義，王則領導的起義。慶曆三年（1043）五月，京東路沂州（今山東臨沂）「捉賊虎翼卒」一百多人在王倫領導下起義，殺死巡檢使朱進，起義士兵數量隨時擴大，南下淮南路。宋廷極為震驚。七月，宋軍圍攻，起義軍戰敗，王倫在採石磯被俘犧牲。同年，陝西大旱，商州（今陝西商州）農民一千多人，在張海、郭邈山、黨君子、李鐵槍等人領導下起義，活躍於「京西十餘郡，幅員數千里」，官員紛紛逃竄。駐守光化軍（今湖北老河口市北）的宣毅軍五百多人在邵興率領下譁變，與起義軍互相配合。邵興進

軍至興元府（今陝西漢中），大敗宋軍。宋朝以重兵殘酷鎮壓起義軍，年底，張海、邵興等相繼在作戰中犧牲，起義失敗。慶曆七年十一月，河北路貝州（今河北清河境）宣毅軍小校王則也發動兵變，並且利用彌勒教，與京東路德州（今山東陵縣）、齊州（今山東濟南）士兵和農民祕密聯繫。王則占領貝州後，建國號安陽，稱東平郡王，改年號為德聖（一作得聖），設定官吏。宋朝調集數路兵力，並派遣參知政事文彥博主持鎮壓。經過六十多天的苦戰，起義被殘酷地鎮壓下去。

廣大農民和地主階級及北宋統治集團的矛盾日益尖銳，農民、士兵的反抗抗爭「一年多如一年，一火（夥）強如一火」。士兵抗爭與農民起義互相結合，是這一時期階級抗爭的顯著特點。

宋徽宗、蔡京集團的腐朽統治

蔡京專政元符三年（1100）正月，宋哲宗病死，無子。宋神宗皇后向氏提議立宋神宗第十一子趙佶。章惇以為趙佶「輕佻」，「不可以君天下」。曾布、蔡卞等人呵叱章惇，支持向太后。向太后決策，由趙佶即位（宋徽宗），自己「權同處分軍國事」。向太后早就反對新法，當權後，起用韓琦之子、守舊派韓忠彥為左相，曾布也乘機排除異己，進為右相。變法派大臣章惇、蔡京、蔡卞等人被先後貶斥出朝。

元符三年七月，宋徽宗親政後，聽從曾布紹述之說，決定恢復新法，改年號為崇寧，表示崇法熙寧。崇寧元年（1102）五月，韓忠彥罷相。蔡京勾結宦官，重返朝廷，很快取代曾布任右相。從此，蔡京與童貫、王黼、梁師成、楊戩、李彥、高俅等人在宋徽宗統治的二十多年的大部分時間裡，掌握全部軍政大權，成為北宋王朝極度腐朽、黑暗的時期。

蔡京首先定文彥博、呂公著、司馬光、蘇軾、蘇轍、程頤等一百二十人為元祐奸黨，又將元符末向太后執政時，主張維持新法和恢

復舊法的臣僚，分為正、邪兩類。此後，重定元祐和元符末黨人及上書邪等者合為一籍，共三百零九人，刻石文德殿門，頒行全國，稱「元祐黨籍碑」。奸黨名籍中，還包括章惇、張商英、李清臣、陸佃等十名與蔡京意見不合的變法派。章惇因反對立宋徽宗，被指責為「為臣不忠」。被列入黨籍的官員，重者被編管、責降到遠地，輕者則賦閒或謫降，非經特許，不得內徙。其子弟同樣受到種種限制。

宋徽宗重用蔡京一夥，依仿制置三司條例司設定講議司，商定關於宗室、冗官、國用、商旅、鹽澤等政事。他們借推行新法之名，行聚斂之實，如免役法的恢復，鞏州（今甘肅隴西）的役錢由元豐時每年的四百貫增加到二萬九千餘貫。方田的官員往往在原有稅額外，增加稅數，稱為「蹙剩」，一縣多達幾萬貫。在丈量過程中，賄賂公行，弊端百出。豪右形勢之家多減免賦役，把負擔都轉嫁到下戶頭上。

蔡京藉口「不患無財，患不能理財」，極力蒐括財富。崇寧元年，恢復榷茶法，在產茶州軍設官場專賣，禁止商人、園戶私相貿易。崇寧四年，罷官場，允許商販向園戶買茶販賣，由官府「抽盤」後，批給茶引。政和元年（1111）後，朝廷一年的茶稅收入達四百餘萬貫。每年以一百萬貫供皇帝「私奉」。蔡京還大改鈔鹽法，廢除東南六路官運官賣制，由商人任便向榷貨務出錢買鹽鈔，憑鹽鈔去產地領鹽，再到指定的州縣販賣。鈔法屢次更易，商人出錢買鈔，尚未領鹽，鈔法已變，又須貼錢領新鈔，如無錢更換新鈔，則「已輸錢悉乾沒，數十萬卷一夕廢棄，朝為豪商，夕儕流丐」，甚至被迫自盡。朝廷還以賣鹽多寡為州縣官的考核標準，州縣往往強迫百姓按戶等買鹽，有的上戶一家全年買到上千貫，第三等末戶買到三五十貫。宣和元年（1119）前後，榷貨務歲入淮南和兩浙鹽利，分別為一千四百至一千五百萬貫和七百至八百萬貫，成為朝廷財政的一筆重要收入。宋徽宗見到鹽鈔、茶引成櫃搬入朝廷，得意地說：

「此太師（即蔡京）送到朕添支也。」

宋徽宗還用宦官直接掠奪民間田地。政和六年（1116），由宦官楊戩在京西路設公田所。楊戩死後，宦官李彥又設定西城括田所。李彥等人在京西、京東、京畿、河北等路，以把官地、荒地、逃田、退灘等收歸官府為名，將大量民田指作「天荒」，掠為「公田」，課取「公田錢」，強占的田地共達三萬四千多頃。大批百姓被奪去常產，「愁怨溢路」。

宋徽宗、蔡京將各地倉貯錢穀蒐羅一空。各路每年向朝廷上供的數額，宋神宗時已增加一倍，宋徽宗時重定上供額，又增加到十幾倍。蔡京的親信胡師文為江、淮、荊、浙等路轉運使，將每年糴買東南糧米的大部分本錢，移作上供，供徽宗揮霍，胡師文因而升戶部侍郎。各路官員競相仿效，倉貯錢物全被搜空。各地官府還千方百計敲詐百姓。西蜀原來稅錢三百文折絹一匹，因輾轉紐折，竟增至二十三貫。對一向不施行支移的地區，加徵地裡腳錢，一斗稅糧的地裡腳錢竟與元豐時正稅相當。此外，還巧立名目，僅絹帛一項，有和買、預買、泛買、常平司和買、應副燕山和買等，米穀一項，有和糴、均糴、補發上供和糴等。名為預買，實不給錢，名為和糴，只給低價。贓吏猾胥，從中侵漁。大批百姓飢寒轉徙，苦不堪言。

宋徽宗再次對西夏和吐蕃用兵。崇寧二年至三年，王厚統兵先後占領吐蕃湟、鄯、廓（今青海尖扎北）等州，瓦解了當地吐蕃政權。蔡京還強令王厚招誘西夏卓羅右廂監軍仁多保忠，雙方用兵三年，勝負相當。政和四年，西夏軍攻環慶路，宋以宦官童貫為陝西經略使，戰事再起。童貫襲用以往進築城寨的策略開邊，但開拓之地有限，城寨多建於不毛之地，難以防守。宋軍與西夏軍屢次舉行大規模戰鬥，互有勝負。宣和元年，童貫令大將劉法率重兵襲取西夏朔方之地，兩軍會戰於統安城，宋軍大敗，劉法被殺。西夏亦為戰爭所困，雙方遂於當年講和休兵。

宋徽宗、蔡京一夥大肆蒐括民財，窮奢極侈，恣意揮霍。宋神宗元豐間左藏庫月支約三十六萬貫，這時增加到一百二十萬貫。宋徽宗初年，杭州設造作局，由童貫主管，每天役使幾千名工匠，為皇室製造奢侈品。所需物料，全向民間徵斂。稍後，又在蘇州設應奉局。宋徽宗酷愛奇花異石，蔡京最初命朱勔密取江浙花石進奉，後來所運花石規模不斷擴大，動輒用船數十艘，每十艘編為一「綱」，號花石綱，朱勔仗勢掠奪民間花木、奇石，運到汴京。一塊石頭的運費，民間至用三十萬貫。各路監司、郡守仿效朱勔等人，凡「尺寸之地，入口之味，莫不貢獻」，花石所過，沿途甚至毀橋梁，鑿城郭，州縣官府積存的錢穀，為之一空。大批農民長期被徵發當民夫，搬運貢物，不能種田，直到力竭餓死，或者自縊於大車的轅軛下。大批花石樹木運到京城，用來建造延福宮、景龍江和艮嶽。艮嶽用人工築成，周圍十多裡，主峰高九十尺，使用山石以萬計，都由各地限期運來。山上建造館舍台閣，窮極華侈。徽宗整日在宮中縱情取樂，宮女多至以萬計。

蔡京第宅宏敞，園內林木參天，與其子蔡攸等第宅相鄰，「極天下土木之工」，金碧相照。蔡京家蓄養姬妾成群。蔡京生日，各地都要奉獻大宗禮物，稱「生辰綱」。宦官童貫掌握軍權，每得軍需，悉充私藏，家中金幣寶玉堆積如山。朱勔在蘇州占有甲第、名園，田產跨連郡邑，每年收租十多萬石。童貫、王黼等人公然鬻賣官爵，賄賂公行，門庭若市。京師人說：「三百貫，直通判，五百索（即一貫），直祕閣。」王黼侍妾甚眾，其中有官封者達十八人。其子十四歲便任待制，被稱為「獬猭待制」。

北宋末年的農民起義

北宋王朝極其腐朽、黑暗的統治，使社會生產受到嚴重破壞。日益眾多的農民破家蕩產，「人不堪命，遂皆去而為盜」，已成為歷史的必然。

方臘起義兩浙路是北宋經濟最為發達的地區。封建國家的財賦，有很大一部分來自這裡。宋徽宗時，應奉局、花石綱之類，又對該地區的廣大農民、工匠大肆蒐括和奴役，社會秩序動盪不定。宣和二年（1120），睦州青溪縣（今浙江淳安西北）農民在方臘領導下發動起義。

方臘（方十三）是青溪萬年鄉幫源峒地主、保正方有常家的傭工（一說方臘是漆園主）。十月九日，方臘假託「得天符牒」，率領農民，殺方有常一家，首揭義旗。遠近農民聞風響應，很快發展到上萬人。起義軍尊稱方臘為「聖公」，改元永樂，置將帥為六等。在起義的頭三個月內，陸續攻占睦（今浙江建德東）、歙（今安徽歙縣）、杭、婺（今浙江金華）、衢（今浙江衢縣）、處（今浙江麗水西北）等六州五十多縣。各地響應起義的，有蘇州石生，湖州歸安（今浙江吳興）陸行兒，婺州蘭溪靈山峒（今浙江蘭溪西南）朱言、吳邦，水康方巖山（今浙江永康東）陳十四等。台州仙居呂師囊、越州剡縣（今汾江嵊縣）裘日新（仇道人）等，也領導當地摩尼教祕密組織起兵響應。

宋徽宗於宣和三年正月，派童貫率領京畿禁軍和陝西蕃、漢兵十五萬人南下。宋軍攻杭州，起義軍戰敗，退回青溪。歙州、睦州、青溪相繼落入宋軍之手。方臘帶領餘部退守幫源峒。四月末，宋軍重重包圍幫源，發動總攻。起義軍奮戰，七萬多人壯烈犧牲，方臘力竭被俘。八月，方臘英勇就義。起義軍餘部分散在浙東堅持戰鬥，直到宣和四年三月，最後失敗。

宋江起義重和元年（1118），河北、京東遭水災，貧苦農民流離失所，無以為生。宣和元年（1119）十二月稍前，宋江領導京東路的農民舉行起義。起義軍活躍在河北、京東、淮南一帶。大約在方臘起義失敗的前後，宋江等三十六名首領接受了宋朝的招安，起義就此失敗。

張迪、高託山等起義方臘、宋江等起義失敗後，宋徽宗、蔡京一夥以

極大的代價從金朝手中贖回燕京（今北京）及其附近的六州，燕京駐軍和官吏的給養，都攤派在河北、山東、河東百姓頭上，還須運到燕京交納。為了運送一石糧食，沿途盤費十幾石到二十幾石，造成這地區百姓的極大災難。隨後，王黼又在全國徵收免夫錢，數達六千二百萬貫。州縣官吏對百姓竭澤而漁，急如星火，加上連年災荒，餓殍遍野。宣和五年，河北、京東等路農民遂相繼起義，少者幾百人、幾千人，多者發展到幾萬人、幾十萬人。河北路洺州（今河北永年東）張迪「聚眾數十萬，陷州縣」，曾圍攻浚州（今河南浚縣）五日。劉光世率宋軍鎮壓，張迪犧牲。河北高託山在望仙山起義，號稱三十萬人，轉戰於河北和京東路青（今山東益都）、徐（今屬江蘇）、密（今山東諸城）、沂（今山東臨沂）等州一帶，宣和七年被宋朝楊唯忠、辛興宗軍戰敗，高託山降宋。京東路青州張仙（張先、張萬仙）號「敢熾」，率領起義軍號稱十萬人。同年，在沂州鼓山與宋軍作戰，失敗，張仙接受宋朝「招安」。濟南府孫列率領當地農民號稱十萬人，占領鐸子山，靖康元年（1126）被宋梁方子軍戰敗。沂州臨沂的武胡、北京大名府（今河北大名東北）的楊天王、鄆州（今山東東平）的李太子、沂州和密州的徐進、水鼓山的劉大郎等率領的農民軍也都號稱萬人以上。這些起義隊伍所到之處，殺地主、官僚，攻打州縣，或則保聚山谷之間，以崇山峻嶺為據點，樹起起義的旗幟，「巡、尉不敢抗，縣、鎮不敢守」。

女真兵馬的南侵和北宋的滅亡

政和五年（1115），遼朝統治下的女真族貴族首領完顏（阿骨打），在混同江（今松花江及同江以東黑龍江）邊建立起奴隸占有制的國家，國號金。隨後向遼朝進攻，屢敗遼兵。宋徽宗等以為遼朝有必亡之勢，決定聯金滅遼，乘機恢復燕雲。宣和二年（1120），宋、金訂立「海上盟約」：

雙方夾擊遼朝,金軍攻取遼的中京大定府(今內蒙古寧城境),宋軍攻取遼的南京析津府(今北京)和西京大同府(今山西大同)滅遼後,燕雲之地歸宋,宋將原來送與遼的歲幣轉送給金朝。宣和四年,金軍攻占遼中京、西京,由童貫、蔡攸統領的宋軍,接連兩次攻打遼南京,都被遼軍打敗。童貫要求金軍攻遼南京。十二月,金軍由居庸關進軍,一舉攻下遼南京。金朝提出燕京(遼南京)歸宋,宋將燕京租稅一百萬貫給予金朝。宋徽宗、王黼全部應允照辦。金軍將燕京城內財物和男女擄掠一空而去,宋朝接收的只是一座殘破不堪的空城,改燕京為燕山府。

宋代武士復原圖在攻打燕京和宋、金交涉燕京歸屬的過程中,宋朝軍事政治的腐朽情況在女真貴族面前已暴露無遺。金軍於宣和七年二月俘獲了遼天祚帝,乘勝於十一月侵宋:西路由完顏宗翰率領,從雲中府(今山西大同)進取太原府東路由完顏宗望(斡離不)率領,由平州(今河北盧龍)進取燕山府。兩路約定在攻下太原、燕山府後,會師於宋朝東京開封府。西路軍在太原城遭到王稟領導下宋朝軍民的頑強抵抗,長期未能攻下。東路軍到達燕山府,宋守將郭藥師投降,金即以降將為嚮導,長驅南下,渡過黃河,直達東京城下。

宋徽宗自從聽到金兵南下的訊息,即急忙傳位給太子趙桓(宋欽宗),企圖南逃避難。宋欽宗即位,改明年為靖康元年(1126)。這時朝野官民紛紛揭露蔡京、王黼、童貫、梁師成、李彥、朱勔等「六賊」的罪惡,要求把他們處死。宋欽宗被迫陸續將蔡京等人貶官流放或處斬。

靖康元年正月,宋欽宗起用了主戰派李綱為親征行營使,部署京城的防禦。戰守之具粗備,金完顏宗望部即已抵達城下。宋欽宗派使者去金營求和,完顏宗望提出:宋須交金五百萬兩、銀五千萬兩、牛馬騾各一萬頭匹、駝一千頭、雜色緞一百萬匹、絹帛一百萬匹割讓太原、中山(今河北定縣)、河間三鎮(稱三鎮,即包括其所屬州縣)尊金帝為伯父以

宋親王、宰相作人質，送金軍北渡黃河，才許議和。金軍攻城，李綱親自督戰，多次打退金軍。

駐守陝西等路的宋軍，聽說開封被圍，立即由種師道、姚平仲等率領前來「勤王」。各地鄉兵和百姓也自動組織起來，迅速向開封集中。種師道等各地援軍達二十多萬，金軍不到六萬人。李綱、種師道主張堅守京城，在敵軍糧盡力疲北撤時，中途邀擊，可以取勝。二月，姚平仲領兵半夜出城劫營失敗，宋欽宗和太宰李邦彥罷免李綱，向金軍謝罪。這些荒謬舉動，激怒了東京軍民，太學生陳東等在宣德門上書，要求複用李綱，罷免李邦彥等人，幾萬人來到皇宮前，痛罵李邦彥，砸碎登聞鼓，打死宦官幾十人。宋欽宗不得已宣布再用李綱為尚書右丞、京城四壁防禦使。李綱復職，下令能殺敵者厚賞，軍民無不奮躍。但宋欽宗卻繼續派使者去金營求和，竟然答應了金朝賠款和割讓三鎮的要求。

完顏宗望見宋朝備戰，勤王軍不斷來援，又因已得三鎮，便撤軍北歸。宋朝兩次出兵救援太原，均被金軍擊破，宋軍主力耗折殆盡。

宋朝的最高統治集團雖然把太原、中山、河間三鎮的土地和人民全部割歸金朝，三鎮的人民卻起而抗拒，「懷土顧戀，以死堅守」。北歸的金軍並不能憑靠宋朝最高統治集團的無恥諾言而占有三鎮。因此，究竟應否割讓三鎮的問題，在北宋最高統治集團中也成為重新爭論的議題。於是在靖康元年八月，金軍再次南侵。完顏宗翰和完顏宗望仍分東、西兩路進兵。這時，宋將王稟堅守太原已八個多月，因糧盡援絕，九月初被攻下。東路金軍也於十月初攻入河北路的重鎮真定府（今河北正定）。宋欽宗驚慌失措，召集百官商議是否如約割讓三鎮事。這時，種師道已死，李綱貶官，主和派唐恪、耿南仲等控制朝政，堅主割地，遣返各地的勤王軍，撤除京城的防禦工事。金軍渡過黃河，完顏宗翰向宋朝提出，要劃黃河為界，河東、河北地歸金。宋欽宗一一答應，並且親自下

詔給兩路百姓，勸諭他們「歸於大金」。

十一月，金軍前鋒到達東京城外。閏十一月初，金軍攻城。城內兵力有限，士氣不振，宋廷於危急之際竟派郭京帶領「六甲神兵」出戰，大敗逃散，東京城破。宋欽宗派宰相何㮤去金營求和，完顏宗翰、完顏宗望要宋欽宗前往商議割地。宋欽宗親去金營求降，獻上降表。從靖康元年十二月起，金軍大肆蒐括宋朝宮廷內外的府庫以及官、民戶的金銀錢帛。靖康二年四月，金軍俘虜徽、欽二帝和後妃、皇子、宗室貴戚等人北撤。宋朝皇室的寶璽、輿服、法物、禮器、渾天儀等也被蒐羅一空，滿載而去，北宋從此滅亡。

宋政權南遷與南宋初抗金抗爭

金軍從開封撤退之前，冊立了原北宋宰相張邦昌為楚帝，企圖建立一個完全聽命於女真貴族的傀儡政權，統治黃河以南地區。金軍撤退後，宋廷舊臣不再擁戴張邦昌，張邦昌只好避位。五月，康王趙構即位於南京應天府（今河南商丘），改元建炎元年（1127），是為宋高宗。

宋高宗趙構即位之初，起用當時深孚眾望的抗戰派李綱為相。這時河北、河東地區都有忠義民兵抗擊入侵的金軍。李綱要把這些力量加以組織、領導和使用，使其發揮更大的作用，便推薦宗澤任東京留守，張所任河北西路招撫使，王躞為河東經制使，傅亮任經制副使，並提出改革軍制，整頓軍紀，募兵買馬等一系列建策，部署收復河東和河北失地。但趙構、黃潛善、汪伯彥等人，卻只想用割讓土地和繳納歲幣的辦法，以求金人不再進軍，決不敢作以武力進行抵抗的打算，因而對李綱的謀劃百般阻撓和破壞。李綱任相僅七十五天，即被罷免，張所等抗戰派也相繼被罷免。上書言事、力主抗金的太學生陳東和進士歐陽澈也被殺害。

女真貴族的燒殺擄掠，在北方強制推行奴隸制等行徑，激起北方人民的武裝反抗。河東地區的人民用紅巾作標誌，組織武裝，到處襲擊金軍。澤州（今山西晉城）和潞州（今山西長治）一帶的忠義民軍，曾猛攻金軍大寨，金左副元帥完顏宗翰幾乎被俘。女真貴族痛恨紅巾軍，逐捕最急，每每妄殺平民以洩憤，而紅巾軍卻愈益壯大。河北慶源府（今河北趙縣）五馬山（在今河北贊皇）上，有官員趙邦傑和馬擴領導一支抗金隊伍，他們擁立自稱信王趙榛的人作號召，人數達十萬以上，各地的許多抗金武裝聞風響應。河北西路招撫司都統制王彥，率軍渡河，攻占了新鄉縣城，後被金軍打敗，王彥率部轉移到共城（今河南輝縣）西山。他的部屬都在面部刺上「赤心報國，誓殺金賊」八字，以表示與金軍抗爭到底的決心，這支軍隊從此便以「八字軍」著稱。兩河忠義民兵紛紛接受王彥的領導，隊伍擴大到十萬以上，屢次打敗金軍。此外，如幽燕地區的劉立藝、楊浩和智和禪師、劉裡忙等人也分別組織抗金隊伍。張榮領導的梁山泊水軍，陝西邵興（後改名邵隆）和邵翼組織的義兵，也都各自為戰，奮勇抗金。

趙構和黃潛善、汪伯彥對北方人民的抗金抗爭，實際上採取敵視態度。他們將「行在」遷往揚州，以求苟安享樂。只有留守開封的宗澤，把那些歸附在他的旗幟下的各地農民起義軍加以組合，並和黃河以北的忠義民兵取得密切聯繫，整頓防禦，以加強作戰實力，建炎元年冬和二年春，宗澤率軍擊退金軍的大舉進攻。但是，他收復失地的計畫一直得不到趙構的批准，幾次籲請趙構返回東京，也未被採納，積憤成疾，與世長辭。接任東京留守的杜充，一反宗澤所為。北方人民抗金武裝也遭受挫折，先後為金軍擊破。

建炎二年秋至三年春，金軍又發動攻勢，前鋒直指揚州，趙構倉皇逃往江南。抵達杭州不久，苗傅和劉正彥發動政變，逼迫趙構退位。呂

頤浩和張浚聯繫韓世忠、劉光世和張俊起兵「勤王」，政變宣告失敗。東京留守杜充放棄開封，率軍退往江南的建康府（今江蘇南京）。當年冬，金將完顏宗弼率大軍渡江，占領建康府，杜充投降，趙構又自杭州出奔，漂泊於海上。金軍追至明州（今浙江寧波），沿途遭受南宋軍民的不斷襲擊，遂於建炎四年春在大肆擄掠後北撤。韓世忠在黃天蕩一帶攔截金軍，相持四十天之後，金軍以火攻破韓世忠軍，才得回到建康。岳飛率部克復了建康府，金軍退至長江以北。紹興元年（1131），張榮的梁山泊水軍在泰州（今屬江蘇）縮頭湖擊敗金將完顏昌，俘獲完顏昌之婿蒲察鶻拔魯。金軍又被迫放棄淮東。

金朝在建炎四年九月冊立劉豫為「大齊皇帝」，建立傀儡政權，與南宋對峙，並集結重兵，攻打川陝。同月，宋川陝宣撫處置使張浚命都統制劉錫率五路軍馬，與金完顏宗輔（訛裡朵）、完顏宗弼、完顏婁室所部在富平（今屬陝西）舉行大規模會戰，宋軍潰敗，陝西五路大部喪失。都統吳玠率軍扼守大散關附近的和尚原（今陝西寶雞附近），封鎖西川。紹興元年十月，完顏宗弼大軍猛攻和尚原，吳玠率軍頑強抵禦，重創金軍，完顏宗弼身中兩箭，金軍遭受自滅遼破宋以來的首次慘敗。三年正月，金軍攻下金州（今陝西安康）。吳不合玠領兵至饒風關（今陝西石泉西）抵敵，戰敗。四年二月至三月，吳吳玠軍又在仙人關（今甘肅徽縣南），再次大破完顏宗弼的重兵。金軍退守鳳翔，暫時不敢窺伺四川。

紹興四年五月至七月，岳飛出師反擊偽齊，連克郢州（今湖北鍾祥）、隨州（今湖北隨縣）和襄陽府（今湖北襄樊），並於襄陽府附近擊敗偽齊悍將李成的反撲。岳飛派遣部將王貴和張憲進兵鄧州（今河南鄧縣），擊敗金、齊聯軍幾萬人，又攻占唐州（今河南唐河）和信陽軍（今河南信陽）。屯兵鄂州（今湖北武昌）。岳飛按照預定計劃勝利地收復襄陽六郡，這是南宋建立政權以來第一次收復大片失地。

　　紹興四年九月，金、齊聯軍自泗州（今江蘇盱眙）和楚州（今江蘇淮安）兩地渡淮，大舉南侵。十月，金軍一支前鋒在揚州大儀鎮（今江蘇揚州西北）遭遇韓世忠軍伏擊。金與偽齊聯軍進攻廬州城（今安徽合肥），岳飛奉命領軍救援，在廬州城下又破敵軍。

　　經過抗金將士四五年的艱苦奮戰，南宋的統治才得以穩定下來。紹興六年，宰相兼都督張浚部署韓世忠進攻淮陽軍（今江蘇邳縣西），不克。岳飛率軍連破鎮汝軍、虢州（今河南盧氏）、商州（今陝西商州）和順州（今河南嵩縣西南），兵臨蔡州（今河南汝南）。偽齊向金朝求援，遭到回絕，不惜孤注一擲，分兵進犯兩淮。偽齊軍在藕塘（今安徽定遠東南）等地分別遭到楊沂中等軍攔擊，大敗而逃。岳飛軍又在唐、鄧等州擊破金與偽齊聯軍的分路進攻，再次兵臨蔡州，打退了敵人的追兵。

　　紹興七年，宋廷罷免畏敵怯戰的淮西軍主將劉光世，但由於處置失策，副都統制酈瓊裹脅大部分淮西軍叛變、投降偽齊，一時朝野震驚。宰相張浚引咎辭職。趙構遂取消岳飛的北伐計劃。金完顏昌等人得勢，廢除劉豫的偽齊政權，向趙構誘降。紹興八年三月，趙構任用秦檜為相，決意求和。趙構和秦檜進行極其屈辱的乞和活動，招致廣大人民和很多士大夫的強烈反對，群情激憤。李綱、張浚、韓世忠、岳飛等人紛紛反對「議和」，樞密院編修官胡銓上奏，要求斬秦檜之流，以謝天下，趙構罷免主張抗戰的官員，放逐胡銓，起用主和派，控制輿論，接受稱臣納貢的和議條件，派秦檜代表自己跪受金朝詔書。金朝將陝西、河南歸還宋朝。

　　完顏宗弼在金朝政治抗爭中得勢，殺完顏昌等人，於紹興十年撕毀和約，分兵四路，大舉南侵，迅速奪取陝西、河南之地，進逼兩淮。趙構被迫命令各軍抵抗。新任東京副留守劉錡率領王彥舊部八字軍進駐順昌府（今安徽阜陽），以少擊眾，大敗完顏宗弼的金軍主力。完顏宗弼退

守汴京，宋軍分路出擊，韓世忠軍奪據海州（今江蘇連雲港）等地。陝西吳璘、楊政、郭浩等軍屢敗金兵，後因田晟在涇州（今甘肅涇川北）戰敗，宋軍退守川口要隘。金軍也因傷亡較多，退守鳳翔府，不再出戰。岳飛早先已制定了「連線河朔」的策略方針，積極與北方忠義民兵保持密切聯繫。他派梁興、趙雲、董榮等人深入黃河以北地區，組織游擊軍，廣泛出擊，襲擾金軍，親率主力北上，連克蔡州（今河南汝南）、潁昌府（今河南許昌）、淮寧府（今河南淮陽）、鄭州（今屬河南）、河南府（今河南洛陽東）等地，宋將張俊擁兵自重，玩敵怯戰，到達宿州（今安徽宿州）、亳州（今安徽亳州）後，旋即退師，使岳飛處於孤軍深入、兵力分散的境地。金帥完顏宗弼乘機大舉反撲。郾城之戰，岳飛軍以少擊眾，迎頭痛擊，大敗金朝主力騎兵。接著，王貴、岳雲等又在潁昌大敗金兵，形勢對宋朝極為有利。岳飛上書趙構，要求各路宋軍乘勝進軍，收復失地。廣大人民也聞風響應，不少州縣已為忠義軍所攻占。趙構和秦檜卻急令各路大軍停止進擊，撤回原來駐地，岳飛被迫班師，金朝重占河南之地。韓世忠、劉錡等軍也紛紛從前線撤回。剛開到前線的楊沂中軍也在宿州潰敗。

紹興十一年春，金軍攻打淮西。在柘皋鎮（今安徽巢縣北）被楊沂中、劉錡、王德等軍擊敗，宋軍收復廬州。金軍回兵攻下濠州（今安徽鳳陽），又分別打敗韓世忠、張俊、楊沂中等援軍，岳飛的援軍趕來，金軍退回淮北。九月，吳璘等軍隨後攻取秦州（今甘肅天水）、隴州（今陝西隴縣）等地，並在剡家灣戰役中屢獲勝捷。儘管如此，也未能改變宋廷妥協苟安的決策。

趙構和秦檜採用陰謀手段，解除岳飛、韓世忠等大將的兵柄，並且設定冤獄，以「莫須有」的罪名，殺害力主抗金的岳飛和戰將張憲、岳雲，迫令抗戰派韓世忠等人退閒。

　　當年十一月，以趙構和秦檜為首的投降派和金朝議定屈辱的和約，其主要條款是：①南宋稱臣於金，並且要「世世子孫，謹守臣節」。②宋金兩國，東起淮水中流，西至大散關（今陝西寶雞西南）為界，中間唐州（今河南唐河）、鄧州（今河南鄧縣）、商州（今陝西商縣）和秦州之大半皆屬金朝。③南宋每年向金朝輸納銀二十五萬兩、絹二十五萬匹。這就是所謂的「紹興和議」。

投降派的黑暗統治與人民的反抗

　　土地兼併的加劇南宋上地兼併和土地集中的現象，達到十分驚人的地步。由於很多農民喪失土地，以至在南宋戶口統計中出現了大批的「無產稅戶」。南宋初年，長江下游的很多圩田，無不被豪家所霸占。著名的建康府（今江蘇南京）永豐圩，收租達三萬石，數十年間，總是輾轉於皇室、大將、權臣手中。在歸屬秦檜時的某年，大水沖壞圩岸，秦檜竟強迫四個州的民夫，為自己修築。永豐圩成為一方的民間大害。大將張俊霸占的田地橫跨不少州縣，在解除兵權家居後，歲收租米六十萬斛。秦檜死後，號稱家道式微，至宋孝宗時，其子孫仍能收租十萬斛。淮東土豪張拐腿家，歲收租穀七十萬斛。南宋中期，宋廷沒收權臣韓侂冑及其黨羽們的田地，每年可得租米七十二萬二千七百餘斛，還有錢一百三十一萬五千餘貫。南宋後期，出現了年人租米百萬斛的豪富，這是前所未有的記錄。南宋官田在墾田總額中的比例不大，但往往被官員和豪強地主占佃，而不納租課，故宮府常出賣官田。

　　岳飛北伐路線圖南宋地租的主要形式，仍舊是實物抽成租和定額租。定額租依田地肥瘠不等，達每畝一至兩石。正額地租之外，地主對佃客還有各種名目的剝削，如強迫佃客代納賦稅，收租時還附加耗米，大鬥收租，強迫送禮等類。不少地主還用「劃佃」的辦法，驅逐舊佃客，

以提高地租額。高利貸也是一種重要的剝削方式，地主透過放債，強奪佃客的房屋、農具、種子和口糧，甚至強迫佃客妻女作奴婢。官府為地主督租，也成為南宋時較常見的現象。很多繳納不起地租的佃客，慘遭官府的拘捕和監禁，甚至死於非命。

苛捐雜稅的加重北宋賦稅的繁重，本已超過前代，而南宋又超過北宋。南宋初，浩大的軍費開支成為增稅的藉口。宋高宗以愛養生靈作標榜，實現屈辱的和議後，人民的負擔依然節節上升，直到南宋晚期，一直保持著有增無減的勢頭。南宋統治者一方面加重舊稅稅額，另一方面又新增許多苛捐雜稅。

南宋比較普遍地以大斗、大斛、斗面、斛面、加耗、呈樣、預借、重催等手段加重百姓兩稅負擔，大斗和大斛使納稅額增加幾成至一倍，斗面和斛面是將量器內的糧食平面堆高，所謂「斛面坡陀鬥面高」，有的地區甚至超過正稅額。加耗米有的甚至為正稅四倍。呈樣又稱樣米，是官員以檢查糧食質量為藉口而進行的勒索。預借由預收兩三年的稅額發展到六七年的稅額。重催是繳納兩稅後，官府不予承認，而重疊催稅。北宋時的和買絹帛，到南宋初不僅完全成為官府不支分文的正式賦稅，而且在東南地區，又與夏稅油絹綿等，以高價折錢輸納，稱為折帛錢。南宋的和糴糧草也與北宋相似，實際上官府少給或不給價錢，特別到南宋晚期，農民的和糴負擔愈加沉重。

南宋新增的苛捐雜稅，名目繁多，特別是一些地區性的賦稅，不可勝數。北宋末創設的經制錢，加上南宋初創始的總制錢，合稱經總制錢。其下有很多繁瑣苛細的稅目。在宋寧宗前期，銅、鐵錢年收總額近兩千萬貫，成為宋廷一筆重要的財政來源。月樁錢是為供應軍事開支，而勒令各州縣政府按月解送的一種橫斂。州縣無所從出，巧立名目，向民間榨取。如在江南西路，則有曲引錢，白納醋錢，賣紙錢，戶長甲帖

錢，保正牌限錢，折納牛皮、牛筋、牛角錢，訴訟贏者有歡喜錢，輸者有罰錢等苛繁稅目。宋寧宗時，東南各路月樁錢仍達三百九十多萬貫。版帳錢也是南宋初創設的重賦，以供應軍費為名，由各州縣搜刮無名目的雜斂拼湊成數。其中以兩浙路的稅額最重，如常熟縣（今屬江蘇）的版帳錢達九十二萬八千多貫。

　　廣大的自耕農、半自耕農和佃農，是賦稅的直接或間接承擔者，官戶、寺院和鄉村上戶雖然擁有大部分田產，卻千方百計逃避賦稅。南宋政府為了保證賦稅收入的穩定，不得不採取一些措施，以考核各地的田產。宋高宗時，在南宋的大部統治區實行經界法，丈量土地，劃分田畝等級，重定稅額。自南宋中期至後期，也在某些地區實行經界法，或令各地實行手實法和推排法。但由於官員和地主通同作弊，這些清查田產的措施，往往不能造成查核隱產，均平賦稅，減輕下戶負擔的作用。

　　投降派的黑暗統治金朝不許南宋隨便罷免呔相，以保證秦檜相位的穩固。大將張俊追隨秦檜，參與降金和殺害岳飛，得以獨掌樞密院。宋、金和議後，秦檜又指使御史彈劾，迫使張俊去位。從此秦檜便獨攬大政十多年。趙構寵用的醫官王繼先和宦官張去為也很有權勢，與秦檜狼狽為奸，互相勾結。岳飛部將牛皋對宋金和議表示不滿，人民抗金武裝首領出身的邵隆反對割地，被先後毒死。不僅很多抗戰派被貶逐流放，就是秦檜的黨羽，只要稍不合意，也動輒貶逐流放。趙構和秦檜採用高壓手段箝制抗金輿論，任命秦檜兒子秦熺主編官史日曆，恣意竄改史實，並嚴禁私史，大興文字獄，實行特務統治。特務機關皇城司的邏卒布滿臨安府（今浙江杭州），發現稍有不滿言論者，即處以毒刑。趙構和秦檜還大力提倡點綴「昇平」，凡進獻歌頌他們降金行徑的文字者，即予升宮。在竭力搜刮民脂民膏的基礎上，投降派紛紛營造豪華的宮殿和大宅，過著窮奢極侈的生活。官場貪賄成風，各地官員賄賂秦檜的禮品

不可勝數，其家財富為宋朝左藏庫的數倍。

紹興二十五年，秦檜病危，企圖由秦熺繼承相位。趙構對秦檜的專權業已十分猜忌，乘機命秦檜祖孫三代退閒。秦檜死後，朝野紛紛揭露秦檜一夥的罪惡，趙構貶黜一批秦檜親黨，也為一些受打擊的官員平反，卻仍然委任投降派萬俟卨、湯思退等人掌政，並下詔宣告前此與金議和皆「斷自朕志」，故相秦檜「但能贊朕而已」，以維持屈辱的宋金紹興和議。

在金軍南侵過程中，從前線敗退下來的宋朝潰兵、遊寇，如李成、孔彥舟、曹成等各領叛亂武裝數萬人，流竄各地，到處殺掠，殘害百姓。加之金兵的屠戮，官府和地主的加強壓榨，廣大人民陷入水深火熱之中，故不斷爆發地區性的武裝起義。在信州貴溪、弋陽一帶（今屬江西），王宗石利用摩尼教發動起義，信州和饒州的貧苦農民紛紛加入，起義軍迅速發展成幾萬人的隊伍。宋廷派劉光世軍前往鎮壓，王宗石等二十多名領袖戰敗被俘，二十萬無辜平民慘遭屠殺。福建路範汝為、葉鐵等人領導農民起義，攻占建州（今福建建甌），前後堅持三年，起義軍勒令地主「計其歲入之數」交納租稅。否則，便剝奪其種糧、牛畜，而驅逐出境。趙構派韓世忠以優勢兵力圍攻建州，城破後，範汝為投火自盡。起義軍餘部在範忠領導下，又繼續戰鬥了近一年，最後失敗。其他如婺州（今浙江金華）有和尚居正領導的起義，虔州（今江西贛州）有陳顒、羅閒十等幾百支起義隊伍，約十多萬人，互相聯繫，共同反對官軍，後被岳飛鎮壓下去。南安軍（今江西大餘）有吳忠、宋破壇、劉洞天等起義軍，荊湖南路有鄧裝、胡元等起義軍，李冬至在郴州宜章（今屬湖南）起義，殺人廣東路，號稱「平天大王」。這是宋朝小規模農民起義很頻繁的時期。

當時規模最大的，是洞庭湖濱的鐘相、楊么起義。鼎州（今湖南常

德）人鐘相在北宋末宣傳「等貴賤，均貧富」的思想，組織民眾，建炎四年發動起義，攻占了洞庭湖周圍的十九縣。鐘相建立大楚政權，自稱楚王，立年號天載，設定將相官屬。起義軍鎮壓官吏、儒生、僧道、巫醫、卜祝等人，奪取他們的財物。鐘相被匪徒孔彥舟殺害後，楊么繼續領導抗爭，並宣布一律免除稅賦差科，不受官司法令束縛。起義軍實行陸耕水戰，憑藉水軍優勢，發揮車船威力，屢次痛擊官軍。紹興五年，宋廷派遣岳飛率兵鎮壓。岳飛採用政治誘降為主，軍事進攻為輔的策略，最後瓦解和消滅了這支起義軍。紹興和議後，投降派的黑暗統治，進一步激起人民群眾的強烈反抗。從紹興十三年起，福建路出現管天下、伍黑龍、滿山紅等多支起義隊伍，攻打漳、泉、汀（今福建長汀）、建（今福建建甌）等州，屢次擊敗宋軍，紹興十六年被福建安撫使薛弼鎮壓下去。紹興十九年，汀、漳、泉州的何白旗的起義軍曾發展到江南西路和廣南東路境內，次年，起義失敗。紹興十四年，宣州涇縣（今屬安徽）摩尼教徒在俞一領導下舉行起義，遭到秦檜之兄、知宜州秦梓的血腥鎮壓。甚至偏僻的海南島也發生陳整合起義，反抗貪官的暴斂。臨安府還發生了軍校施全行刺秦檜的著名事件，施全被捕殺。

南宋後期抗元抗爭與南宋滅亡

　　南宋軍民抗蒙宋理宗趙昀親政之初，尚希望有所作為，任用一批被史彌遠排斥的知名之士，企圖利用金朝滅亡之機，占據黃河以南地區。端平元年（1234），趙葵、全子才等率軍進駐原北宋三京，即東京開封府、西京河南府和南京應天府（見北宋四京與南宋行在），三城已被蒙古兵擄掠一空，宋軍乏食。蒙古兵反攻洛陽，宋軍潰敗。蒙古遂對南宋發動進攻。

　　端平二年，蒙古皇子闊端和曲出分路進攻四川與襄漢。宋將曹友聞

在大安軍陽平關（今陝西寧強西北）擊退蒙古軍。曲出軍攻破棗陽軍和郢州（今湖北鍾祥），而未能奪取襄陽府。三年，蒙古軍再攻四川，曹友聞在陽平關戰死，蒙古軍長驅入川，除川東的夔州路外，絕大部分州縣失陷，人民慘遭屠掠。闊端雖旋即撤軍，而南宋仍不能控制川北的蜀道天險，處於無險可守的狀態。宋襄陽府的南軍（原南宋正規軍）與北軍（新募的中原兵）發生衝突，北軍縱火焚毀府庫，投降蒙古，南軍亦在撤離時大肆搶掠，蒙古軍進而占領襄陽。

嘉熙元年（1237）、二年，杜果先後在安豐軍（今安徽壽縣）和廬州（今安徽合肥）大破進犯的蒙古軍。蒙古宗王口溫不花領兵進攻黃州（今湖北黃州），宋將孟珙帶兵奮戰，擊退蒙古軍。接著孟珙與蒙古軍大戰三次，收覆信陽軍，攻打襄樊，後又攻下光化軍、蔡州等地。孟珙以江陵府為軍事大本營，大興屯田，訓練軍隊，經理荊襄，策應四川，屢破蒙古軍。時值蒙古人軍進行第二次西征，未能全力攻宋，戰局暫時穩定下來。

南宋喪失蜀道天險後，蒙古軍經常出沒成都平原，進行殺掠破壞，宋朝被迫將四川的首府自成都府遷往重慶府，四川制置副使彭大雅修築府城。淳祐二年（1242），餘玠出任四川安撫制置使，他採納冉璡、冉璞兄弟的建議，大規模因山築壘，將各州治所移入山城，特別是將合州治所遷入釣魚山城（今四川合川東），建成強固的軍事要塞。餘玠還在成都平原興置屯田，積貯糧食，教練軍旅，屢次擊退蒙古軍的侵擾。餘玠守蜀十年，未能實現恢復全蜀的宿願，最後因遭受丞相謝方叔等人的讒誣，服毒自殺。宋理宗、謝方叔委任餘晦接替餘玠，四川形勢惡化。在荊襄戰場，淳祐十一年，京湖安撫制置使李曾伯部署將士，收復了襄陽府和樊城，並重新修築城防。

蒙哥即汗位後，開始集中兵力，進攻南宋。寶祐六年（1258），蒙哥

大舉侵宋，他親率主力人四川，命忽必烈率軍攻打鄂州（今湖北武漢武昌），兀良合台自雲南人交趾，北上攻打潭州（今湖南長沙），蒙哥軍在四川節節推進，擊破宋軍的頑強阻擊，兵臨合州釣魚山城下。開慶元年（1259），宋將王堅率軍民死守釣魚城，重創蒙古軍，蒙哥戰死於軍中，蒙古軍被迫撤圍退兵（見釣魚城之戰）。忽必烈軍猛攻鄂州不克。兀良合台兵臨潭州，向士璧率軍民頑強抵抗，兀良合台遂撤兵北上。賈似道督師救援，卻私自暗中求和，願意向蒙古稱臣納貢，雙方劃長江為界。忽必烈已知蒙哥汗死訊，急欲北返，爭奪皇位，遂答應賈似道的議和條件而撤兵。賈似道在事後隱瞞求和真相，謊報鄂州大捷，並貶斥和殺害印應飛、向士璧、曹世雄等有功人員，將王堅調離四川，使之憂鬱而死。

腐敗的統治宋理宗在位期間，農民反抗抗爭依然相當激烈。紹定二年（1229），汀州（今福建長汀）爆發了晏夢彪領導的農民起義，贛州爆發陳三搶和張魔王起義，江南西路、福建路和廣南東路農民紛紛「截髮刺字」，起而響應。這支起義軍被鎮壓以後，另一領袖小張魔王仍堅持抗爭。

面對蒙古強大的軍事壓力，南宋國政卻愈益腐敗。宋理宗沉溺於聲色，寵信閻貴妃和宦官董宋臣、盧允跎。丞相董槐主張對外戚、執法官和皇城司士卒嚴加約束，遭到外戚等的怨恨。侍御史丁大全與董宋臣、盧允異相勾結，彈劾董槐，並派兵劫持董槐出朝。兩年後，丁大全竊據相位。開慶元年（1259），丁大全因隱匿軍情不報，被彈劾罷官。宋理宗賈妃之弟賈似道以前線統兵大臣的身分，於軍中拜右相。景定元年（1260），賈似道進而排擠左相吳潛出朝，獨擅朝政。景定五年，宋理宗死去，宋度宗趙禥即位。度宗更加昏庸荒淫。尊奉賈似道為「師臣」，又加以平章軍國重事的頭銜。宋度宗和賈似道過著極端糜爛的生活，不理政務，卻又不准其他丞相和執政大臣問政，一切朝政，全由賈似道門客

廖瑩中和堂吏翁應龍辦理。文天祥、李芾等正直的士大夫，都受到排斥或迫害。賈似道嫉功害能，潼川府路安撫使劉整等武將叛變降敵，南宋疆土日蹙，民窮財匱，而軍隊卻又不斷擴充，賈似道為了籌措軍糧，解決財政的困窘，在景定四年頒布「公田法」。規定凡占田二百畝以上的官戶和民戶，一律由政府抽買三分之一，事實上，強買不限於大戶逾限之田，小戶的田地也在強買之列，官府一般只支付會子、官告和度牒。會子在貶值之餘，大抵都成廢紙。官府買到公田後，設公田莊，按規定，公田地租比原先私人地租減五分之一，由於官吏和莊官從中作弊，不少公田地租卻高於原來私人地租。公田法實施於浙西，在民間造成極大禍害。宋廷後又取消莊官，改為召富戶承佃公田，形成官府、佃主和租戶三級租佃關係。各種繁重的賦役，給民間造成極大的騷擾和痛苦，南宋已至不可收拾的地步。

南宋滅亡忽必烈北返，奪取汗位，在 1271 年改國號大元。此前，忽必烈已接受南宋降將劉整的建議，將軍事主攻方向轉移至襄陽府和樊城，並編練了強大的水軍，從而確定了消滅南宋的策略部署。咸淳四年（1268），蒙古軍開始包圍襄樊，宋軍屢次救援，都被擊敗。八年，民兵領袖張順和張貴率壯士三千人，乘輕舟順流轉戰，突破重圍，直抵襄陽城中，而張順和張貴先後戰死。九年，元軍切斷襄陽府和樊城的浮橋聯繫，元軍滅南宋示意圖攻破樊城。守將範天順和牛富英勇犧牲，襄陽守將呂文煥降元。襄、樊失陷後，南宋朝野震驚，而賈似道仍專持國柄，拒絕一切救亡建策。十年，宋度宗病死，賈似道擁立全後的幼子趙㬎即位，是為宋恭帝。

元朝丞相伯顏統率大軍沿漢水和長江東下，水陸並進，擊破南宋部署在長江、漢水一帶的大量舟師，鄂州都統制程鵬飛等獻城投降。黃州、蘄州（今湖北蘄春）、江州（今江西九江）、六安軍、安慶府、池州

（今安徽貴池）等地宋守臣相繼降元。德祐元年（1275），賈似道抽調諸路精兵十三萬集結蕪湖，又派使者前往求和，情願稱臣納幣，伯顏不許。兩軍遂於魯港、丁家洲一帶（今安徽銅陵附近）開戰，在元軍攻擊之下，宋全軍潰敗，賈似道自魯港乘小船逃到揚州。元軍乘勢縱擊，進陷建康府。由於宋軍水陸主力的瓦解，賈似道被革職貶斥遠方，宋廷下詔各地起兵「勤王」。賈似道在流放途中被押解官殺死。江南西路安撫使文天祥、郢州守將張世傑等起兵救援臨安府。張世傑受命指揮都督府各軍，克復浙西各郡，在鎮江府附近的焦山，集結大批水軍，元軍以火箭攻擊，破南宋水軍，進逼臨安府。宋理宗謝後、宋度宗全後不顧文天祥、張世傑等人的反對，於德祐二年帶宋恭帝出降。但守淮東的李庭芝和姜才，守潭州（今湖南長沙）的李芾，守重慶府的張珏，守靜江府（今廣西桂林）的馬墍等，都堅持抗戰，不屈而死。

　　文天祥、張世傑、陸秀夫等人擁立宋度宗的兩個幼子趙昰和趙昺，在江南西路、福建路和廣南東路一帶繼續抗元，圖謀恢復。宋端宗趙昰於福州即位，改元景炎（1276），因元軍進逼，由張世傑、陸秀夫護衛，逃往海中，病死於硇洲（今廣東雷州灣硇洲島）。文天祥在贛州戰敗，轉戰到海豐北的五坡嶺被俘。張世傑和陸秀夫擁立趙昺為帝，改元祥興（1278），退至南海中崖山（今廣東新會縣南海中），作為最後據點。祥興二年，元朝水軍向崖山發起猛攻，宋軍失敗，陸秀夫抱幼帝趙昺投海而死，張世傑率部乘船突圍後，遭遇大風，溺死海中，南宋滅亡。文天祥被押據元朝大都（今北京），拒絕元世祖忽必烈的親自勸降，英勇就義。

元

　　中國歷史上蒙古族統治者建立的統一王朝。1206 年，成吉思汗建國於漠北，號大蒙古國 1235 年，窩闊台建哈剌和林城（即和林）為國都。

透過不斷的征服戰爭，大蒙古國統治了亞洲和歐洲廣大地區。按台山（今阿爾泰山）以西的朮赤、察合台、窩闊台封地以及旭烈兀西征後據有的波斯之地（見伊利汗國），先後成為名義上是大汗藩屬實際上擁有獨立地位的汗國。1260 年，元世祖忽必烈即位，遵用漢法，改革舊制以開平為上都，燕京（今北京）為中都，將政治中心南移。1271 年，取《易經》「大哉乾元」。之義，改國號為大元次年，升中都為大都。1276 年，滅南宋。又傳九代，至 1368 年，明軍攻入大都，元順帝妥懽貼睦爾退出中原。其繼承者據有漠北，仍用元國號，史稱北元。明初官修《元史》，自成吉思汗建國迄元順帝出亡（1206 ～ 1368），通稱元朝。

蒙古的興起

13 世紀前的蒙古蒙古族名稱始見於唐代。當時，分布在大興安嶺北段的室韋諸部中有一蒙元室韋部，居望建河（今額爾古納河）之東。蒙元即蒙古的唐代漢文譯名。遼、金、宋時代，又有萌古、朦骨、盲骨子、萌古斯、蒙古里、蒙古等異譯，或與其他部落一起被泛稱為韃靼，又稱黑韃靼，以別於漠南的白韃靼（汪古部）。大約在唐代末葉，蒙古一部逐漸遷到原來鐵勒人的居地斡難河（今蒙古鄂嫩河）上游不兒罕山（今蒙古肯特山）地區。蒙古人傳說，遠古時，蒙古部落被他部所滅，僅兩男兩女倖存，逃到名為額爾古涅昆的山中，後來子孫繁衍，分為許多支，山谷狹小不能容納，因而移居草原。其中一個部落的首領名叫孛兒帖赤那（意為蒼狼），妻子名叫豁埃馬闌勒（意為白鹿），他們遷到斡難河源頭不兒罕山居住。蒙古人的祖先傳說，反映了他們的先人從額爾古納河西遷的事實，以及蒙古人遠古的圖騰觀念。

蒙古原為森林狩獵部落，進入草原後，游牧畜牧業很快發展起來。在遼朝的統治下，他們與中原地區的聯繫日益緊密。中原先進經濟、文

化的影響，特別是鐵的輸入，促進了蒙古各部社會生產力的發展。原始的氏族制度迅速瓦解，私有制日益發達。部落中的伯顏（富者，蒙語的音譯）多擔任首領，社會分化成世代當首領的那顏（貴族，蒙語的音譯，意為「官人」）和依附於貴族的哈剌抽（平民，蒙語的音譯）。貴族透過掠奪戰爭獲得更多財富，並俘擄人口作為孛斡勒（奴婢，蒙語的音譯），世襲占有。有勢力的貴族擁有從屬於個人的那可兒（軍事侍從，蒙古語的音譯，原意為「同伴」），大首領還組織了護衛軍。斡孛黑（氏族，蒙語的音譯）組織的形式雖還存在，但已不是原始的血緣氏族，其成員包括了貴族和來自不同氏族或部落的侍從，屬民與奴婢。貴族的兒子繼承父親分配的一份屬民和奴婢，分別自立家業，並繼續擴展，由此不斷分衍出新氏族。在頻繁的相互掠奪戰爭中，一些氏族和部落為了保全自己，擴大勢力，結成了聯盟。約 11 世紀上半葉，蒙古部首領海都（成吉思汗六世祖）攻滅了斡難河南的強部 —— 札剌亦兒部，從此「形勢寖大」。海都次子察剌哈寧昆（又譯察剌孩領忽）受有遼朝的「令穩」（即領忽，小部族官）官號，其子想昆必勒格升號「詳穩」（即想昆，大部族官），父子相繼任遼屬部官。金初，全蒙古各氏族和部落組成大聯盟，推舉海都長子之孫葛不律（又譯合不勒，成吉思汗的曾祖父）為汗（意為君主），蒙古部首領自此始用汗號。察剌哈寧昆的後裔號泰赤烏氏，葛不律汗家族號乞顏氏，各自都擁有許多部眾，成為蒙古部中最有勢力的貴族。

　　葛不律汗曾入朝見金朝皇帝。金朝君臣深恐蒙古勢力強大會成為邊患，企圖將他殺死，蒙古於是叛金。此後數十年，蒙古與金朝經常發生戰爭。金朝利用屬部塔塔兒攻打蒙古，俘殺咸補海（又譯俺巴孩）汗等蒙古首領，並派兵到蒙古剿殺擄掠蒙古也多次攻掠金朝邊境地區。此時，蒙古高原上勢力強盛的部落集團除蒙古外，還有塔塔兒（居地在今呼倫湖、貝爾湖之西、南）、克烈、乃蠻和蔑裡乞（居地在今色楞格河下游一

帶）等部。各部貴族為了掠奪人口、牧畜和擴大統治地域，也互相爭戰不休。蒙古與其鄰部蔑裡乞、塔塔兒是世仇，更經常處於敵對之中。

蒙古軍西征作戰圖大蒙古國的建立在諸部爭戰中，蒙古乞顏氏貴族鐵木真的勢力逐漸壯大。12 世紀末至 13 世紀初，他先依靠克烈部首領王汗的支持，打敗蔑裡乞部，又相繼消滅了蒙古部內強大的主兒乞氏和泰赤烏氏貴族，擊潰以札答闌部首領札木合為首的各部貴族聯盟，乘勝滅塔塔兒，降服弘吉剌諸部。1203 年，又出奇兵攻滅王汗，盡取克烈部眾。這時，漠南汪古部首領也遣使獻降。1204 年，鐵木真舉兵攻滅乃蠻太陽汗部，又先後兼併了蔑裡乞殘部和乃蠻不欲魯汗部，完成了蒙古高原的統一。

1206 年，蒙古貴族在斡難河源舉行忽里勒台，奉鐵木真為大汗，尊號成吉思汗。成吉思汗將全蒙古游牧民統一編組為數十個千戶（《元朝祕史》記載最初編組的千戶數為九十五個，但其中包括了一些後來組成的千戶），分授共同建國的貴戚、功臣，任命他們為千戶那顏，使其世襲管領，並劃定其牧地範圍。千戶既是軍事組織單位，又是地方行政單位。成吉思汗又命大將木華黎為左手萬戶，統領東面直到哈剌溫只敦（今大興安嶺）的各千戶軍隊博爾術為右手萬戶，統領西面直到按台山的各千戶軍隊納牙阿為中軍萬戶。萬戶是最高統兵官。成吉思汗將原來的護衛軍擴充為一萬人，包括一千宿衛，一千箭筒士，八千散班，從各千戶、百戶、十戶那顏和白身人子弟中選身體健壯、有技能者充當。護衛軍職責是保衛大汗金帳和跟隨大汗出征，平時分四隊輪番入值，因此總稱四怯薛，由「四傑」博爾術、博爾忽、木華黎、赤老溫四家子弟任四怯薛之長。大汗直接掌握這一支最強悍的軍隊，足以「制輕重之勢」，控御在外的諸王和那顏。又設立了「治政刑」的札魯忽赤（斷事官）一職，掌管民戶分配和審斷案件，命養弟失吉忽禿忽擔任，這是蒙古國的最高行

政官。千戶制、怯薛制和斷事官的設定，是蒙古國初建時最重要的三項制度。按照傳統的分配財產習慣，成吉思汗將一部分蒙古民戶分封給其弟、子，各得一份子（忽必）。後來又劃分了諸弟和諸子的封地。弟搠只哈撒兒封地在也裡古納河（今額爾古納河）、海剌兒河和闊連海子（今內蒙古呼倫湖）地區，合赤溫封地在兀魯灰河（今內蒙古東烏珠穆沁旗烏拉根果勒）南北，鐵木哥斡赤斤封地在哈勒哈河以東，別裡古台封地在怯綠連河（今古魯倫河）中游，總稱東道諸王子朮赤、察合台、窩闊台封地在按台山以西，總稱西道諸王。分民和封地均由受封宗王世代承襲。管轄分民的千戶那顏即成為所屬宗王的家臣。大部分民戶和蒙古中心地區歸成吉思汗領有，按照傳統的幼子守產習慣，由幼子拖雷繼承。蒙古人原來沒有文字，蒙古高原西部的乃蠻人使用畏兀兒文。蒙古滅乃蠻後，即借用畏兀兒字母書寫蒙古語，從此有了蒙古文，用來釋出命令、登記戶口、記錄所斷案件和編集法律文書，使蒙古人的文化大大提高了一步。蒙古人原有許多從古代相傳下來的約孫（意為道理、體例），成吉思汗滅克烈部和建國以後，又相繼釋出了一系列札撒（意為法令）。1219年，成吉思汗召集大會，重新確定了札撒、約孫和他歷年的訓言，命用蒙古文記錄成卷，名為《大札撒》。其後每代大汗即位或處理重大問題，都必須依例誦讀《大札撒》條文，以表示遵行祖制。

成吉思汗建國以後，就開始向鄰境發動掠奪性戰爭。1205 年、1207年和 1209 年三次攻入西夏，迫使夏國稱臣納貢。西夏既降，接著全力攻打金朝。1211 年，成吉思汗統兵攻入金西北路邊牆，取昌州（今內蒙古太僕寺旗九連城）、桓州（今內蒙古正藍旗北郊）、撫州（今河北張北）等山後諸州，於野狐嶺（在今河北萬全西北）北擊潰金三十萬守軍，追至澮河堡，殲其大半。1213 年，於懷來再滅金軍精銳。因居庸關防守堅固，成吉思汗採用迂迴戰術，率主力從紫荊口入關，進圍中都（今北京）。同

年，分兵三道南下，破黃河以北數十州縣，大肆殺掠。1214 年，金宣宗獻公主、金帛請和，乃退駐魚兒濼（今內蒙古克什克騰旗達裡諾爾）。金宣宗南遷汴京（今河南開封），駐守中都南的軍叛金降蒙，蒙古軍再入。1215 年，攻占中都，置達魯花赤等官鎮守，成吉思汗退回漠北。1217 年，封木華黎為太師國王。命統汪古、弘吉剌、亦乞列思、忙兀、兀魯諸部軍以及投降的契丹、女真、硏、漢諸軍，專責經略中原漢地。木華黎逐漸改變以前肆行殺掠、得地不守的作法，著重招降和利用漢族地主武裝攻城略地。自 1217 ～ 1229 年，除先已歸降的永清土豪史秉直父子兄弟等外，易州（今河北易縣）張柔、東平嚴實、濟南張榮、益都李全等地方武裝頭目相繼降蒙，兩河、山東大部分地區為蒙古所占。蒙古對各地歸降的官僚、軍閥，多沿用金朝官稱，授以元帥、行省等官銜，使世襲其職，在其所獻地繼續統軍管民，稱為世侯。

1217 ～ 1218 年，蒙古相繼征服北境的火裡、禿麻諸部（在今貝加爾湖地區）、吉利吉思及其他森林部落，攻滅被乃蠻貴族屈出律所篡奪的西遼政權。1219 年，以花剌子模殺害蒙古商隊和使臣為理由，成吉思汗親統大軍西征，分兵攻下諸城，進圍其新都撒馬爾罕（今烏茲別克撒馬爾罕）。花剌子模國王摩訶末先己棄城逃亡，成吉思汗遣哲別、速不台率軍追趕，摩訶末避入寬田吉思海（今裏海）中島上，病死。1221 蒙古人攻城圖年，朮赤、察合台、窩闊台攻克花剌子模舊都玉龍傑赤（今土庫曼庫尼亞蒙古人攻城圖烏爾根奇），成吉思汗與幼子拖雷分兵攻取呼羅珊（今阿姆河以南興都庫什山脈以北地區）諸城，繼而會師擊潰花剌子模新王札蘭丁的軍隊於印度河上，札蘭丁退入印度。1223 年，成吉思汗置達魯花赤等官鎮守撒馬爾罕，率軍回蒙古。哲別、速不台軍在抄掠波斯各地後，越過太和嶺（今高加索山），攻入欽察，1223 年，於阿裡吉河（在今烏克蘭日丹諾夫市北）戰役中擊潰斡羅思諸國王公與欽察汗的聯軍，進

掠斡羅思南境，又轉攻也的裡河（窩瓦河的突厥名，又譯亦的勒）上的不里阿耳國，然後東返蒙古。

　　1226 年，成吉思汗又出兵攻西夏，連取肅（今甘肅酒泉）、甘（今甘肅張掖）等州，於靈州（今寧夏靈武西南）附近黃河邊殲滅西夏主力，進圍中興府（今寧夏銀川）。1227 年，西夏國主李睍投降。同年七月。成吉思汗病逝軍中，幼子拖雷監國。

元朝的建立

　　1260 年三月，元世祖忽必烈在開平召集忽里勒台，即大汗位，建元中統，任用漢地士人，建立起中書省、十路宣撫司以及負責中原漢地政務的燕京行中書省等行政機構，鞏固了在中原地區的統治地位。阿里不哥也在漠北召開忽里勒台，稱汗，據有漠北地區。駐軍六盤山的蒙古軍主帥渾都海、奉蒙哥命主管陝西政務的劉太平，以及四川蒙古軍的一些將領，擁護阿里不哥為汗，企圖以秦蜀之地響應。忽必烈遣廉希憲為京兆等路宣撫使，急馳赴任，殺劉太平、霍魯海和四川軍中附阿里不哥的將領。不久，諸王合丹、汪良臣等合軍，擊敗渾都海和逾漠南下應援的阿藍答兒，於是完全控制了關隴川蜀地區。同時，忽必烈親自率師北征，前鋒移相哥敗阿里不哥軍，迫使他退守吉利吉思。次年秋，阿里不哥又移師東還，襲敗移相哥，大舉南進，與忽必烈激戰於昔木土腦兒，雙方死傷相當，各自退兵。因忽必烈切斷了漢地對漠北的物資供應，阿里不哥陷於窘境，便派阿魯忽（察合台孫）前往主持察合台兀魯思。但阿魯忽取得汗位後，拒絕向阿里不哥提供物資，並扣留其使者，於是阿里不哥舉兵西擊阿魯忽，殘破亦列河（伊犁河）流域。至元元年（1264），阿里不哥眾叛親離，勢窮力竭，向忽必烈投降。至此，忽必烈終於控制了嶺北局勢，並將勢力伸入畏兀兒地區。

　　忽必烈在與阿里不哥爭位戰爭之初，即已承認旭烈兀對阿母河以西土地的統治權，原來由大汗直接領有的波斯諸地遂變為大汗的宗藩伊利汗國。伊利汗國與立國於欽察草原的朮赤後王之間又為領土爭端爆發了長期戰爭。大蒙古國分裂了。

　　中原漢地成為忽必烈政權的重心，他順應時勢，全面推行「漢法」，改革蒙古統治者對漢地的統治方式。1262 年，山東行省大都督李理趁北邊有戰事，結宋為外援，占據濟南，並企圖策動華北各地諸侯響應。忽必烈調集重兵圍攻濟南，七月城破，李王童被殺。忽必烈因勢利導，罷世侯，置牧守，分民、兵之治，廢州郡官世襲，行遷轉法。由於中原各地數十年專制一方的大小諸侯的勢力受到限制和削弱，中央集權獲得加強。中統、至元之初，元廷博採漢族士大夫建議，遵循中原傳統制度，同時也採取了充分保障蒙古統治者特殊權益的各種措施，大體奠定了元朝一代政制的規模。中統四年（1263），以開平為上都。至元元年，升燕京為中都。四年，始於中都舊城東北建造新城。至元八年十一月，詔告天下，正式建國號大元。九年，升中都為大都。

　　北方政局穩定後，忽必烈決定採用南宋降將劉整建議，先拔襄陽，浮漢水入長江，進取南宋。至元五年（1268），命阿術、劉整督師，圍困隔漢水相望的襄、樊重鎮，襄樊軍民拒守孤城達六年。至元十年初，元軍攻下樊城，襄陽守帥呂文煥出降。次年六月，忽必烈命伯顏督諸軍，分兩路大舉南進。左軍由合答節度，以劉整為前鋒，由淮西出師。伯顏本人與阿術領右軍主力，九月，自襄陽出發，沿漢水入長江同時，命董文炳自淮西正陽南逼安慶，以為呼應。十二月，元水師入長江，克宋江防要塞陽邏堡。宋漢鄂舟師統帥夏貴遁，漢陽、鄂州宋軍降。伯顏分兵留阿裏海牙經略荊湖，自領水陸大軍順流而東，以呂文煥為前鋒。宋沿江諸帥多為呂氏舊部，皆不戰而降。十二年二月，賈似道被迫督諸路精

兵，抵禦元軍。這時，他仍企圖奉幣稱臣議和，被伯顏拒絕，只好在池州下游丁家洲勉強與元軍會戰。因宋軍內部不和，一觸即潰。同年秋，伯顏從建康（今江蘇南京）、鎮江一線分兵三路趨宋都臨安（今浙江杭州）。十三年正月，宋幼帝趙㬎上表降元，宋亡。十六年，完全占領四川，又追滅南宋衛王於崖山，完成了全國的統一。元朝的統一，結束了自唐末藩鎮割據以來國內的南北對峙、五六個民族政權長期並存的分裂和戰亂局面，推動了多民族統一國家的鞏固和發展。

元末農民起義和元朝的滅亡

元末階級矛盾和民族矛盾的極端尖銳化，終於導致了元末農民起義。這次起義規模大、時間久，以紅巾軍為主力的農民起義軍沉重打擊了元朝在全國各地的統治，為朱元璋最後推翻元朝創造了條件。

起義的爆發至正四年（1344）五月，黃河暴溢，北決白茅堤、金堤（今河南蘭考東北）。沿河州郡先遇水災，又遭旱災、瘟疫，災區人民死者過半。黃河決堤後，沖壞山東鹽場，嚴重影響元朝政府的國庫收入。十一年四月，順帝命賈魯為工部尚書、總治河防使，發汴梁（今河南開封）、大名等十三路十五萬民工及盧州（今安徽合肥）等十八翼兩萬軍隊，開鑿兩百八十里新河道，使黃河東去，合淮河入海，時緊工迫，官吏乘機舞弊，人民痛苦更深。十年底，順帝又決定變更鈔法，濫發紙幣，造成物價飛騰。「開河」和「變鈔」促使元末社會矛盾進一步激化。

賈魯開河後，北方白蓮教首領韓山童及其教友劉福通等決定抓住這一時機，發動武裝起義。他們一面加緊宣傳「彌勒下生」、「明王出世」，一面又散布民謠「石人一隻眼，挑動黃河天下反」，並暗地裡鑿了一個獨眼石人，埋在即將挖掘的黃陵崗附近河道上。獨眼石人挖出後，河工們驚詫不已，訊息傳出，大河南北，人心浮動。

　　至正十一年五月初，韓山童、劉福通、杜遵道、羅文素、盛文鬱、韓咬兒等，聚眾三千人於潁州潁上（今安徽潁上），殺黑牛白馬，誓告天地，準備起義。劉福通等宣稱山童為宋徽宗八世孫，當為中國主，福通自稱南宋名將劉光世後代，當輔之。山童釋出文告，稱：「蘊玉璽於海東，取精兵於日本貧極江南，富稱塞北。」又打出「虎賁三千，直抵幽燕之地龍飛九五，重開大宋之天」的戰旗，表示推翻元朝，恢復大宋的決心。不幸謀洩，遭到地方官鎮壓，韓山童被捕犧牲，其妻楊氏、子韓林兒逃到武安（今江蘇徐州）。劉福通等倉促起兵，於五月初三一舉攻克潁州（今安徽阜陽）。起義軍頭裹紅巾為代表，故稱紅巾軍起義軍多為白蓮教徒，燒香拜佛，故又稱香軍。紅巾軍占領潁州後，元廷遣樞密院同知赫廝、禿赤率阿速軍及各路漢軍前往鎮壓，被擊敗，接著，紅巾軍占領亳州（今安徽亳州）、項城（今河南項城南）、朱皋（今河南固始北）。九月，克汝寧府，又克息州（今河南息縣）、光州（今河南潢川），眾至十萬。江淮各地紛紛起兵響應。

　　元廷把劉福通領導的主力紅巾軍，視為「心腹大患」。至正十一年九月，順帝令知樞密院事也先帖木兒、衛王寬徹哥率諸衛兵十餘萬人前往鎮壓。十月，又派軍增援。十二月，元軍攻陷上蔡，韓咬兒被俘遇害。十二年三月，元軍屯兵汝寧沙河岸，被劉福通擊潰。但畏吾兒人察罕帖木兒、羅山人李思齊糾集地主武裝，號稱「義兵」，與紅巾軍為敵，對劉福通起義軍威脅很大。

　　劉福通在潁州發動起義成功後，對在江淮一帶從事祕密活動的南方白蓮教僧人彭瑩玉及其門徒鼓舞很大。至正十一年夏，彭瑩玉（又名彭翼）及其徒趙普勝等起兵巢湖，八月，麻城（今湖北麻城）鐵工鄒普勝、羅田布販徐壽輝等在蘄水（今湖北浠水）發動起義，他們宣傳「彌勒佛下生，當為世主」，攻克蘄水、蘄州（今湖北蘄春南）。十月，以蘄水為

都，建立政權，國號天完，改元治平，徐壽輝稱帝，鄒普勝為太師，設中書省（稱蓮台省）及六部。天完政權建立後，分兵四出，從至正十二年正月開始，先後攻占湖廣、江西、福建的許多地區，其中由彭瑩玉、項普略（又名項甲、項奴兒）率領的一支東去江州（今江西九江），到安徽，抵浙江，又折回浙西、安徽、江西，轉戰數千里，影響很大。南方紅巾軍提出「摧富益貧」的口號，具有很大號召力。至正十三年十二月，元廷集中兵力攻陷天完的都城蘄水，徐壽輝等被迫遁入黃梅山及沔陽湖中。曾轉戰江浙一帶、擁有百萬之眾的巢湖水師也被迫退守巢湖。江淮的起義軍處於不利境地，起義進入低潮。

其他非紅巾軍系統的起義軍，以方國珍、張士誠兩支最強大，活動範圍最廣。鹽販方國珍，早在至正八年春即起義於台州黃岩（今浙江黃岩），聚集數千人，劫奪漕運糧，扣留元海運官員。元廷招降，國珍屢降屢反。鹽販張士誠於至正十三年正月，與其弟士義、士德、士信及李伯升等十八人，招集鹽丁，起兵反元，乘勝攻下泰州，連克興化、高郵。十四年正月，自稱誠王，國號大周，改元天事祐。九月，脫脫總制諸王各愛馬、諸省各翼軍馬，出征高郵，號稱百萬。高郵正危在旦夕時，脫脫受到中書平章哈麻等彈劾，被免職流放，元廷另以河南行省左丞相太不花等代領其兵。由於臨陣易將，元軍不戰自潰，張士誠則乘機出擊，元軍解體。從此元軍喪失了優勢。

起義的發展和失敗高郵之戰對整個戰局發生了有利於農民起義軍的變化。北方紅巾軍從至正十五年（1355）開始主動出擊。二月，劉福通將韓林兒從碭山夾河迎至亳州，建立北方紅巾軍的政權 —— 宋，建元龍鳳。韓林兒為帝，又號「小明王」。中央設有中書省、樞密院、御史臺和六部，地方設行省。以杜遵道、盛文鬱為丞相，羅文素、劉福通為平章，福通弟劉六為知樞密院事。杜遵道擅權，為劉福通所殺，福通為丞

相，封太保。從十六年起，福通分兵出擊，三路北伐。

至正十六年九月，李武、崔德率領的西路軍猛攻潼關。次年初，李武、崔德占領商州（今陝西商州），二月，進逼陝西行省首府奉元（今陝西西安）。元廷令察罕帖木兒、李思齊等解圍，紅巾軍戰敗。閏九月，白不信、大刀敖、李喜喜等入陝，奪取興元路（今陝西漢中），又克秦（今甘肅天水）、隴（今陝西隴縣），進據鞏昌（今甘肅隴西）。十月，紅巾軍攻鳳翔（今陝西鳳翔），察罕帖木兒往援，紅巾軍失利。十八年一部分西路紅巾軍在李喜喜等率領下進入四川，稱「青巾」，後投奔陳友諒。李武、崔德等向李思齊投降。

東路軍由毛貴率領。毛貴原是趙君用的部將，至正十七年二月，從海寧州（今江蘇連雲港市西南）由海道入山東，連克膠州（今山東膠縣）、萊州（今山東萊州）、益都路（今山東益都）、濱州（今山東濱縣西北）、莒州（今山東莒縣）等地。七月，元鎮守黃河義兵萬戶田豐響應毛貴起義。十八年二月，毛貴攻克濟南。至此，山東各地大部分已為毛貴、田豐所占領。宋政權在山東設益都等處行中書省，以毛貴為平章。毛貴設「賓興院」，選用以前的元官，並派陳友諒墓姬宗周等為地方官，又於萊州屯田，以儲備糧食。官民田十收二分。在攻克濟田豐、王士誠殺察罕帖木兒。察罕帖木兒養子擴廓帖木兒襲父職，繼續圍攻益都。十一月，益都陷。田豐、王士誠被殺，陳猱頭被俘送大都。山東紅巾軍被鎮壓下去。

中路軍由關先生（即關鐸）、破頭潘（即潘誠）、馮長舅、沙劉二等率領。至正十七年九月，越太行山，進入山西。至正十八年二月，毛貴遣其部將王士誠、續繼祖等與中路軍匯合。由於元軍在山西、河北的兵力很強，中路軍的主力轉向晉北，原擬由山西入河北，與毛貴軍會合的計畫未能實現。九月，毛貴進軍河北，三月，克薊州（今天津薊縣），至濟州棗林、柳林（均在今北京通縣境內），進逼大都。但因孤軍深入，

敗於柳林，遂退師濟南。十九年四月，淮安趙君用奔山東，殺毛貴。七月，轉戰至遼陽的毛貴部將續繼祖折回益都，殺趙君用。山東紅巾軍各部由於自相仇殺，從此一蹶不振。二十一年夏，察罕帖木兒進攻山東，田豐、王士誠等投降。十月，察罕帖木兒進圍益都，毛貴原部將陳猱頭等堅守。次年六月，克完州（今河北完縣），十月，占領大同、興和（今河北張北）等路。十二月，克上都，破全寧路（今內蒙古翁牛特旗烏丹城）、遼陽路（今遼寧遼陽）。十九年十一月，紅巾軍進入高麗。二十二年正月，關先生、沙劉二等在高麗戰死，餘眾在破頭潘率領下敗退遼陽。四月，破頭潘在遼陽被俘。

在三路北伐的同時，劉福通也開始出擊。至正十八年五月，劉福通攻占汴梁，定為宋政權都城。這時，北方紅巾軍出現了鼎盛局面。但由於三路北伐相繼失利，形勢逆轉。察罕帖木兒和孛羅帖木兒率領的兩支元軍，對宋政權的包圍進一步緊縮。十九年八月，汴梁城破，劉福通保護韓林兒衝出重圍，逃奔安豐。

至正二十三年二月，早已占領了濠州的張士誠，趁安豐空虛之機，遣其將呂珍進攻安豐。劉福通等頑強抵抗，小明王遣人向朱元璋求救，朱元璋率軍救出小明王等，安置在滁州。二十六年十二月，朱元璋部將廖永忠迎歸小明王至應天，途經瓜步，將其沉死。宋亡。

南方紅巾軍在元軍高郵大敗後，乘機吸收了一部分元軍，壯大了自己的隊伍。至正十五年正月，天完將倪文俊率領紅巾軍占領沔陽。十六年正月，天完政權據漢陽為都，以倪文俊為丞相，改元太平。十七年九月，倪文俊謀殺徐壽輝篡奪帝位沒有成功，自漢陽逃奔黃州，被部將陳友諒殺死。陳友諒奪得軍權後，把進攻重點放在東南，十八年正月，與巢湖水師趙普勝攻克安慶，乘勝連克江西、福建許多地區。陳友諒為篡奪天完帝位，於十九年九月先殺趙普勝，同年底，又逼徐壽輝徙都江

州，伏殺其部屬，自稱漢王。二十年五月，陳友諒攻占太平，殺害徐壽輝，自稱皇帝，國號大漢，改元大義。閏五月，陳友諒出兵集慶，企圖一舉消滅朱元璋，卻在龍灣中伏大敗而歸。

陳友諒殺徐壽輝後，天完隴蜀省右丞明玉珍在四川重慶稱隴蜀王，脫離陳友諒獨立。至正二十二年三月建國大夏，改元天統，自稱皇帝，占據全蜀，進兵雲、貴，但在進攻盤踞於雲南的元梁王時，不利而退。

張士誠在高郵轉危為安後，至正十六年二月，攻克平江路（今江蘇蘇州），改平江路為隆平府。分兵克常州、松江、湖州、杭州。這時朱元璋的軍隊已克集慶，勢力向東伸張，兩軍發生交戰。十七年，朱元璋連克長興、常州、泰興、江陰、常熟等地，張士德也在常熟為朱元璋軍擒獲。張士誠投降元朝，被封為太尉。他在軍事上繼續與紅巾軍為敵，在政治經濟上支持元朝統治，生活上腐朽墮落。趁宋政權三路北伐的時機，勢力擴張到濟寧、濠州一帶。二十三年春出兵安豐，逐走小明王。九月自稱吳王。

方國珍自至正八年至十四年六年間，曾三降元朝。十六年三月，又降元，官至江浙行省參知政事。十八年底，朱元璋的軍隊已經東下衢州、婺州，逼近方國珍割據的溫、台、慶元諸路。次年，方國珍獻溫、台、慶元三郡之地於朱元璋，被授為福建行省平章政事。不久，又接受元江浙行省平章政事職，並於至正二十年至二十三年，每年派大批海船，運送張士誠的十餘萬石糧到元大都去。順帝封他為江浙行省左丞相，賜爵衢國公。

垂死掙扎的元末統治集團脫脫在高郵前線被貶後，元朝統治集團更加腐朽不堪，內部傾軋，軍閥混戰，終於到了不可收拾的地步。哈麻因陰薦西番僧「演撲兒」（意為「大喜樂」）法，深受元順帝妥歡貼睦爾所寵，繼任中書左丞相，弟雪雪拜御史大夫，妹婿禿魯帖木兒亦受寵。順

帝終日過著荒淫無恥的生活,「怠於政事,荒於遊宴」,國家大權盡歸哈麻兄弟。哈麻、雪雪陰謀廢順帝,立皇太子愛猷識理達臘,並殺禿魯帖木兒等。事洩,反被順帝、禿魯帖木兒定計殺掉。順帝命搠思監為右丞相、太平為左丞相。皇太子生母奇皇后與愛猷識理達臘仍謀廢立,令宦官樸不花與左丞相太平商議,太平不肯,於是宮廷內分為支持皇太子的搠思監、樸不花一派和支持順帝的老的沙、禿魯帖木兒一派。

元末農民起義爆發後,元軍在起義軍打擊下土崩瓦解。但依靠地主武裝起家的察罕帖木兒、答失八都魯、李思齊、張良弼等逐漸崛起,形成了新的軍閥集團。答失八都魯在北方紅巾軍的打擊下兵敗病死,其子孛羅帖木兒繼之察罕帖木兒死後,其養子擴廓帖木兒繼之。這四家軍閥出於爭權奪利,長期以來互相攻伐不已。皇太子為了控制朝政,以擴廓帖木兒為外援,老的沙等則依靠孛羅帖木兒來對抗。

至正二十四年,右丞相搠思監、樸不花指責孛羅帖木兒圖謀不軌,於是就下詔削其官爵,解其兵權。孛羅帖木兒拒絕從命,遣禿堅帖木兒出兵大都,順帝不得已將搠思監、樸不花縛送給他,並復其官爵。皇太子很不甘心,命擴廓帖木兒出兵攻打孛羅帖木兒,孛羅帖木兒又出兵攻大都,皇太子戰敗,逃奔冀寧。孛羅帖木兒人大都,順帝命孛羅為中書右丞相,節制天下軍馬,老的沙為平章政事,禿堅帖木兒為御史大夫。二十五年,皇太子下令擴廓帖木兒討孛羅帖木兒,孛羅戰敗。七月,孛羅帖木兒被刺死於宮中,餘黨被殺。九月,皇太子和擴廓帖木兒入京,命擴廓帖木兒為中書左丞相。奇皇后要擴廓逼順帝讓位,擴廓不從,請求帶兵外出。閏十月,順帝封擴廓為河南王,代皇太子總制關、陝、晉、魯諸道兵馬,出征南方。但李思齊不服。二十七年,李思齊、張良弼、孔興、脫列伯等結成聯盟,與擴廓交戰。十月,順帝罷擴廓兵權,其原統軍兵由白瑣住、虎林赤、貊高等分別統率。另立撫軍院,由皇太

子總制天下兵馬，專防擴廓。這時朱元璋即將北伐，元朝行將滅亡。

朱元璋領導的統一戰爭至正十二年，定遠富豪郭子興於濠州（今安徽鳳陽東北）起義。朱元璋原是郭子興部親兵，以戰功升為總兵。郭死後，升任左副元帥。十五年，收降部分巢湖水師，渡長江東進。十六年，據集慶，宋政權任命他為江南行省左丞相。屢敗陳友諒、張士誠，勢力擴展至蘇、浙、皖、贛。

至正二十三年，陳友諒特製數百艘「樓船」，兵號六十萬，包圍洪都（今江西南昌），守將朱文正率軍死守八十五天。七月，朱元璋親率二十萬大軍來救，陳友諒退至鄱陽湖迎戰，這就是著名的鄱陽湖大戰。陳友諒大敗，中流矢死。二十四年正月，朱元璋稱吳王。二月，朱元璋率水陸大軍征武昌。陳友諒子陳理請降。漢亡。至正二十六年五月，朱元璋釋出《平周檄》。這篇檄文雖然仍用大宋「皇帝聖旨」和「龍鳳」年號，卻完全站在地主階級立場上汙衊紅巾軍。八月，朱元璋令徐達為大將軍、常遇春為副將軍，率軍二十萬攻張士誠。徐達等先後攻占湖州、杭州、紹興、嘉興等地，形成對平江的包圍。十一月，開始圍攻平江，四周築長圍以困之。吳元年（1367）九月，城破，張士誠被俘，自縊死。

吳元年九月，朱元璋滅張士誠後，遣軍分兩路進攻方國珍。十一月，方國珍投降。同月，又派軍南下征陳友定。陳友定本為驛卒，因襲擊紅巾軍有功，官至福建行省平章，占有閩中八郡，一直效忠元朝，與朱元璋為敵。次年正月，朱元璋即皇帝位，建國號為明，年號洪武。同月，明兵攻取建寧，進圍延平，陳友定被俘，福建平定。接著，兩廣也為明朝所有。

正當元朝統治下的北方處在軍閥混戰的時候，吳元年十月，朱元璋命中書右丞相徐達為征虜大將軍、平章常遇春為副將軍，率軍二十五萬北伐。他再三申明行軍紀律，又釋出了北伐檄文，提出「驅除胡虜，恢

復中華，立綱陳紀，救濟斯民」的口號。根據朱元璋的作戰部署，徐達率軍先抵淮安，攻占山東全境。洪武元年三月，徐達等進入河南，同時，由馮宗異率領的偏師克陝州，扼潼關，西略華州，以防李思齊等援兵東犯。五月，朱元璋抵汴梁，準備進軍大都。閏七月，明兵會集德州，步騎舟師繼續沿運河北上，下長蘆，克清州，至直沽，大都震驚。七月二十八日，當明軍占領通州後，元順帝率後妃、太子逃到上都。八月初二，徐達率北伐明軍進入大都，元朝政權被推翻。時擴廓帖木兒擁兵山西，李思齊、張良弼等盤踞陝西，納哈出據守遼陽。九月，徐達、常遇春等進兵山西。十二月，擴廓帖木兒乘北平（明改大都為北平）空虛，率軍出雁門關企圖奪取北平，徐達等直取太原，又偷襲擴廓兵營，擴廓大敗，僅以十八騎逃遁，太原失陷，山西平定。洪武二年四月，常遇春、馮宗異等率軍入陝西，李思齊投降。常遇春、李文忠又率軍直搗上都，元順帝再往北逃，次年四月病死於應昌。

▌明

　　中國歷史上繼元之後的又一統一王朝。1368 年，朱元璋推翻元朝統治，在應天（今南京）稱帝，國號明。永樂十九年（1421），明成祖朱棣遷都北京。疆域最廣時，東北抵日本海、鄂霍次克海、兀的河（今烏第河）流域，西北到新疆哈密，西南包有今西藏、雲南，東南到海並及於海外諸島。朱明王朝傳十二代，歷太祖、惠帝、成祖、仁宗、宣宗、英宗、景帝、憲宗、孝宗、武宗、世宗、穆宗、神宗、光宗、熹宗、思宗共十六帝，統治二百七十七年。崇禎初年，陝北爆發農民起義，不久發展成為全國規模的農民戰爭。崇禎十七年（1644），李自成起義軍攻入北京，明思宗朱由檢自殺，明朝滅亡。明亡後，其殘餘力量曾在南方建立弘光等政權，史稱南明。

明朝的建立

元朝末年，階級矛盾和民族矛盾極端尖銳，最終導致以紅巾軍為主力的農民大起義。在各路義軍之中，朱元璋所部軍紀嚴明，兼有文士馮國用兄弟、李善長、陶安等運籌帷幄，武將徐達、常遇春、湯和等能征善戰，終於脫穎而出，成為起義軍主力。元至正十六年（1356）朱元璋攻占集慶（今南京）後，起義軍大宋政權任命其為平章政事、左丞相，朱元璋遂廣聘能士，採儒士朱升「高築牆、廣積糧、緩稱王」策略，發展生產，且耕且戰，為軍需奠定了雄厚基礎。對外攻城略地，屢敗陳友諒、張士誠，勢力擴展至蘇、浙、皖、贛。至正二十三年，朱元璋與陳友諒會戰於鄱陽湖，友諒大敗。次年正月，朱元璋稱吳王。二十六年，他釋出《平周檄》，雖仍沿用大宋龍鳳年號，卻已流露出稱帝自立之意。次年九月，克平江，俘張士誠又迫降方國珍，南征陳友定，南方割據勢力基本廓清，遂派徐達、常遇春統兵二十五萬北伐。二十八年正月，朱元璋在應天（今南京）即皇帝位，建國號為明：是為明洪武元年（1368）。同年八月，明北伐軍進入大都，元朝政權被推翻。此後，明軍分兵略地，先後平定西北、四川、雲南、東北等地，統一中國。

明末農民起義和明王朝的滅亡

明後期社會矛盾的激化明末，社會矛盾繼續加深，土地空前集中。神宗時，皇室的莊田達兩萬一千多頃，其中一部分已擴張到江南。神宗之弟潞王朱翊鏐在湖廣等地占田四萬頃。神宗子福王朱常洵在山東、河南、湖廣占田兩萬頃，三女占田共七千五百頃，以後桂、惠二王又占田一萬頃。直隸、山西、山東、河南、四川、湖廣等省王莊密布。地主官紳也爭相置產，這些人對田土的侵奪，比王莊、皇莊尤劇。河南的縉紳富室占田少者六七百頃，多者千餘頃。在土地肥沃的蘇、松、杭、嘉、

湖五府地區，已達到「有田者十一，為人佃作者十九」的程度。在擁有水利灌溉的成都平原地區，十分之七的土地是王公占田。在封建地主階級兼併土地過程中，大量勞動人民淪為貴族、地主的佃農、僱工和奴僕。王公、勳戚向佃農徵收高額銀租，每畝地收租銀三分、五分，甚至一錢。桂惠二王年收租銀至三萬兩，福王每年收租銀達四萬六千餘兩。一般地主豪紳則主要徵收實物租，江南一畝之收，多則三石，少者不過一石，私租卻重至一石二三斗至兩石。除正租外，還有各種附加租額和從地主那裡轉嫁來的差役、賦稅和高利盤剝。

　　貴族、地主對佃農的人身束縛也很嚴重。河南等地的佃農不僅須無條件地替地主服各種雜役，而且未經地主給假不得自由行動。豪紳地主和王府親隨在各地私設公堂、弔拷租戶、駕帖捕民、格殺莊佃，無所不為。淪為長工和奴婢的農民，無論在法律上和實際生活中都沒有自由可言。神宗時，江南等地的地主士紳往往有役使奴僕千百人者。奴僕的身分比長工、佃農更為低賤，一經與主人立契，世代都不能脫籍，時稱「世僕」。

　　封建國家的賦稅徭役也極為苛重。一條鞭法在具體執行中弊竇滋生，難以減輕廣大貧苦農民的負擔。丁銀（即分配到丁口中的差役銀）苛重，分配不均。有的重至三分、五分，還有的重至一錢、三錢甚至五錢。地主富戶往往買通官吏，躲避差徭，把丁銀分派在無地或少地的農民身上。在折銀方面，貧苦農民需賣糧食繳納賦役銀，又要遭受高利貸和商業資本的盤剝。許多人無銀可納，無糧可賣，無貸可借，只有流亡。

　　田賦加派不斷增多。萬曆四十六年，明朝統治者因遼東的戰爭，在各地加派賦稅，稱為「遼餉」。崇禎時又因鎮壓農民起義先後加派「剿餉」和「練餉」，舊餉加三餉每年要增賦銀兩千多萬兩。地方官吏還從中

加徵「火耗」，甚至加二加三，以至一些中小地主也相繼破產，農村經濟日益凋敝。

為了攫取更多的貨幣，躲避差徭，官紳地主多兼營官店、牙行、囤房、典債、鹽酤等。在北京的勳戚王公除霸占莊田外，又紛紛經營窯場（煤窯、灰窯），開設店鋪。他們利用封建特權在各地包攬商稅，壟斷市場，無所顧忌地掠奪城市貧民、小商人、小手工業者的財富。

與此同時，明朝政府也加強了對工商業城鎮的掠奪。從萬曆二十四年起，神宗派出大批礦監稅使，以徵收礦稅、商稅為名，在各地大肆蒐括各種珍寶和金銀。這些宦官在各地公行搶掠，隨意捕殺人民，還在城鄉交通路口設定關卡，苛稅極其雜多。工商業比較發達的城鎮中，不斷出現店鋪倒閉、手工業工人失業的現象。在礦稅監的橫暴掠奪下，城市的工商業日趨凋敝。自二十七年後，各地紛紛爆發城市居民反對礦監稅使的抗爭，參加抗爭的基本群眾是城市的下層居民，包括小商人、小手工業者和城市貧民。較大規模的城市居民的反抗運動，反映了封建社會後期階級矛盾的激烈和擴大。

封建統治者更加窮奢極欲。明神宗除揮霍每年送入皇宮的一百二十萬兩金花銀外，還覺用度不足，一次即向戶部索銀二千萬兩，皇太子和公主的婚禮費用銀達九百三十四萬兩，皇帝修陵墓用銀達八百萬兩，宮內奴役宮女九千人，宦官上萬人。而貧苦農民在殘酷的封建剝削下，卻經常吃草根樹皮，在災荒的年月甚至吃雁糞、白土和石粉，到處是饑饉和死亡。萬曆十五年前後，被統治者稱為「饑民」、「叛民」、「山賊」、「流寇」的破產農民，已經不斷掀起聚眾抗官的抗爭十六年，在今安徽、湖北、江西交界地區，爆發了劉汝國領導的農民起義。起義軍「割富濟貧」，隊伍很快發展到數萬人，劉汝國自稱「順天安民王」、「劃富濟貧替天元帥」。次年春，劉汝國被俘犧牲，起義失敗。明朝後期，各地農民也

紛紛利用白蓮教組織起義，其中主要的有熹宗天啟二年五月，徐鴻儒、王好賢等於山東鄆城一帶領導的起義等。

明代後期，統治階級內部的抗爭也十分複雜尖銳。以皇帝、宗室、宦官、勳戚為主的皇家地主集團和包括權臣以及各地官紳在內的官紳地主集團是當時社會上主要的統治勢力。中小地主、中下級官吏和地主階級知識分子的一部分依附在大地主集團的周圍，是大地主集團利益的維護者，在萬曆時分為浙、楚、齊、昆、宣各黨，天啟時大多合為閹黨。另一部分則在經濟上受排斥，政治上無勢力，為了挽救明朝的統治危機，他們也形成一股政治力量，與大地主集團展開激烈的衝突，被稱為東林黨。東林黨人是大地主集團的反對派，代表了中小地主階層的利益，他們的主張也部分地反映了新興市民階層的要求。儘管非東林黨之間也有矛盾，但它們都一致攻擊東林黨。在這些黨派之中，以浙黨聲勢較大，浙黨首領沈一貫、方從哲還先後出任內閣首輔，地位十分顯赫。

萬曆後期，黨爭以爭國本為主線，先後有三王並封之爭、福王就國之爭、三案之爭。李三才入閣的事件也成為當時黨爭的中心。在黨爭過程中，東林黨人反對當權派的胡作非為，反對王公、勳戚對田土的掠奪，反對礦稅監的橫徵暴斂。其抗爭有一定正義性，也產生了一定的成效。在東林黨的反對下，神宗終於立常洛為太子，勳戚鄭氏的勢力受到一定的壓抑。

熹宗天啟年間，黨爭達到高潮。最初，東林黨曾占上風，不久，反東林諸黨與宦官魏忠賢相勾結，形成「閹黨」，對東林黨施以殘酷的報復。天啟五年，楊漣、左光斗、魏大中、周朝瑞、袁化中、顧大章被逮錦衣衛獄論死。六年，又先後逮捕高攀龍、周順昌、黃尊素、繆昌期、李應升、周宗建、周起元等人，高攀龍在無錫自殺，其餘皆入北京詔獄，蹂躪以死。各地群眾為了保護蒙冤的東林黨人，進行了反閹黨的抗

爭。同年三月，魏閹緹騎到蘇州逮捕周順昌，蘇州群眾極為憤慨，方開讀假詔時，群眾即起而打擊緹騎，當場擊斃緹騎一人。後為首的顏佩韋、周文元、楊念如、馬傑和沈揚五人被處死。這次事件即著名的「開讀之變」。

明末農民起義的興起和發展熹宗天啟七年，陝西大飢，澄城知縣張鬥耀向農民勒逼租稅，催徵峻急，三月，貧苦農民王二率饑民衝入縣城，殺張鬥耀。此次起義揭開了明末農民起義的序幕。起義的烈火很快遍及陝西的中部和北部。崇禎元年，王二集聚饑民和一部分黃龍寨的回族人民轉戰蒲州（今山西永濟西）、韓城等地。府谷王嘉胤、漢南王大梁、安塞（今陝西安塞東南）高迎祥等響應王二，先後舉行起義。他們劫縣獄，敗官軍，聲勢日震，有的並向陝南發展。起義的群眾有饑民、難民、邊兵和驛卒，但多各自為戰，彼此間還缺乏聯繫。崇禎三年又有神一元、不沾泥、紅軍友、點燈子、李老柴等「所在蜂起」。李自成即在此時參加起義，初在不沾泥部下，後歸高迎祥。張獻忠也在延安起兵，號「八大王」。同年，王嘉胤攻占山陝府谷、延安，慶陽等地，王自用、高迎祥、張獻忠等擁其為盟主。次年，陝西的農民軍紛紛向山西轉移，號三十六營，部眾至二十餘萬，農民軍的聲勢也越戰越強。

面對農民起義蓬勃發展的局勢，明統治者任命楊鶴為三邊（延綏、寧夏、甘肅）總督，對農民軍採取了剿撫兼施、以撫為主的方針，但起義軍卻「視總督如兒戲」。次年明廷宣布招撫失敗，下楊鶴於獄，起用洪承疇為總督，專一主剿。而起義軍勢日熾，橫掃山西各州縣，一部分又向畿南、豫北挺進，洪承疇的圍剿遭慘敗。

六年，代王嘉胤為盟主的王自用因勞成疾卒，高迎祥起而代之。同年冬，他率領張獻忠、馬守應（老回回）、惠登相及闖將李自成等衝破明軍包圍，渡過黃河，兵十餘萬，連破澠池、伊陽（今河南汝陽）、盧氏，

乘勝分別進入豫西、陝南、四川、湖廣。八年，高迎祥率軍由河南進入南直隸，攻占明中都鳳陽，燒毀明朝皇帝的祖陵——明皇陵。不久，高迎祥、李自成率兵經河南入陝西，張獻忠則繼續南進，破廬州（今安徽合肥），下麻城。在崇禎八、九年間，這兩支農民軍的主力部隊，勢如急風驟雨，縱橫南北，聯繫其他起義軍，時分時合，兵鋒所至，明軍多望風逃竄，迫使洪承疇等從進攻轉為分割槽防守。九年七月，高迎祥在整屋（今陝西周至）遭明將孫傳庭的伏擊，不幸被俘，在北京就義。他的犧牲，給農民軍帶來極大損失。

次年，明兵部尚書楊嗣昌制定四正六隅十面網之策，以陝西、河南、湖北、江西為四正，延綏、山西、山東、江南、江西、四川為六隅，對農民軍反撲。又命熊文燦總理南京、河南、山西、陝、川、湖北軍務，專事招撫以解散農民軍。在明軍的剿撫二策之下，一部分農民軍如闖塌天劉國能甘心投降一部分則宣稱接受招撫，但不交出軍隊，如張獻忠和羅汝才有的則隱蔽起來，休養生息，待機再起，如李自成。

十二、十三年，山東、河南、河北等地連續發生旱災、蝗災，赤地千里，逃亡載道。王公和地主豪紳對農民的剝削更加沉重，明朝政府又於遼餉外先後加派剿餉和練餉。黃河南北的饑民不少已揭竿而起，其他各地也都蘊藏著一觸即發的革命烈火。十二年五月，張獻忠在谷城再度起義。他聯合駐軍房縣的羅汝才，西向四川，粉碎楊嗣昌四正六隅十面網的圍剿計劃。同年，李自成也由湖廣房縣、陝西商雒（今商縣、商南）等地區直入河南，眾至數萬人。十二月，連破魯山、郟縣、宜陽三縣，並進攻永寧（今河南洛寧），隊伍不斷擴大，此後，起義軍又連克偃師、靈寶（今河南靈寶北）、新安、寶豐，為攻占洛陽做好了準備。十四年正月，農民軍攻占洛陽，福王常洵被捉獲。李自成殺之，宣布沒收王府金銀和糧食，賑濟饑民。農民軍攻占洛陽，使明朝朝野上下一片驚惶，極大地鼓舞了農民軍

的鬥志。此後，農民軍三次包圍開封，在項城（今河南項城南）、南陽、襄城、朱仙鎮（今河南開封西南）、汝寧（今河南汝南）等幾次戰役中，先後戰敗傅宗龍、汪喬年、丁啟浚、左良玉等統率的明軍，占領河南絕大部分地區，並連下湖北承天（今鍾祥）及荊、襄各州縣。十六年，李自成被推舉為順天倡義大元帥，改襄陽為襄京，稱新順王，設官職，整頓軍事組織，正式建立農民革命政權。十月，農民軍從襄陽向豫西進軍，在河南汝州（今臨汝）殲滅了以剽悍著稱的孫傳庭的部隊，擊斃孫傳庭。乘勝破潼關，直入西安，此後迅速占領全陝，並以偏師攻入慶陽、蘭州、西寧和寧夏。

大順政權的建立和明王朝的滅亡崇禎十七年正月，李自成在西安建號大順，改元永昌。二月，農民軍以摧枯拉朽之勢，經河南入山西，從太原分兵兩路，直搗北京。沿途農民扶老攜幼，歡迎起義軍。三月十六日，李自成率農民軍從柳溝（今北京延慶居庸關東）入昌平，焚燒定陵享殿，居庸關守將唐通投降。次日，農民軍擊潰明朝三大營的軍隊。十八日，李自成駐沙河，農民軍進占外城。十九日晨，明思宗朱由檢走投無路，縊死於煤山（今北京景山），農民軍主力入內城，明朝的封建統治被推翻。

清

中國歷史上最後一個封建王朝，由滿族統治者建立。明萬曆四十四年（1616），努爾哈赤（即清太祖努爾哈赤）稱汗，國號「大金」（史稱後金），年號「天命」，建都於赫圖阿拉（今遼寧新賓）。後遷都盛京（今瀋陽）。明崇禎九年（1636）其子皇太極（即清太宗皇太極）改國號為「大清」。1644 年明朝覆亡，清軍入關，遷都北京，經過長期戰爭，確立了對全國的統治。到康熙、雍正、乾隆時期，農業生產得到全面恢復和進一

步發展，經濟繁榮，社會穩定，國力鼎盛。乾隆以後，內外矛盾激化，反清起義頻繁。道光二十年（1840）爆發了鴉片戰爭，外國資本主義武裝入侵中國，強迫清政府簽訂了一系列不平等條約，從此，中國從獨立的封建社會逐步淪為半殖民地半封建社會。清朝晚期，民族矛盾和階級矛盾極為尖銳，帝國主義橫行，戰亂不斷，經濟凋敝，民不聊生，政府日益衰落腐敗。但中國社會也生長起新的經濟和新的階級，西方的科學文化得到了傳播。中國人民為了挽救危亡，進行了反帝反封建的舊民主主義革命，直至宣統三年（1911）發生了資產階級領導的辛亥革命，推翻了清朝。

滿族的興起、清朝對全國統治的確立

後金政權的建立

　　滿族的先世一直居住在東北地區，和中原地區的關係密切。滿族的祖先肅慎，曾向周武王朝貢。後肅慎改稱挹婁、勿吉、靺鞨。靺鞨七部中的粟末靺鞨曾建立渤海國，受唐朝冊封。西元 10 世紀後，靺鞨改稱為女真。曾建立金朝，滅遼伐宋。明朝女真分建州女真、海西女真和野人女真三大部。滿族出自建州女真，它的直系祖先居住在黑龍江流域北岸，後來逐漸向南遷移。明朝政府設立了建州衛和建州左衛、建州右衛。清太祖努爾哈赤的六世祖猛哥帖木兒即是明成祖任命的建州衛都指揮使。

　　明萬曆十一年（1583）努爾哈赤以祖、父遺甲十三副起兵，開始了統一女真各部的事業。經過五年戰爭，統一了建州各部。他在羽翼尚未豐滿的時候，對明朝十分恭順，接受其所授官號，並多次親自赴北京朝貢。此後，努爾哈赤又擊敗海西女真的哈達（1601）、輝發（1607）、烏拉（1613）、葉赫（1619）等四部，基本上統一了女真各部。在戰爭過程中，

努爾哈赤建立了八旗制度。八旗是軍政合一的組織，它把分散的女真族組織起來，進行生產和戰爭。努爾哈赤使子姪們分別擔任各旗的旗主。又發展經濟，促進貿易，訂立行政和法制規條，選拔人才，創制文字，設立了議政王大臣。明萬曆四十四年，努爾哈赤在赫圖阿拉稱汗，建國號「大金」。

後金的建立威脅了明朝對遼東的統治。明萬曆四十七年（後金天命四年，1619），明軍十餘萬人分兵四路征伐後金。後金以六萬兵力於薩爾滸擊破明軍明天啟元年（1621），後金乘勝攻取瀋陽，明天啟五年，遷都於此，後又席捲遼西大片地區。天啟六年（後金天命十一年），後金軍攻打寧遠，遭到袁崇煥率領的明軍的堅強阻擊，後金軍戰敗。努爾哈赤奪取全遼的計畫受挫，這年八月因病去世。

皇太極改制稱帝努爾哈赤死後，八旗並立，各有實力。其第八子皇太極勢力最強，被擁立為汗，改元天聰。政權沿襲原來的原始軍事民主制，由皇太極和其兄代善、阿敏、莽古爾泰四大貝勒共同主持軍政大事。皇太極改易族名為滿洲，並進行了一系列改革：

集中權力。改變四大貝勒共主國政的體制，每旗設旗務大臣，與諸貝勒偕坐，共議國政。此後，又黜除或削弱了其他三大貝勒，形成南面獨尊的局面。

建立和完善國家機構。後金政權原以八旗制度行使國家權力。皇太極在削弱旗主權力的同時，仿照明朝的中央集權制，建立和完善國家機構。設內三院，負責草擬詔令敕諭，頒布制度政策，參與國家機務，使之具有內閣的職能。又以吏、戶、禮、兵、刑、工六部及都察院、理藩院為八衙門，形成了一套較完整的中央集權的國家機構，取代了八旗貝勒理政的局面。

清鐵炮任用漢族官員、將領和知識分子。以高官厚祿招納漢官漢

將，並任以實權。實行開科取士，薦舉賢才。從而增強了後金政權的實力，分化、削弱了明朝的力量。

設立漢軍八旗、蒙古八旗，編制和滿洲八旗相同，直接聽命於汗，擴大了兵源，增強了戰鬥力。

五、重新編莊。滿族占領遼瀋地區，奴役漢民，引起反抗和大量逃亡。皇太極為了緩和矛盾，發展農業生產，將農莊重新編組。八名壯丁，編為一莊，「漢人分屯別居，編為民戶」。又清丈土地，編審壯丁，嚴禁隱匿，使大量土地改為屯地，許多壯丁成為國家控制下的民戶。這些措施促進了從奴隸制向封建制的轉化。

加強法制。制定各種法律，強調秉公執法，賞罰嚴明。違犯法令，雖權貴親族亦不寬縱。

滿族在軍事上節節勝利，經濟逐漸繁榮，政治日益安定。皇太極地位日尊，遂於天聰十年（1636）在盛京稱帝，改國號為「清」，改元崇德。

明清戰爭與清軍入關皇太極面對著三種力量，明朝、蒙古和朝鮮。即位之初，他表示願與明朝議和，以爭取時間。崇德元年，征服朝鮮，解除了後顧之憂。他又利用漠南蒙古的內部矛盾，採取「懾之以兵，懷之以德」的方針，拉攏蒙古各部封建主，集中力量打擊其中力量最強的林丹汗，並於天聰六年完成了對漠南蒙古的統一。漠北喀爾喀蒙古亦臣屬於清朝。皇太極還對黑龍江流域各部族進行招撫或征討，統一了東北全境。清入關以前，統治所及「自東北海濱（鄂霍茨克海），迄西北海濱（貝加爾湖），其間使犬使鹿之邦，及產黑狐黑貂之地⋯⋯厄魯特部落，以至斡難河源，遠邇諸國，在在臣服」。

與此同時，皇太極採取奔襲騷擾的策略，數次越過長城，繼續進攻明朝。後金天聰三年（明崇禎二年，1629）皇太極親率大軍，從喜峰口入關，圍困北京又施用反間計，借崇禎帝之手殺袁崇煥。八年，又繞道蒙

古地區入長城，攻襲宣化、大同，大掠而歸。崇德元年，阿濟格率軍入居庸關，破京郊各城，軍鋒南至保定。三年，多爾袞、嶽託等出兵從牆子嶺、青山關毀邊牆而入，長驅南下，明督師盧象升戰死於冀南，清軍突入山東，攻破濟南，俘獲大量的人畜和金銀。此外，還陸續攻破明朝在旅順和皮島的據點，徹底消除了背後的隱患。

皇極門這時，明朝的軍事形勢發生進一步變化。李自成、張獻忠的農民起義軍轉戰中原，聲威日盛（見李自成起義、張獻忠起義）。明朝兩面受敵，左支右絀。皇太極乘機在崇德五年至八年（明崇禎十三年至十六年）大舉用兵，奪取了明朝重兵設防的錦州、寧遠地區，掃除了進入山海關的障礙。

崇德八年，皇太極突然病逝，清政權在繼承問題上發生糾紛。皇太極的長子豪格與努爾哈赤的第十四子多爾袞爭立，經調和解決，由皇太極的第九子、年僅六歲的福臨（即清世祖福臨）即位，改元順治，而以兩個叔父多爾袞和濟爾哈朗輔政。後來，多爾袞的權勢日盛，稱皇父攝政王。

明崇禎十七年（清順治元年，1644），李自成農民起義軍攻入北京，推翻明朝，崇禎帝自縊。駐軍山海關的吳三桂投向清朝，引清兵入關。四月，李自成率軍至山海關，與吳三桂和清朝的聯軍戰於一片石、石河等地，農民軍戰敗。從此，形勢急轉直下，李自成匆忙撤出北京，退往陝西撤離北京前夕，登基稱帝，國號大順。清軍在多爾袞的率領下，打著為明朝復仇的旗號，長驅直人北京，取代了明王朝的統治。

清軍又分兵兩路，追擊李自成。多鐸攻潼關，阿濟格由邊外入陝北。大順軍屢戰失利，李自成放棄西安，退入湖北，占領武昌。清軍追至，李自成又撤出武昌。順治二年六月途經通山縣九宮山，遭地主武裝的襲擊，李自成遇害，餘部退至湖南。

　　當李自成的起義軍攻入北京、推翻明朝的時候，張獻忠的起義軍進入四川，建元稱帝，國號大西。清軍擊敗李自成後，派豪格率兵入川。張獻忠從成都北上迎敵。順治四年正月駐軍西充，遭到清軍的突然攻擊，張獻忠犧牲。大西軍餘部轉戰南下，進入雲南。

　　明朝滅亡後，南方的官僚、地主擁立福王朱由崧於南京，年號弘光，建立了南明的第一個政權。弘光小朝廷內，馬士英等把持朝政，排斥異己。史可法督師江北，但指揮不了軍隊。江北四鎮高傑、黃得功、劉澤清、劉良佐橫行於江淮，左良玉軍盤踞長江中游，各擁兵自重。面臨著清軍南下的威脅，弘光帝沉湎酒色，官僚將領之間傾軋火併。四鎮中兵力最強的高傑被許定國誘殺。左良玉因和馬士英矛盾，以「清君側」為名，率兵東下。這時，多鐸率領清軍渡過淮河，而防淮的劉澤清、劉良佐都被南調抵擋左良玉軍。史可法困守揚州，少兵無援。順治二年，揚州失守，史可法被俘，不屈就義。清軍渡長江，南明的官吏將領紛紛投降，南京失守，弘光帝逃走，後被捕殺。

清朝的衰落、外國資本主義的武裝入侵

　　嘉道時期的農民起義乾隆後期，清朝走過了全盛階段而逐漸衰微。首先是土地兼併嚴重，社會矛盾尖銳。大地主田連阡陌，廣大貧苦農民無地可耕，淪為佃農、僱農。地主出租土地，收取高額地租，往往達收穫量的一半以上。地主還採取超經濟的強制手段，逼迫農民服勞役，送節禮，進行人身控制。僱農或做長工，或做短工，薪資微薄。農村中還有相當數量的自耕農，在自己的小片土地上耕作，一遇天災人禍即傾家蕩產。

　　明沿海炮台遺址在土地急遽兼併、封建剝削苛重的情況下，清代的人口卻在迅速增長。康熙時在冊的丁數近二千五百萬，加上婦女老幼與

隱匿人口，猜想總人口約一億多人。乾隆六年（1741），全國第一次人口統計為一億四千萬人。一百年後，即道光二十年（1840）增至四億一千萬。人口增加三倍，但耕地面積並未相應增加。乾隆五十九年，全國人口三億七千零四十六萬，全國耕地約有九億畝，每人平均占有耕地不足三畝。人多地少，謀生困難，矛盾十分突出，再加上歷年發生水旱蟲災，糧價騰貴，饑民遍野，社會秩序日益動盪。

統治階級驕奢淫逸，皇室鋪張揮霍，供應浩繁。康熙、乾隆多次巡幸，開倡了奢靡之風。貴族王公、官僚富商無不宅第巍峨，婢僕成群，金貨山積，整日在花天酒地之中。官場貪汙腐化，賄賂公行。乾隆後期屢興大獄，誅殺很多大貪官，但並不能扭轉腐敗風氣。貪汙之風影響到軍隊，各級將領剋扣軍餉，竟尚浮華，任意役使士兵，士兵不得溫飽。軍政廢弛，紀律敗壞，士無鬥志，武裝力量大大削弱。

從康熙中葉到乾隆中葉，清朝的統治相對穩定。除康熙六十年（1721）台灣發生朱一貴起義，一度占領全台外，沒有發生大規模的農民起義，但存在著分散、零星的抗爭。漢族的中下層懷念明朝，打著「朱三太子」、「反清復明」的旗號，從事反清活動，但都旋起旋落，被清政府扼殺。還有全國各地的抗租抗糧抗爭，農民不給地主交租，不給政府納稅。這些抗爭雖然分散、細小，但卻頻繁、普遍。一旦條件具備，自發的經濟抗爭便有可能轉化為起義和戰爭。此外還有城市中手工業工人的抗爭，要求增加薪資，改善待遇，反對壓迫，但城市中的工商業者和工人，尚未形成可以和強大的清政權相抗衡的力量。

清前期，各種反清力量還微弱，但階級矛盾在發展，不穩定因素在滋長，白蓮教、天地會這類民間宗教和祕密結社正是在這樣的土壤中得以生長、傳布。白蓮教是傳統的宗教迷信組織，盛行於北方農村天地會則流傳於東南地區，始創於清代（或說康熙時，或說乾隆時）。這類民間

宗教和祕密結社，在階級抗爭激化的時候，成為下層人民反抗現存統治的強而有力的工具。

以乾隆三十九年山東臨清的王倫起義為契機，揭開了清中葉農民起義的序幕。起義雖很快被鎮壓下去，但因其發生在清朝統治的心臟地區，所以全國震動，影響極大。四十六年，甘肅爆發了蘇四十三、田五起義，參加者多為撒拉族、回族人民。五十一年，台灣爆發了天地會的林爽文起義。六十年又發生了湘黔苗民起義。嘉慶元年（1796），爆發了清中葉規模最大的農民起義 —— 川楚白蓮教起義。這次起義歷時九年，波及湖北、四川、陝西、河南、甘肅，規模甚大，戰鬥激烈，嚴重地打擊了清王朝的統治。

上述起義雖被鎮壓下去，但階級矛盾並未緩和，整個社會動盪不安。嘉慶年間，小規模的農民起義仍持續不斷。十年，東南漁民在蔡牽領導下發動起義。十八年，北方天理教在李文成、林清領導下發動起義。林清聯繫教徒二百人，準備由太監接應直衝宮禁。林清本人坐鎮黃村，等待後援。起義教徒由西華門攻入紫禁城，雖因眾寡懸殊而失敗，但對京師震動極大。十九年陝西三才峽木工，因失業乏食，發動起義。道光十一年（1831）湖南、廣東、廣西的瑤民分別在趙金龍、趙子清、盤均華的領導下發動起義，都發展成規模較大的戰鬥。還有東南各省的天地會，也發動了頻繁、細小的武裝反抗。這些起義也都被鎮壓下去，但社會的動亂還在繼續，更大規模的農民運動正在醞釀，終於爆發了太平天國農民起義。

閉關政策與鴉片貿易康熙統一台灣後，下令開放海禁，對外貿易有所恢復發展。這時，英國在各國對華貿易中占首位。18世紀中葉，它在歐美對中國貿易的進出口總值中已占一半以上，18世紀末增加到大約占百分之八十以上。清朝前期的對外貿易，中國長期出超，傳統產品

茶葉、生絲、土布、瓷器在歐洲市場上很受歡迎，銷路日益增大，而西方國家除了把印度棉花轉販到中國，不能提供其他適當商品。英國的機制棉毛織品在中國市場上滯銷虧損，只能把大量白銀輸入中國，以平衡貿易逆差。外國商品難以進入中國市場，主要是中國自給自足的自然經濟結構對外國商品有強大的抗拒力，部分原因是清政府實行閉關政策，在中外貿易和交往方面設定了障礙。清政府擔心，如果開放貿易，中國人民接觸了外部世界，將會增強反政府的傾向和力量，所以對中外交往嚴密控制。一方面限制中國人出洋貿易和居住，嚴格規定出洋船隻的大小、型制與裝載貨物的品種、數量，水手客商人數及往返期限。另一方面限制來華外國人的活動，指定在廣州一口通商，規定進出口貨物的種類，對外國商人在中國的行動、起居制定規條，稽查防範。特別是設立行商制度，使來華的外商只能和指定的行商交易，不准和其他人往來。外國進口貨物由行商承銷，外商購買內地貨物出口，亦由其代購。甚至外國商人交納關稅，辦理交涉也必須透過行商作仲介，不得和官府直接交往。這種閉關政策建立在落後的自然經濟的基礎上，力圖與外部世界隔離，以儲存、維護封建主義的統治。它並不能消除或減輕外國的侵略，反而窒息了中國的對外貿易和航海事業，妨礙了中國學習世界先進的思想文化和科學技術，造成的危害十分嚴重。

當時，英國不甘心於對華貿易的長期逆差，為扭轉局面、開闢市場，作了種種努力。乾隆五十八年（1793）英國派馬戛爾尼使團到北京，要求開放貿易口岸，割讓舟山某個小島，作為英國存放貨物、居留商人的地方，允許英人自由來往廣州，以及頒定稅率，禁止額外加徵。其中一些侵略性條款當然是不能接受的，但清政府並未認真談判，即一概拒絕，馬戛爾尼使團在承德、北京停留一個半月，未獲結果而回國。嘉慶二十一年（1816），英國又派阿美士德使團來華，但在覲見皇帝的禮節問

題上，雙方各執己見。清政府要求行跪拜禮，阿美士德堅決拒絕，形成僵局，竟因此未能進行對話，英國使團被遣送出境。

英國資產階級後來終於找到了可以改變對華貿易不利局面的途徑，即向中國輸入大量鴉片，以抵消貿易逆差。鴉片最初是以藥品輸入中國的，數量很少。18 世紀末，輸入量逐年增加，每年達四千箱。清政府覺察到鴉片的危害，於嘉慶五年禁止鴉片進口，以後又不斷重申禁令，採取各種禁菸措施。但英國鴉片販子透過賄賂和走私，使鴉片輸入不但沒有減少，反而連年激增，到鴉片戰爭前夕，每年輸入高達四萬箱，其價值超過了中國出口的茶絲布匹全部價值的總和。中國的對外貿易從出超變成入超，每年為抵償貿易逆差，外流的白銀達一千萬兩。

罪惡的鴉片貿易為英國商人和英國印度政府帶來了巨大的利益，而給中國社會、中國人民造成了嚴重的災難。鴉片煙不僅摧毀了許多中國人的身心健康，而且導致白銀大量外流，擾亂了貨幣流透過程，銀價上漲，銀貴錢賤，影響了生產、交易。官吏和士兵吸食鴉片，意志萎靡，不理政事，不習武功。清朝也因貨幣流通混亂、稅源枯竭而減少了財政收入。

清政府三令五申，嚴禁鴉片，但並無效果。有一些和鴉片利益有聯繫的官吏，阻撓和反對禁菸。道光十六年（1836）許乃濟提出鴉片弛禁，進口按章納稅，並許內地種植，這一荒謬主張遭到許多有正義感的官吏的駁斥。在這場嚴禁與弛禁的爭論中，黃爵滋提出了重治吸菸的辦法，吸菸者限一年內戒絕，否則處以死刑。這一嚴厲而徹底的禁菸主張，得到了一些官吏的擁護。湖廣總督林則徐支持這一主張，並在轄境內切實貫徹禁菸命令，收繳煙土煙槍，限期戒菸，取得了成效。道光帝也主張禁菸，召見林則徐，派他為欽差大臣，往廣州查辦鴉片。

兩次鴉片戰爭的爆發及後果道光十九年（1839），林則徐奉命為欽差

大臣往廣州禁菸，收繳並焚毀了二百三十七萬斤鴉片。英國鴉片販子和英國政府因不肯放棄這項具有大利可圖的貿易，悍然發動戰爭。

第一次鴉片戰爭道光二十年，英國司令懿律率領遠征軍來到中國，先在廣東、福建沿海騷擾。林則徐、鄧廷楨進行抵抗，英軍隨即北上，攻陷浙江定海，駛往大沽。因沿海各省防衛準備不足，清廷幻想弭兵息事，派琦善赴廣州和英國談判，指責主張抵抗侵略的林則徐、鄧廷楨「辦理不善」，「輕開邊釁」，將他們革職，遣戍新疆。琦善執行投降妥協政策，撤除廣州防務，英法聯軍占領大沽炮台接受了割地賠款的屈辱條件。而道光帝動搖於和戰之間，不甘心不戰而降，又撤換琦善，準備在廣州和英軍作戰。二十一年，英軍進攻虎門，提督關天培等英勇抵抗，力竭犧牲。身為統帥的奕山卻與英軍一觸即潰，向英軍交納六百萬元「贖城費」，以乞求英軍不進入廣州城。廣州之戰顯示了清軍和英軍之間的力量差距，暴露了自詡為天朝大國的清工朝的虛弱無能。而廣州郊區三元裡的民眾奮起抗擊英軍，予敵重創。

廣州戰役之後，英國更換了統帥，派璞鼎查率軍北上，於二十一年又攻陷定海、鎮海、寧波。清廷派遣的第二個統帥奕經重蹈前任的覆轍，一戰失利，全軍潰退。英軍於第二年進入長江。清軍在吳淞口和鎮江進行了英勇抵抗，提督陳化成力戰犧牲，駐防鎮江的旗兵全部戰死，但未能阻擋住英軍的前進。英軍抵達南京。強敵壓境，清廷驚慌失措，失去了抵抗的意志和決心，遂派者英、伊里布議和，接受了英國的全部侵略要求。二十二年七月二十四（1842 年 8 月 29 日）簽訂了中國歷史上的第一個不平等條約，即中英《南京條約》。條約規定：割讓香港，賠償軍費、煙價共兩千一百萬元，開放廣州、福州、廈門、寧波、上海五口通商，「議定」稅則等。以後又和美國簽訂《望廈條約》，和法國簽訂《黃埔條約》。從此，資本主義列強紛至沓來，掠奪權利，一個個不平等條約

更加阻擋落後中國的前進。

　　第一次鴉片戰爭結束了中國孤立於世界歷史潮流之外的格局，古老的封建中國遭遇到強大的西方殖民主義。不同的制度、不同的文明，不可避免地發生了激烈衝突。戰爭結果表明，中國已大大落後於西方，必須急起直追，了解外國，變革圖強。但這一真理還沒有被當時的中國人所認識。

　　第二次鴉片戰爭第一次鴉片戰爭雖然開啟了中國的大門，但是外國商品的輸入還不像外國資本家所期待的那樣迅速增加。這一方面由於中國是自給自足的自然經濟，另一方面由於清政府雖已戰敗，但天朝大國的幻覺仍使它對外國商品和技術抱排斥態度。外國侵略者提出修改條約的要求，企圖擴大侵略權利，被清政府拒絕。咸豐六年（1856），英國以廣州官兵搜查曾在香港登記的中國走私船「亞羅號」為藉口，法國以在廣西傳教的法國教士被殺為藉口，共同出兵，再一次發起侵略戰爭。咸豐七年，英國的額爾金、法國的葛羅統率英法聯軍進攻廣州，清軍未作戰守的準備，廣州很快失守，兩廣總督葉名琛被俘。次年春，英法聯軍北上，在大沽登陸，攻陷天津。清王朝正在長江中下游和太平軍殊死戰鬥，北方毫無軍備，只得和英法議和，訂立《天津條約》。依據條約，清政府除賠款、修改稅則、更多開放通商口岸外，又同意外國使節常駐北京，外國人可赴內地遊歷、通商、傳教等。

　　衝突還沒有就此結束。咸豐九年，英法公使赴北京交換政府已批准的《天津條約》。清政府指定了換約使團行經的路線，被英法拒絕。為了向清政府示威，英法以強大艦隊隨行，強行闖入中國設防的內河，向清軍尋釁。駐防在大沽口的清軍進行還擊，打敗了來犯的侵略軍，從此再起戰端。咸豐十年，英法聯軍二萬五千人大舉出動，在北塘登陸，攻陷大沽、天津。咸豐帝倉卒逃往熱河。是年八月，英法聯軍至北京，大肆

劫掠，焚毀了圓明園，大批珍寶、文物、書畫、圖籍被燒被搶。咸豐之
弟恭親王奕伝留在北京，與英法聯軍議和，簽訂了《北京條約》。除承認
前年《天津條約》中的一切條款之外，又增加賠款，添開商埠，割讓九龍
給英國。

太平天國起義與清統治格局的變化

太平天國起義在第二次鴉片戰爭之前，太平天國農民戰爭已在中國
南半部爆發。它是 18 世紀以來嚴重的社會和政治問題的產物。

太平天國領袖洪秀全是廣東花縣人，出身農家，在科舉考試落榜之
後，接觸到西方的傳教書籍，逐漸離開傳統的儒家信仰，接受了基督教
的一些思想，勸人信拜上帝。他與馮雲山深入廣西桂平紫荊山區傳教，
在貧苦人民中獲得了大批信徒。洪秀全創作了一系列宗教作品，揭露現
實的黑暗，宣傳平等的理想，提出「斬邪留正」，號召農民起來反對清
朝封建統治。信奉的群眾越來越多，和地主階級的團練武裝發生激烈衝
突。拜上帝會發展成一支強大的力量，形成了以洪秀全、楊秀清、馮雲
山、蕭朝貴、韋昌輝、石達開為首的領導核心。道光三十年十二月初十
（1851 年 1 月 11 日，洪秀全的誕辰），拜上帝會起義於清朝統治相對薄
弱的廣西金田，建號太平天國。後與清軍在紫荊山區鏖戰九個月，北上
攻克永安州，出廣西，入湖南，隊伍日益擴大又獲得大批船隻，建立水
師，提高了行軍速度，進入湖北，攻克武昌，順長江東下，破九江、安
慶。咸豐三年（1853）攻克南京，定都於此，改名為天京。

定都天京後，建立各級政權，頒布規章制度，制定軍法，申明紀
律。《天朝田畝制度》規定廢除土地私有制，將土地平均分配給群眾耕
種，建立農村公社式的社會基層組織，以達到農民理想中的「有田同
耕，有飯同食，有衣同穿，有錢同使，無處不均勻，無人不飽暖」的社

153

會。這種絕對平均主義是不可能實現的空想，太平天國以後也沒有採取過分配土地的措施。但《天朝田畝制度》的提出，反映了世世代代農民對土地的強烈渴求，並在一定時期內造成了吸引廣大農民參加抗爭的作用。

太平天國的勝利進軍使清王朝陷入極度的驚慌恐懼之中，清將向榮、琦善分別組成江南大營和江北大營，在天京附近駐紮和窺伺。但腐敗的八旗、綠營、募勇都不足以構成太平天國的重大威脅，太平軍在天京站穩腳跟後，繼續發動攻勢，分兵北伐和西征。

北伐軍由李開芳、林鳳祥率領，經江蘇、安徽、河南、山西至直隸（約今河北），屢敗清軍，前鋒進至天津附近。但人數太少，遠距離無後方作戰，得不到增援，加以氣候寒冷，衣食供應困難而清廷調集大批軍隊聚集在北京附近，以眾擊寡，以逸待勞，北伐軍不得已從天津南撤。天京方面雖然派出援軍，但倉促招募，未經訓練，在山東潰散。北伐軍糧盡援絕，南撤到直隸的連鎮和山東高唐州，終因眾寡懸殊而失敗。

太平天國進行北伐的同時，分兵西征，溯長江而上，占領安慶，圍攻南昌，進入武漢，但在咸豐四年進軍湖南時，遭到曾國藩湘軍的頑強抵抗。

太平軍號衣圖與湘軍、淮軍之戰曾國藩在太平軍從廣西進入湖南時，以禮部侍郎丁憂家居，旋奉旨組織團練。他糾集當地地主階級的力量，在軍事上別樹一幟，創立湘軍。多用湖南人，並以綱常名教籠絡人心，對抗太平天國的宗教異端。將領大多是受程朱理學教育的儒生，士兵招募青壯年農民。將領自擇營官、哨官，自募士兵，在軍營中建立個人的隸屬關係，形成了以族戚、同鄉、同學為紐帶的戰鬥力很強的地方軍隊。湘軍還很重視水師，自造戰船，購置洋炮，訓練水手。此後，左宗棠統率的老湘軍、李鴻章統率的淮軍（用安徽人），其建軍宗旨、編組

原則基本上都和湘軍一樣。湘淮軍是鎮壓太平天國、支持晚清政權的主要武裝力量。

咸豐四年湘軍與太平軍戰於湖南，太平軍失利，節節敗退。湘軍奪取武漢，沿江東下。兩軍大戰於江西湖口。石達開指揮作戰，擊敗湘軍，將其水師切斷成兩截。曾國藩困守南昌，太平軍第三次占領武漢。接著，石達開經營江西，攻克了許多城邑，招收了大批天地會起義群眾，實力大增。咸豐六年，太平軍又擊破了江北大營和江南大營。

太平天國在軍事上正處於順境，內部矛盾卻在激化。東王楊秀清大權在握，他雖然很有才能，建立了卓著的功績，但驕奢日甚，凌虐同僚部屬，甚至假天父下凡之名，要責罰洪秀全，並要逼洪封自己為萬歲。北王韋昌輝表面順從而積怨於心，他利用洪楊之間的矛盾，突然舉兵殺死楊秀清，並株連殺害了許多無辜的將士，引起群眾的憤怒。洪秀全順從群眾的要求，殺了韋昌輝。此後，石達開又遭洪秀全的猜忌，帶兵出走，轉戰西南，最後在四川大渡河畔全軍覆沒。

太平天國內訌後，精銳盡喪，致使有利的軍事形勢發生逆轉。重要城市武漢、九江、廬州（今合肥）、鎮江相繼失守。但在太平天國起義的影響下，各族人民紛起抗清。天地會、捻軍、白蓮教、雲南和陝甘的回民，與太平軍或聯合作戰，或遙相呼應，有力地支持了太平天國，使清軍顧此失彼，窮於應付。而且清王朝內部矛盾重重，滿族親貴不信任曾國藩等漢族地方武裝，不肯委以重任，給以事權。當時又正值第二次鴉片戰爭期間，清朝和外國侵略者處在敵對狀態。由於這些原因，加之太平軍後期將領士兵的勇敢作戰，太平天國雖經內訌的創傷，尚能支撐危局和清軍長期相持。

當時，英王陳玉成、忠王李秀成等一批青年將領，具有指揮才能，作戰身先士卒，能夠辨認形勢，團結盟軍，故屢立戰功，肩負起挽救危

局的重任。咸豐八年，陳、李與捻軍聯合作戰，攻破重建的江北大營，又在安徽三河全殲湘軍精銳李續賓部。十年，大破號稱有十萬大軍的江南大營，解除了對天京的包圍。接著，乘勝東進，席捲蘇常，攻克杭州，在江浙開闢了新的局面。

太平天國軍事形勢雖一度好轉，但政治日益腐敗，紀律廢弛，多次發生叛亂，將領各自為政，苦樂不均，敗不相救。洪秀全深居宮內，不理朝政，刑賞不公，封爵冗濫，天京逐漸失去了權威。陳玉成、李秀成也受到猜忌。洪仁玕從香港來到天京，寫了《資政新篇》，企圖有所建樹，但他的某些帶有資本主義色彩的主張不被農民所理解。當太平軍逼近上海時，和外國侵略者發生了衝突。先有美國人華爾組織的洋槍隊幫助清軍。以後李鴻章在曾國藩的薦舉下，率淮軍至上海作戰，並聘用英國軍官戈登組織常勝軍左宗棠率老湘軍在浙江作戰，也聘用法國軍官組織常捷軍。第二次鴉片戰爭剛剛結束，外國侵略者就插手中國的國內戰爭，槍口轉向太平軍。太平天國不僅要抗擊以湘淮軍為主力的清朝軍隊，還要抵禦外國侵略軍，局勢更加困難。

咸豐十一年，天京上游重鎮安慶經激烈爭奪後失守，清軍從四面八方逼向天京。陳玉成又在皖北被俘遇害，太平軍的西戰場瓦解。李秀成既要抵抗李鴻章、左宗棠的猛烈進攻，保衛蘇州、杭州又要和曾國荃作戰，以解天京的圍困，左支右絀，敗局已定。他提出撤離天京「讓城別走」的建議，未被洪秀全採納。形勢日益對太平天國不利。同治三年（1864）四月，洪秀全逝世。六月，清軍攻破天京，李秀成在突圍時被俘遇害。幼天王洪天貴福也在江西被俘殺。太平軍餘部在李世賢、汪海洋的率領下轉戰江西、福建、廣東，被清軍擊敗，太平天國農民起義遂告失敗。

全國範圍的反清起義太平天國起義期間，全國各族人民掀起規模浩

大的反清大起義。起義地域廣闊，民族眾多，時間持久，抗爭激烈，相互策應，聲勢為歷史上所僅見。

　　早在太平天國起義爆發前夕，湖南、廣東、廣西的天地會十分活躍，山堂林立，起義隊伍很多。這些零散的起義軍，掩護了正在醞釀中的太平天國起義。太平軍在金田崛起並北上進軍後，各地掀起抗清高潮。其中著名的如上海小刀會劉麗川起義，攻克上海和附近地區，戰鬥一年半之久福建小刀會黃得美、黃位，紅錢會林俊等起義，攻克漳州、廈門，使「全閩震動」廣東天地會陳開、李文茂起義，包圍廣州十個月，以後進入廣西，建立大成國廣西天地會朱洪英、胡有祿起義軍進入湖南、江西，一部分隊伍參加了石達開的太平軍。太平軍進行北伐，皖北捻軍紛起響應。咸豐五年，各支捻軍公推張樂行為盟主，聲勢大盛。以後捻軍與太平軍聯合作戰，造成了為太平天國的西戰場提供屏障的作用。天京失陷後，太平軍將領賴文光等和捻軍領袖張宗禹、任柱合作，在中原地區運用流動戰術，屢敗清軍，擊斃了清朝倚為長城的僧格林沁。以後，賴文光率領東捻，張宗禹率領西捻，分兵作戰，直至同治七年失敗。

　　太平天國期間，各地還有許多少數民族的起義，有力地支持了太平軍。其中有廣西僮族黃鼎鳳、李錦貴、吳凌雲、吳亞終的起義軍，曾和石達開密切合作貴州的苗民在張秀眉的領導下，要求減賦，掀起大規模抗爭，「千里苗疆，莫不響應」。直至同治十一年，貴州各族人民的起義才被入黔的湘軍鎮壓下去。雲南則在咸豐六年爆發了以杜文秀為首的回民起義，起義軍以滇西大理為據點，建立政權。同治十一年，清軍攻陷大理，堅持十八年的雲南迴民起義失敗。陝西的回民在同治初年發動抗清抗爭，義軍林立，號稱十八大營，曾和太平軍、捻軍配合作戰。此後，甘肅、寧夏、新疆的回族、維吾爾族也起而響應。清朝在平定捻軍

以後，派左宗棠進入陝、甘、寧，鎮壓了回民起義軍。

　　這次各族人民反對清朝統治的起義規模很大，遍及全國。漢族和苗族、瑤族、回族、僮族、布依族、白族、彝族在反清的共同目標下，相互支持，協同作戰，表現了各族人民反對清朝封建壓迫的共同意志。

　　外國侵略勢力的深入 19 世紀 70 年代，自由資本主義向帝國主義過渡，導致爭奪殖民地的抗爭更加激烈。老牌的和新起的殖民主義者利用兩次鴉片戰爭擊敗中國的有利條件，對衰弱的中國鷹嗦虎視，尋機擇肥而噬。

　　首先是俄國，以《北京條約》中關於勘分西北疆界的規定，和清政府在塔城談判，使用矇騙和威脅手段，把侵略條款強加於中國。同治三年（1864）簽訂的《中俄勘分西北界約記》，割去了巴爾喀什湖以東約四十四萬平方公里的中國領土。

　　同治四年，浩罕汗國（1876 年被沙俄吞併）的軍官阿古柏在英國支持下，利用新疆混亂的局勢，侵占南疆，建國稱汗。十年，俄國以清朝不能安輯地方為名，出兵侵入伊犁，名為「代管」而久占不去。光緒初，左宗棠率兵進入新疆，阿古柏戰敗自殺。

　　光緒三年（1878），清軍收復南疆。清朝派崇厚往俄國，索還「代管」的伊犁。俄國玩弄花招，勒索更多的權利，崇厚受欺弄擅自簽約，輿論大譁。清廷改派曾紀澤前往俄國，要求改約。光緒七年簽訂《伊犁條約》，雖索回了伊犁並稍稍爭回了一些利益，但中國喪失的領土仍達七萬平方公里之多。清政府收復新疆後，招集流亡，興修水利，獎勵耕墾，努力治癒長期戰亂的創傷。光緒十年建立行省，與內地行政制度統一起來。

　　當時日本明治維新剛剛發端，即效法西方殖民主義，對中國進行侵略。同治十三年，以琉球人被台灣士人所殺為藉口，派兵在台灣登陸，

對清政府勒索訛詐。清廷妥協退讓，賠款乞求日本撤兵。為了保衛海疆，光緒十一年台灣建為行省，這一措施促進了台灣政治、經濟和防務的發展。但十年後中日甲午戰爭中國失敗，台灣又被日本所攫奪。

英國和法國則為爭先開啟中國西南的門戶而進行爭奪。英國為了打通緬甸至雲南的通道，派遣近兩百人的探險隊，持槍執械，闖入雲南，遭到當地民眾的反抗，英國譯員馬嘉理被殺。英國公使藉機勒索，態度蠻橫，提出許多無理要求，並出動軍艦，以戰爭相威脅，迫使清政府於光緒二年簽訂《煙台條約》。條約除了賠款、道歉、開放雲南邊境貿易外，還涉及稅務、外交特權以及准許英人進入西藏的條款。英國據此而組織武裝力量入藏。光緒十四年，英軍進入西藏邊境，西藏軍民奮力抗擊侵略軍，但清政府極力妥協，與英國簽約議和，為英國勢力的入藏提供了便利。

被與侵略中國邊疆地區的同時，外國侵略勢力還以不平等條約為口實，極力擴大在中國的種種特權，並企圖從各方面對清政府施加影響。根據條約中外國使館長期駐京的條款，許多國家的公使聚居在紫禁城邊，對清政府頤指氣使，施加壓力。上海、天津、漢口、九江等處先後開闢租界，侵略者在那裡劃地界，修道路，設官署，頒法令，建貨棧，使中國的土地上出現了許多獨立於清政府管轄之外的殖民主義小王國。掛著外國旗子的輪船滿載著舶來的商品闖關越卡，免除厘稅，行駛在中國的內河。外國傳教士紛紛活動，深入中國的窮鄉僻壤。侵略勢力希望利用清政府幫助自己掠奪更多的權利，鎮壓人民的反抗，所以在兩次鴉片戰爭後，轉而對清政府採取庇護、「合作」的政策。一方面，要求清政府在制度、政策方面作適當的修改變化，以適應外國的侵略需要另一方面，向清政府提供武器，竭力支持這一腐朽政權。

列強改變和控制清政權的一個重要步驟，就是咸豐十一年總理各國

事務衙門的設立。奕訢任總理大臣，管理對外交涉兼及通商、條約、海軍、關稅和鐵路、開礦等事，權力廣泛。同時，又設立了南北洋通商大臣。從此，列強可以甩開地方官吏層層的拖延、阻撓，直接和清朝的最高層打交道。洋務派官僚即產生於這些新設立的衙門。

同治十三年，皇帝親政，在列強的壓力下，不得不以平等禮節接受各國公使的觀見，放棄了要求外國來使必須向中國皇帝跪拜叩頭的禮儀。同時，也開始向外國派遣使節。馬嘉理案件發生以後，光緒二年郭嵩燾作為道歉的專使前往英國，此後常駐倫敦，成為中國第一個駐外公使。以後陸續在歐美各國設立使館，派遣公使。清政府在倍感屈辱、很不情願的情況下，勉強參加國際社會交往，進行外交活動。

外國侵略者攫取中國主權的一個重要手段，就是長期控制中國的海關。海關總稅務司一職一直由英國人赫德擔任，各口岸的海關稅務司全部任用外國人。海關大權旁落，為外國商品的傾銷和人員的出入開啟了方便之門。由於進出口貿易急遽增加，關稅收入大增。清政府在財政窮竭、常年入不敷出的情況下，有外國人管理的海關提供經常的、有保證的財源，因此越來越仰賴帝國主義。赫德對清政府的影響很大，許多重要對外交涉由他操縱，甚至直接干預清朝的內政和官吏任免。

面對外國資本主義勢力的侵略，中國人民進行了堅決的反抗，主要表現之一是遍及全國、延續時間很久的自發的反洋教抗爭。這種抗爭具有廣泛的社會基礎和號召力。當時，不少外國傳教士深入中國內地，修建教堂，招收教徒，且有些教士、教徒利用特權，橫行不法，魚肉百姓，引起人民的忿慨和反抗。一些官吏、地主和知識分子也紛紛參加，致使抗爭變得極為複雜。19世紀下半葉，各地的反教會抗爭連綿不絕，其中較大的有同治年間的貴州教案、四川酉陽教案、天津教案、光緒初年長江下游各地的教案、中法戰爭期間西南地區的教案以及甲午戰爭前

四川餘棟臣、熱河金丹道發動的抗爭。越到後來，規模越大，反洋教抗爭和反清抗爭逐漸有結合的趨勢。祕密結社的參加，武裝起義的頻繁，成為 19 世紀末反洋教抗爭的特色。

清統治危機的加深

中法戰爭、中日戰爭繼兩次鴉片戰爭之後，帝國主義又對中國發動了一系列侵略戰爭。有光緒十年（1884）的中法戰爭，二十年的中日戰爭，二十六年的八國聯軍入侵。

法國一直覬覦中國的西南邊疆，企圖以越南為跳板侵入中國的廣西、雲南。當法國侵占越南的許多地方、強迫越南簽訂不平等條約時，越南國王遣使向清政府求援。光緒八年至十年，清政府一方面做出援越姿態，一方面寄希望於透過談判解決問題，致使中國軍隊處於被動挨打的地位。光緒十年七月初三（1884 年 8 月 23 日），泊於馬尾的中國福建艦隊遭法艦襲擊，十一艘軍艦在很短的時間內全部被擊沉，官兵傷亡達七百餘人，因而花費了大量金錢和時間所建立的福建海軍，被清朝的妥協政策所葬送。至此，清政府不得已才下詔宣戰。中國軍隊在台灣、鎮海等地遏制了法國的海路進攻。

光緒十一年二月初，清軍在廣西邊境要隘鎮南關（今友誼關）前和法國侵略軍展開了激戰，擊斃法軍一千多人，法軍全線崩潰。清軍揮師追擊，攻下諒山、文淵，法軍紛紛向南逃竄。鎮南關大捷引起了巴黎的政潮，法國茹費理內閣因侵略戰爭失敗而倒台。但在前線大捷、中國軍隊正在戰場上勝利推進時，清政府竟宣布停戰締約，授權李鴻章簽訂和約，承認法國占領越南，在廣西、雲南邊界開關商埠，並規定中國以後在此修建鐵路時向法國商辦，為法國侵略中國的西南地區開啟了門戶。

日本在明治維新以後不久，即侵略中國，曾一度入侵台灣。又把侵

略的矛頭指向朝鮮，強迫朝鮮政府簽訂不平等條約，旨在以朝鮮作跳板，入侵中國。

光緒二十年（1894）朝鮮發生東學黨起義，清政府應朝鮮國王的請求，派兵幫助鎮壓。日本乘此機會，動員海陸軍開到朝鮮，並不宣而戰，在海上和陸路向中國軍隊大舉進攻。清政府被迫於光緒二十年七月初一（1894 年 8 月 1 日）下詔宣戰。清軍在平壤集結，設防據守。日軍分四路進攻，清將左寶貴率部力戰，英勇犧牲，但其他將領卻不戰而逃，退過了鴨綠江。日軍乘勝侵入中國的東北，進占安東（今遼寧丹東）、九連城、長甸、寬甸、金州、大連、旅順等地。日本艦隊又在鴨綠江大東溝外的黃海海面襲擊中國艦隊，雙方激戰達五小時之久。中國海軍官兵英勇奮戰，鄧世昌、林永升等以身殉國。戰鬥結果，中國失利，日本海軍亦受重創。此後，李鴻章命令北洋海軍躲藏在威海衛軍港內不許出戰，造成束手待斃的局面。日本陸軍在山東半島登陸，威海衛陷入包圍之中。日軍從海面和陸地開炮轟擊，中國海軍陷入絕境，水師提督丁汝昌自殺。在此戰中，北洋海軍全軍覆沒。

戰爭進行中，慈禧太后和李鴻章始終抱妥協的方針，乞求日本談判。日方不允。戰爭即將結束時，在日本的軍事壓力下，李鴻章以全權代表的身分赴日接受投降條件，簽訂了《馬關條約》。條約規定割讓遼東半島和台灣給日本，賠款銀二億兩，允許外國人在中國開設工廠等。

列強瓜分中國的危機《馬關條約》簽訂後，形成了帝國主義瓜分中國的危機。

《馬關條約》允許外國在華設廠，於是，紡織、麵粉、造船等行業中出現很多外國工廠。光緒二十二年到辛亥革命爆發的十五年間，外商共創辦資金十萬元以上的工廠一百十九家，資本總額達九千八百萬元。外資工廠財力雄厚，裝置技術先進，並有優惠的政治特權。20 世紀初，帝

國主義已控制中國生鐵生產的百分之百（1910 年），棉紗生產的百分之七十六（1908 年），內外航運的百分之八十四（1907 年），中國的民族工業力量薄弱，不能正常發展。外國還在中國各地設立許多銀行，以發放對清政府的貸款，投資鐵路、礦山、房地產業，壟斷國際匯兌，吸收中國閒散資金，發行貨幣，從而控制了中國的財政、金融和信貸。

修築鐵路是帝國主義對華資本輸出並劃分勢力範圍的重要手段。光緒二十四年至二十六年（1898 ～ 1900）的三年內，列強強迫清政府簽訂多次鐵路借款，總數一億三千多萬元，奪取了長達兩萬里的鐵路修築權。其中，俄法以比利時銀行出面，取得了蘆漢鐵路的修築權，英德取得了津鎮鐵路（後改津浦）的修築權。美國取得了粵漢鐵路的修築權，英德俄分取了關內外鐵路（即京瀋路）的修築權。這些都是深入內地，貫穿廣大區域的鐵路幹線。到清朝滅亡時，先後築成了京漢、中東、南滿、膠濟、滇越、正太、滬寧、京瀋、津浦等鐵路，全長一萬八千餘里。其中由帝國主義直接或間接投資經營的達一萬六千餘里，占百分之九十以上，中國自辦鐵路只有一千七百里。

帝國主義又對中國的礦藏資源垂涎欲滴。甲午戰爭以後不久，法國即強迫清政府立約，取得了在雲南、廣西、廣東開礦的優先權。以後，英國公司掠奪了在山西、河南的採礦權，兩省礦務的財務、人事、盈利均歸其支配。四川、直隸、安徽的礦業中，英國資本亦漸滲入。德國則在山東成立德華礦務公司，攫奪全省礦權。俄國則取得了在東北的礦藏開採權，還伸展勢力於蒙古、新疆。日本也取得了大冶鐵礦礦石的優先供應權。至清朝滅亡時，帝國主義在華已開採的礦場有三十四處，投資四千一百餘萬元準備開採的礦場二十五處，資本額八千二百餘萬元，大大超過中國自辦的礦業。

在掠奪路權、礦權的同時，帝國主義又爭先恐後，占據中國港灣，

要求租借地，劃分各自的勢力範圍。光緒二十三年（1897）德國藉口傳教士在山東被殺，派軍艦占領膠州灣，租借青島，把山東作為其勢力範圍。俄國緊隨其後，派軍艦進入旅順，強租旅順、「濟遠號」主炮大連，並把整個東北置於自己的控制之下。法國要求租借廣州灣，把廣東、廣西、雲南視為禁臠，要求清政府不將三省租借給他國。英國除在長江流域保持強大的勢力外，又在北方租借威海衛，在南方擴充香港的界址，擴大租占九龍半島。日本則迫使清政府承認福建省為其勢力範圍。中日甲午戰爭後的短短幾年內，帝國主義在中國爭奪勢力範圍，為瓜分中國作準備，中國面臨著淪為列強殖民地的嚴重危機。

在帝國主義劃分勢力範圍的狂潮中，美國因忙於爭奪菲律賓而姍姍來遲。它提出了「門戶開放」政策，要求在各國勢力範圍內實行同等的關稅、鐵路運費，以後又提出保持中國領土與行政的完整，這些都是為了自己能插足於中國，與列強共享利益而不被排擠。

百日維新《馬關條約》的簽訂及列強瓜分中國的危機，極大地震動了各個階級、階層，促進了中國人民愛國意識的覺醒。當議和條件傳出後，舉國上下強烈反對，主戰派官吏紛紛上奏，譴責李鴻章媚敵誤國，要求拒簽條約。當時，正在北京舉行會試的各省舉人集會，由康有為起草上皇帝書，提出「拒和、遷都、練兵、變法」，簽名的舉人有一千三百餘人，掀起了反對投降的巨大運動。這就是著名的「公車上書」。台灣人民聞知割棄台灣的訊息更是悲憤交集，誓不願做亡國奴。日軍在台灣登陸，台灣軍民激烈抵抗，在孤懸海外、餉械俱缺的情況下，和優勢日軍戰鬥打拚。

繼「公車上書」之後，康有為又多次上書給光緒帝（即清德宗載），建議變法。同時，在北京創辦《中外紀聞》，設立強學會，進行宣傳鼓動，團聚了一批維新志士，爭取了光緒皇帝及帝黨官僚翁同龢等的同情

和支持。強學會因遭頑固派的嫉恨而被查禁，但變法維新的思潮洶湧激盪，一發而不可阻遏。維新運動的主要代表康有為、嚴復、梁啟超、譚嗣同等，大力宣傳變法的必要性和迫切性。在其倡導和組織下，各地紛紛成立學會，創辦學堂，出版報紙。甲午戰後四年內，國內設立的學會、學堂、報館、書局共三百多處。光緒二十四年（1898）初，康有為等又在北京組織保國會，以「保國、保種、保教」為號召，聯繫和組織知識分子、中下級官吏，經常集會演說，痛陳國難當頭，形勢危急，激發人們關心國家命運的熱情。各省旅京人士也紛紛組織保滇會、保浙會、保川會。透過這些團體和一系列活動，變法思想和救亡運動相結合，並迅速發展，從宣傳和組織階段進入實際行動階段。

康有為舊照光緒帝看到了康有為的上書，表示讚賞。康有為又向皇帝上《應詔統籌全域性折》（第六次上書），指出「變則能全，不變則亡，全變則強，小變仍亡」，建議皇帝大誓群臣，開制度局，許天下人上書。又進呈自己撰寫的《日本明治變政記》、《俄彼得變政記》，要求光緒奮發振作，運用君權，排除阻撓，效法日本、俄國，實行改革。光緒二十四年四月二十三（1898 年 6 月 11 日），光緒帝下「明定國是」詔書，宣布變法，並召見康有為、梁啟超等詢問變法的步驟和方法派康在總理衙門上行走，梁辦理譯書局後來又任用譚嗣同、劉光第、楊銳、林旭為軍機章京。康有為和其他人遞了許多奏摺，提出一系列變法建議。光緒帝根據這些建議，頒布改革的詔令，主要是：發展經濟，保護農工商業，設立農工商局，提倡私人辦實業，獎勵發明創造改革財政制度，編制國家預算開放言路，鼓勵創辦報紙，允許士民上書言事精簡官僚機構，裁汰冗員改革科舉制度，廢除八股，北京創辦京師大學堂，各省廣設學堂，提倡西學，翻譯書籍選派出國留學生改革軍制，士兵改練洋操。這種改革有利於資本主義的發展，但並未根本改革封建專制制度，甚至為了減少

變法的阻力，維新派過去宣傳的設議院、開國會、定憲法等主張，在百日維新期間也並未提出過。就是這種不徹底的改良措施，也遭到以慈禧太后為首的頑固勢力的反對。早在百日維新之初，慈禧就迫使光緒帝罷免翁同龢，以孤立皇帝。又命自己的親信榮祿為直隸總督，掌握兵權。百日維新期間，大部分大臣和督撫把變法上諭束之高閣，拒絕執行。維新派和守舊派的衝突愈演愈烈。京師盛傳守舊派要發動政變，光緒帝屢遭慈禧太后的訓斥，處在朝不保夕的危境中。帝黨官僚和維新派並無實力，一籌莫展，寄希望於正在小站練兵的袁世凱。光緒帝召見袁，升他為侍郎。譚嗣同夜間訪袁，勸他舉兵勤王，驅除舊黨，支持變法。袁世凱向舊黨告密。八月初六，慈禧太后發動政變，囚禁光緒，自己出面訓政，廢止新政，並下令捉拿康有為、梁啟超。康梁逃往日本。譚嗣同、劉光第、楊銳、林旭、楊深秀、康廣仁被捕處死。其他維新派和擁護變法的官吏，或被遣戌，或被革職。歷時一百零三天的戊戌變法宣告失敗。

義和團運動帝國主義劃分勢力範圍，外國傳教士在各地胡作非為，引起了人民大眾的激烈反抗。戊戌變法剛剛被鎮壓，農民和城市下層人民掀起了大規模的反侵略抗爭。19 世紀末，爆發了義和團運動。

義和團本名義和拳，原是起於山東的燒香拜神、操練拳棒的反清祕密組織。為反對外國侵略，義和拳舉起「扶清滅洋」的旗號，改稱義和團，並得到地方官吏的某些支持，聲勢日益浩大。清政府在帝國主義的要求下，撤換了鎮壓不力的山東地方官，派袁世凱為山東巡撫，屠殺和逮捕義和團。義和團遂向北發展，活動於直隸各地，焚燒教堂，拆毀鐵路、電線。又滲入天津和北京。光緒二十六年 (1900) 春夏之交，天津和北京街頭上，義和團成群結隊，頭裹紅巾，手執刀矛，公開活動。大街小巷，到處是拳廠和壇場。其他各省也紛紛響應，東北、山西、內蒙

占、河南、四川、雲南，都有大小規模不等的義和團。以慈禧太后為首的頑固派，因百日維新後在廢立光緒問題上與列強存在矛盾，所以承認義和團合法，並採取控制、利用的策略，企圖以義和團的刀矛發洩自己的怨忿。

義和團的主要成分是農民、手工業工人，城市居民，尤多青少年，也有婦女參加。它沒有統一的組織和領袖，在思想上盲目排外，組織和抗爭形式原始落後。他們提出「扶清滅洋」的口號，順應了民族矛盾尖銳化的形勢，但也模糊了對清朝統治者的認識。

當義和團進入北京、天津，帝國主義立即調動軍隊，進行干涉。英國將軍西摩爾率領兩千侵略軍，從天津租界出發，向北京進攻。但沿路遭到義和團的阻擊，被迫退回。接著，英、俄、日、法、德、美、意、奧八國組成聯軍，強行攻占大沽炮台，正式挑起大規模入侵中國的戰爭。慈禧太后等出於對洋人不滿，遂決定宣戰。南方各省督撫抵制宣戰，提出東南互保，與帝國主義勾結，維持現存秩序，鎮壓人民的反侵略抗爭，保護帝國主義、封建主義的利益。

面對帝國主義軍隊的進攻，義和團和清朝愛國官兵進行了英勇抵抗。天津城郊的戰鬥持續了一個多月，手持刀矛的義和團群眾遭屠殺，聶士成等清朝的將領、士兵浴血奮戰，以身殉國。八國聯軍占領天津後，糾集兩萬兵力，向北京進攻。清朝調集一些勤王軍阻截，但抵敵不住侵略聯軍的凶猛攻勢。光緒二十六年七月，八國聯軍占領北京，慈禧太后帶著光緒帝倉皇逃走，前往西安。侵略軍分兵四出，占領山海關、張家口、保定、井陘等策略要地，並在京津地區屠殺搶劫。民居商舖被焚燒，戶部存銀洗劫一空，頤和園的文物、書畫、古器被捆載而去，北京城遭到外國侵略軍的又一次蹂躪和踐踏。

沙俄除了參加八國聯軍外，竟出動了十多萬軍隊入侵中國東北，燒

殺搶掠，占領主要城市，企圖併吞東北全境。還製造了慘絕人寰的大屠殺，燒死、殺死在江東六十四屯的中國居民三萬人並將居住在海蘭泡的七千多中國僑民驅趕入黑龍江，活活淹死。

慈禧太后利用義和團「滅洋」，是為了發洩私憤。但她對義和團始終心存戒懼，在逃跑的路上就急忙釋出「剿匪」上諭，命令清軍掉轉槍口，對準義和團。又催促李鴻章北上，與帝國主義議和乞降。李鴻章和帝國主義簽訂了《辛丑條約》，主要內容有：賠款四億五千萬兩，拆除大沽至北京間的中國炮台，允許各國在北京附近駐兵，設定東交民巷使館區，禁止中國人民成立或參加任何反帝組織，懲辦首禍諸臣。《辛丑條約》使中國下降為列強共管的半殖民地。

帝國主義擴大侵華權益 20 世紀初，帝國主義的侵略更加深入。英、美、日相繼強迫清政府簽訂《通商行船條約》，增開商埠，開放內河水道，為外國商品和資本輸入中國提供更多的方便條件。帝國主義的爭奪更加激烈。八國聯軍時，沙俄占領東北全境，遲遲不肯撤兵，引起日本和英美的強烈不滿。日英結成了同盟，共同對付俄國。光緒三十年（1904）日本和俄國在中國的領土上爆發大戰，雙方調動六十萬大軍在瀋陽附近會戰。而清政府無力干預，竟宣布「局外中立」。戰爭結果，俄國陸軍敗退，海軍覆滅日俄在美國調停下停戰議和，俄國將南滿的利益讓給了日本而退後北滿。此後，日本擴大從沙俄手中奪來的權益，獨占南滿鐵路，擴充旅大租借地。俄國則緊緊抓住北滿，以中東鐵路為主幹，滲透勢力於各地。美國提出諾克斯東北鐵路「中立化」計劃，要由列強共同投資和管理，企圖插足於日俄的勢力範圍內。剛剛經過大戰的日本和俄國重新修好，抵制美國勢力進入東北。鑒於東北處在日俄瓜分的嚴重危機下，光緒三十三年清政府宣布廢止東北的將軍制，改為奉天、吉林、黑龍江三省，設東三省總督和三省巡撫，並企圖開礦、設廠、築

路、練兵,以抵制日俄。但當時的清政府已十分腐敗,不可能有所作為,東北建省未能抵制日俄勢力在東北的日益擴張。

英國和俄國為覬覦西藏進行長期爭奪。英國侵略軍一千多人突然闖過中印邊界,於光緒三十年占領拉薩,強迫西藏地方當局簽訂《拉薩條約》,企圖把西藏從中國分裂出去。在中國各界的強烈反對下,清政府不敢在條約上簽字,但以後重訂新約,英國仍取得了許多特權。

辛亥革命發生後,帝國主義又趁火打劫。當時,俄國正在脅迫清政府重新修訂《伊犁條約》,企圖進一步掠奪領土和權利並乘中國局勢動盪,干預和侵略蒙古地區,分割中國領土。英國也在藏策劃分裂活動,致使中國的邊疆危機迭起。

清朝的覆亡

孫中山與中國同盟會在帝國主義、封建主義的壓迫下,一部分最先進的愛國志士很早就走上了革命道路,其代表人物就是孫中山。

孫中山像孫中山,廣東香山人,出生於農民家庭。早年在美國檀香山學習,接受資產階級教育,後回國行醫,目睹政局日非,痛恨腐朽賣國的清政府,立志救國濟民。光緒二十年(1894)他在檀香山成立了第一個資產階級革命團體「興中會」,提出了「驅除韃虜,恢復中華,創立合眾政府」的綱領。次年,他以香港為據點,籌劃發動廣州起義,因事機洩露而失敗,被迫逃往國外。百日維新失敗後,又在廣東惠州發動起義。那次起義雖被鎮壓,但影響很大。

光緒二十八年,留日學生集會紀念明朝滅亡二百四十二週年,上海出現愛國學社。翌年,因俄國不肯從東北撤兵,上海、北京的學生集會抗議。東京留學生尤為激昂,組織拒俄義勇隊,回國請願。上海和東京陸續創辦許多報紙刊物,反對專制,批評時政,宣傳革命。其中,革命

青年鄒容以通俗而犀利的文筆寫《革命軍》一書，揭露清朝的黑暗統治，熱情呼喚「開創中華共和國」，章太炎（即章炳麟）在《蘇報》上發表許多文章，尤以《駁康有為論革命書》影響為大，駁斥康對革命的誣衊，揭露了他的保皇反動面目。還有陳天華寫《警世鐘》、《猛回頭》，指出清政府賣國的本質，號召人民起來反對清政府和外國侵略者。

在革命思想傳播的基礎上，出現了許多革命組織。孫中山領導的興中會在海外有了進一步的發展，設立許多支部，出版許多報紙，並和康有為的保皇黨進行論戰。光緒二十九年（1903）湖南青年黃興、陳天華、宋教仁等在長沙組織華興會次年，江浙知識分子蔡元培、章太炎、陶成章等組織光復會。這兩個組織都聯繫會黨，策劃反清起義。後因起義失敗，很多人跑到日本。還有湖北的青年組織「科學補習所」、「日知會」，在當地新軍中宣傳革命。

光緒三十一年（1905），孫中山從歐洲到日本東京，與黃興、宋教仁等創立中國同盟會。該會以「驅除韃虜，恢復中華，建立民國，平均地權」十六字為綱領，推舉孫中山為總理。總部設於東京，國內和海外設立分會和支部。一年後，會員已超過一萬人，其中以知識分子占多數，也有下層的會黨和海外華僑。中國同盟會的成立是資產階級革命派成熟的標誌。同盟會出版了自己的機關報《民報》，孫中山在民報發刊詞中把十六字綱領闡發為三民主義，即民族主義、民權主義、民生主義。民族主義即是用暴力推翻清朝政府，避免列強的侵略和瓜分；民權主義即是廢除專制帝制，建立共和政體；民生主義即是實行土地國有，以改良的方法解決土地問題，防止貧富懸殊。

資產階級革命派以《民報》為陣地，和以《新民叢報》為陣地的保皇派進行了激烈的爭辯。革命派以有力的論據、雄辯的邏輯、犀利的筆鋒，闡明進行暴力革命的必要性，揭露清朝政府是民族壓迫、專制橫

暴、反動賣國的政府，駁斥了種種保皇的謬論，為革命高潮的到來作了
輿論準備。

同盟會成立後，把發動武裝起義、推翻清朝政府放在首要的日程
上。從光緒三十二年（1906）起，同盟會先後在各地發動了萍（鄉）瀏
（陽）醴（陵）起義等一系列起義，還組織了多次暗殺清朝官吏的活動。
但革命派領導的這些起義，規模較小，時間較短，計劃不夠周密，又有
很多在沿邊省區，缺乏接應，很快被清軍鎮壓。但抗爭連續不斷，屢挫
屢奮，鍛鍊了革命派的力量，表現了他們百折不撓的堅強意志。

和革命派發動武裝起義同時，中國全境爆發了大規模的群眾自發抗
爭。有反教會抗爭，有反對苛捐雜稅的抗爭，還有搶米風潮。這些群眾
抗爭缺乏組織、綱領，具有很大的自發性，但波及的地區普遍，發動的
次數頻繁，參加的群眾廣泛，使清朝統治的基礎發生了動搖。

收回利權運動針對帝國主義瘋狂掠奪在華的鐵路修築權和礦山開採
權，中國人民展開了收回利權的愛國運動。美國合興公司攫取粵漢路權
之後，違約將股票轉讓給比利時銀團。湖南、湖北、廣東人民要求「廢
約自辦」，聲勢浩大，迫使美國合興公司作出讓步，在勒索六百多萬美
元贖款後，同意廢約。江浙人民則為收回蘇杭甬路權，和英帝國主義進
行抗爭，自行集款築路。清政府先是執意向英國借款修築，遭到兩省人
民的堅決反對。後來怕激起「民變」，將英國借款移作別用，允許蘇杭
甬鐵路歸為商辦。山西人民為了從英國福公司手中收回採礦權，經過反
覆談判，在償付贖款後收回了平定、孟縣、潞安、澤州的煤鐵開採權。
在轟轟烈烈的收回利權運動中，還收回某些路礦的部分權益。如津浦鐵
路、廣九鐵路、滬寧鐵路，以及安徽銅官山煤礦，浙江衢、嚴、溫等處
煤鐵礦，山東中興煤礦，四川江北廳煤鐵礦，奉天錦西煤礦等。帝國主
義儘管不甘心吐出既得利益，但面對聲勢浩大的群眾運動，不得不稍稍

改變策略，在勒索大量贖款以後，交回部分利權，以緩和反抗。收回利權運動是廣大群眾為保衛國家、民族的利益、主權而進行的愛國主義的抗爭。

光緒三十一年（1905），由於美國國內歧視和虐待華僑、華工，廣州、上海工商界集會抗議，通電全國，號召抵制美貨。全國各城市紛紛響應，形成廣泛的群眾性的反美愛國運動，時間持續將近一年，給美帝國主義以重大的打擊，使其對華貿易額明顯下降。

在以上一系列運動中，工商界的資產階級和立憲派起了較大作用。他們以指導者的姿態活躍在舞台上，反對帝國主義的侵略和清政府的喪權辱國，但當反動勢力威脅利誘、施加壓力時，他們又表現出軟弱妥協的特點，中途退出運動，不能堅持到底。這一弱點也表現在立憲運動中。

立憲運動 20 世紀初的經濟發展、思想變化和革命風潮，從不同的方面促進了資產階級的立憲運動。由於資本主義經濟的初步發展，投資於工商業的資產階級雖不願和帝國主義、封建主義決裂，辛亥灤州革命先烈紀念國卻又希望在清朝統治下能改善自己的地位和發展條件。他們看到英國、日本、德國的君主立憲政體，也想透過這條途徑擠進政府，分享權力。立憲運動的主要倡導者是流亡海外的梁啟超以及國內的張謇、楊度、熊希齡、湯化龍、湯壽潛等人。清朝權貴當然對立憲並無興趣，但由於革命風潮的興起，清廷也企圖以立憲為誘餌，拉攏立憲派，瓦解革命派。光緒三十一年（1905），清廷派載澤等五大臣出洋考察憲政。翌年，頒布預備立憲的諭旨，在「大權統於朝廷，庶政公諸輿論」的口號下，拉開了立憲運動的帷幕，提出改革官制，清理財政，整飭武備，詳訂法律，廣興教育等，將行之數年未獲成效的「新政」，權作預備立憲的內容。立憲派則興高采烈，紛紛成立團體。康有為將保皇會改名為國

民憲政會，梁啟超在日本組織政聞社，江浙立憲派組織預備立憲公會，湖南組織憲政講習會，湖北成立憲政籌備會，廣東組織粵商自治會。各地立憲派積極活動，向清政府上書請願，施加壓力，要求召開國會。但清政府在宣布各省設立諮議局、北京設立資政院，作為國會的基礎的同時，把召開國會的期限推遲到九年以後，並頒布《欽定憲法大綱》，規定皇帝具有至高無上的權力，不受議會的約束，臣民的權利極為微小。光緒三十四年（1908），光緒帝和慈禧太后死去，滿族親貴集團企圖集中權力，排斥擁有實力的漢族大臣，將袁世凱以足疾為名開缺回籍。又訓練禁衛軍，成立軍諮府，企圖以皇室親貴統攬全國兵權，各省督撫對此加以反對。統治階級內部在立憲的招牌下各懷私念，爭權奪利。清朝上層中的滿族親貴、漢族大臣、立憲派三種勢力的裂痕日益擴大。

宣統元年（1909）以後，各省諮議局與北京資政院先後成立，並經常開會討論，批評政治，彈劾官吏，提出議案，與清朝中央和地方政府發生摩擦。立憲派對清朝的拖宕延緩、獨攬權力很不滿意，先後發動三次請願，要求速開國會，成立責任內閣。請願的規模越來越大，情緒越來越激昂。有些地方督撫從抵制親貴用事、維護自己權力出發，也參加了立憲運動。清政府不得已同意縮短預備立憲的期限，改為五年並於宣統三年裁撤軍機處等機構，組織以奕劻為總理大臣的新內閣。內閣成員大部分為滿族親貴，十三名閣員內漢族僅占四人，因此這個內閣被稱為「皇族內閣」。立憲派企圖和清政府分享權力的願望化為泡影，漢大臣也受到排擠，這就促成了辛亥革命時統治階級上層的離心離德，導致清王朝迅速土崩瓦解。

辛亥年，即宣統三年（1911），是社會矛盾長期積聚而達到總爆發的一年。

黃花崗起義和保路運動以孫中山為首的資產階級革命派，計劃在廣

州發動更大規模的起義。在條件尚不具備而事機又有洩漏的情況下，同盟會領導人黃興決心迅速發動起義，冒險一擊，時間定於宣統三年三月二十九（1911 年 4 月 27 日）。屆時黃興僅率一百數十人發難，攻入兩廣總督督署，隨後遇到大批清軍的攻擊。革命黨人以寡敵眾，許多人戰死或被捕犧牲。其遺骨合葬於黃花崗，故這次起義稱「黃花崗起義」。

黃花崗起義剛剛被鎮壓，湖南、湖北、廣東、四川四省廣大人民以及資產階級、地方紳商，為反對清政府掠奪商民路權，擅自把粵漢、川漢路權拍賣給英美法德四國銀行團，又掀起了保路風潮。四川保路運動發展尤其迅速，超出了立憲派「文明爭路」的範圍。成都和全省許多城鎮一齊罷市，並提出不納糧稅、不認外債等。清政府決定武力鎮壓，派端方帶兵入川。總督趙爾豐逮捕保路的領袖多人，並開槍擊斃遊行群眾數十人。四川各地的同盟會員和哥老會員紛紛組織保路同志軍，籌劃起義，把合法的保路運動發展為反對清朝的武裝抗爭。各路同志軍從四面八方圍攻成都，聲勢浩大。清政府急忙從湖北調兵入川，湖北形勢亦發生動盪。

四川保路運動為武漢革命黨人發動起義創造了有利條件，武漢地區的文學社、共進會等團體，平日在新軍中宣傳革命、發展組織，因而在軍隊中有深厚的基礎，許多士兵和下級軍官參加革命組織。

武昌起義宣統三年八月十九（1911 年 10 月 10 日）夜間，駐在武昌城內外的新軍發動起義，攻占總督衙門，清朝官吏遁逃。但當時革命派的重要領導人都不在武漢，起義士兵籌劃組成湖北軍政府時不懂得保持領導權的重要性，以為需要有名望、有地位的人出來組織政府。於是，清朝高級軍官新軍協統黎元洪被請出來當都督，立憲派湯化龍當了民政長。

武昌起義在中國境內產生了巨大影響。首先是湖南和陝西分別發動

起義，樹起獨立的旗幟。接著，各地革命黨人紛紛組織會黨、新軍起來響應。在短短一個多月時間內，又有江西、山西、雲南、浙江、江蘇、貴州、安徽、廣西、福建、廣東、四川、山東等省和上海宣布獨立。武昌的革命軍與清軍相持於漢口、漢陽，江浙的革命軍打敗清軍、克復南京、組織北伐，一時革命風潮大盛，連清朝統治的腹心地區直隸，也發生了灤州的新軍起義。

辛亥革命中，孫中山領導的同盟會是領導者和組織者，起義的普遍發動和迅速發展是同盟會長期宣傳、組織、籌劃的成果。會黨和新軍是主要的依靠力量。他們反對清朝的態度最堅決，抗爭最勇敢。資產階級立憲派本來並不贊成革命，但在爭路、憲政問題上已和清政府產生嚴重裂痕，起義的普遍發動把他們推向了革命一邊。他們的地位很有利，一方面既不是清朝的當權派，容易轉身投向革命另一方面，他們有聲望，有產業，受到地方上的信任。所以，立憲派這時幾乎全都放棄君主立憲的主張，贊成共和政體，並在新政權中占據了重要位置。甚至，有些舊官僚受到周圍的壓力，看到大勢所趨，也不得不附和革命，這樣就擴大了革命陣營的聲勢，使清朝政府陷入眾叛親離的不利處境。但立憲派和舊官僚投向革命，也帶來了嚴重的後果。他們和革命派的思想和目標很不一致，在革命內部爭奪權力，形成錯綜複雜的情況。有的省分，革命派發動起義，建立了革命政權，但立憲派和舊勢力透過政變和武力手段，屠殺革命派和群眾，篡奪了權力，如湖南、貴州。有的省分，革命派和立憲派並存，立憲派占了優勢，以後兩派都未能保持權力，一些掌握軍隊的實力派取而代之，如雲南、浙江、四川。有的省分，經過各種勢力的抗爭，政權落在流氓、政客、軍閥手中，如福建、山西。還有的省分，清朝舊官僚投機革命，宣布獨立，搖身一變，成為新政權的首領，如江蘇、廣西、山東。經過一段實力的較量和形勢的演變，掌握在

革命派手中的尚有上海、廣東、江西、安徽等地區。但革命派也在分化蛻變，有些人放棄了革命理想，向著官僚軍閥勢力靠攏。

布庫武昌起義後，年底，孫中山從海外回國。各省代表齊集南京，推舉孫中山為臨時大總統，組織南京臨時政府。翌年元旦（民國元年1月1日）孫中山宣誓就職，任命臨時政府工作人員，頒布除舊布新的各項政令。不久又成立臨時參議院，制定了《中華民國臨時約法》。

清帝退位武昌起義敲響了清王朝的喪鐘。帝國主義迫於形勢，打起了中立的幌子，催促清朝政府起用袁世凱。北洋軍隊的將領都是袁的心腹，要調動他們抗拒革命，非袁不可。清政府只好解散皇族內閣，請袁世凱出山，任命他為內閣總理大臣，向他交出軍政大權。袁世凱以帝國主義為後盾，挾北洋軍隊的實力，一面利用革命聲威，恫嚇清政府，逼迫滿族親貴交出權力一面又向革命派威脅利誘，施加壓力，迫使就範。袁世凱指揮北洋軍進攻武漢時，同盟會領袖黃興率領革命軍英勇抗擊，但事權不一，力量懸殊，戰鬥失利。北洋軍占領漢口、漢陽，炮轟武昌。經過帝國主義的撮合，袁世凱又和革命陣營試探和談。早在孫中山回國以前，南北和談已在上海進行，雙方就停戰、國體、召開國民會議等進行討論。帝國主義支持袁世凱，壓迫革命派妥協。立憲派和有的同盟會員也向袁世凱靠攏，表示如果清帝退位，將擁護袁出任第一任大總統。孫中山回國後，雖然反對妥協，積極主張北伐，組織了各路北伐軍，但各軍未經訓練，編制互異，指揮不靈，遭到各方面反對和掣肘。帝國主義拒絕承認南京臨時革命政府，扣留海關稅收各省軍政府新建，供應浩繁，革命政權因此陷入嚴重的財政危機。立憲派和一部分同盟會員則指責非難孫中山等的革命主張，致使北伐無法進行。孫中山面對革命陣營的渙散狀態和南北議和的既成事實，也無能為力，只得同意讓步。他表示如果清帝退位，宣布共和，自己即辭去職務，可另選袁世凱

為正式大總統。袁世凱在得到革命派出讓政權的確切保證後，便向隆裕太後上奏，聲稱自己的北洋軍隊已無力鎮壓革命，保衛京畿，請召開皇族親貴會議，速定方針。他自己則不再入朝，只派心愎催迫清帝退位。隆裕太後召開多次御前會議，爭論激烈。一部分滿族親貴態度頑固，反對退位，組成宗社黨，指責袁世凱「蔑視綱常」，「居心更不可問」，主張和南方革命軍決戰，袁世凱唆使段祺瑞等數十名前線北洋將領致電清政府，要求實行共和政體，斥責皇族親貴「敗壞大局」。各地官吏迎合袁的意圖，紛紛電奏，主張共和。宗社黨本無實力，其首領良弼此時被革命黨人彭家珍炸死，親貴們嚇得紛紛逃到天津租界和大連、青島。民國元年二月十二日，隆裕太後帶著宣統小皇帝舉行清王朝最後一次朝見儀式，接受優待皇室的條件，釋出退位詔。統治中國 268 年的清王朝宣告滅亡。

第二章　官稱衙署歷史

一、歷代官署機構

三省六部

隋唐至宋的中央最高政府機構。三省指中書省、門下省、尚書省；六部指尚書省下屬的吏部、戶部、禮部、兵部、刑部、工部。每部各轄四司，共為二十四司。

三省六部是自西漢以後長期發展形成的制度。其中尚書省形成於東漢（時稱尚書台）；中書省和門下省形成於三國時，目的在於分割和限制尚書省的權力。在發展過程中，組織形式和權力各有演變，至隋，才整齊劃一為三省六部，主要掌管中央政令和政策的制定、稽核與貫徹執行。

隋唐中書省的長官為中書令（隋稱內史令），副長官為中書侍郎（隋稱內史侍郎），主要職官有中書舍人。中書省主要負責秉承皇帝旨意起草詔敕，起草之責主要由中書舍人負擔。門下省的長官為侍中（隋稱納言），副長官為黃門侍郎（後改稱門下侍郎），主要職官有給事中。門下省主要負責糾核朝臣奏章，複審中書詔敕，如認為不當，可以封還和加以駁正，稱「封駁」。駁正之權主要由給事中掌握。中書、門下二省都設在宮內，所以又有諫諍之責，設左右諫議大夫、左右補闕、左右拾遺，分屬二省（左屬門下、右屬中書），以匡正皇帝的過失。尚書省設在宮外，長官為尚書令，實際不任命，由副長官左、右僕射代行職權。僕射

之下有左右丞、左右司郎中、員外郎，負責都省職事，總領六部。各部長官稱尚書，副為侍郎；各司之長為郎中，副為員外郎，分別負責貫徹各種政令。他們對中央擔任具體事務的九寺三監（或五監）及地方上的府、州、縣官有領導、監督之權。「中書取旨，門下封駁，尚書奉而行之」，是三省分工原則，從而彼此制約，以掌管國家大政。

這個原則並沒有始終貫徹。唐初以三省長官為當然宰相，合議軍國大事於政事堂（初設於門下省，高宗死後，移至中書省，玄宗時改名中書門下），但又擇他官參加議政，號為參知機務、參議得失等，也是宰相。此時，決定政事之權已不全由三省長官，其後又有以同中書門下三品、同中書門下平章事為名的他官參政。唐中葉以後，同中書門下平章事才是真正的宰相。三省長官卻先後被排斥出宰相行列，成為榮譽職，決定政策之權則被剝奪。玄宗以後，中書舍人起草詔敕之權又為翰林學士所分割；尚書省各部司的職權，在安史之亂後也大部分為各種使職所瓜分。故唐中葉後，三省六部制名存實亡。

宋承唐制，設門下、中書、尚書三省，吏、戶、禮、兵、刑、工六部。但北宋前期除刑部尚保留審復天下大辟案的職權外，三省六部的主要職權都已轉移至其他機構，其長官也都只作為寄祿官銜，另派升朝官分別主判，以處理殘留細務，三省六部制仍是名存實亡。元豐改制，以三省取代中書門下為最高行政機構，與樞密院對掌文武大權。除正、副宰相外，門下、中書後省分設左、右諫議大夫，左、右司諫，左、右正言掌原諫院所領諫諍彈劾職務；起居郎、起居舍人掌原起居院所領修起居注職務；又分設門下後省、中書後省，為門下省及中書省下屬機構，分別以給事中及中書舍人主管，以給事中掌原封駁司的封駁職務，並以封還詞頭的方式行使封駁權。尚書省下領六部，由各部尚書、侍郎主管，以原審官東、西院，流內銓，三班院所領職務歸吏部，以原三司與

司農寺所領主要財政職務歸戶部，以原太常禮院所掌禮儀職務復歸禮部，以原審刑院糾察在京刑獄司復刑獄及三司有關稽核會計帳冊等職務並歸刑部，以原三司有關修造、坑冶等職務歸工部，某些次要軍務歸兵部，並廢除樞密院之外的舊有機構，恢復六部下屬二十四司。宋哲宗元祐元年 (1086)，反變法派執政，改為三省共同議事，奏請取旨，分省治事行下，實際上使三省合一，習慣上常統稱三省。南宋高宗建炎三年 (1129)，又實行三省合一，二十四司也時或省並，如建炎三年以禮部兼主客，祠部兼膳部，兵部兼職方，駕部兼庫部，比部兼司門，工部兼虞部，屯田兼水部等，還省並若干寺監人六部。宋孝宗隆興元年 (1163)，又進一步省並六部下屬諸司，如以司封兼司勳，禮部兼祠部，兵部兼駕部，都官兼比部，工部兼屯田等。

遼代南面官系統中，設三省六部（其中「中書省」初名「政事省」），設官同於宋制。金、元、明只設一省六部，一省，金為尚書省；元、明為中書省。明洪武十三年 (1380) 罷中書省，分中書省之權歸於六部。自此，六部取代了三省六部之制。

尚書省

魏晉至宋的中央最高政府機構之一。始名尚書台，後稱尚書省。它是由漢代皇帝的祕書機關尚書發展起來的。

起源及其演變

秦及漢初，尚書是少府的屬官，是在皇帝身邊任事的小臣，與尚冠、尚衣、尚食、尚浴、尚席合稱六尚，因其在殿中主管收發（或啟發）文書並保管圖籍，故稱尚書。漢武帝劉徹時，進一步強化君權，政事不專任二府（丞相府、御史大夫府），尚書因主管文書，省閱奏章，傳達皇

帝的命令，地位逐漸重要。武帝遊宴後庭，為便於出入宮禁，用宦者主管尚書事務，稱為中尚書令，簡稱中書令，又兼謁者之職，因稱中書謁者令。但在宦官為中書時，也有士人任尚書之職，如張安世曾於武帝時任尚書令，五鹿充宗於元帝時任尚書令。元帝時，宦官弘恭、石顯先後為中書令，「權傾內外」。由宦官典尚書的制度，受到大臣激烈反對。到成帝建始四年（西元前 29 年），終於專用士人。由於尚書在西漢已成為政府機要部門，所以凡是掌握實權的大臣都領尚書事，如霍光以大將軍領尚書，王鳳以大司馬領尚書。

漢光武帝劉秀鑒於西漢晚期的權臣專政，有意削弱相權，太尉、司徒、司空居三公高位，名為宰相，而實際權力則逐漸移於尚書。當時，尚書機構稱台，有令、僕射各一人，尚書六人，分主六曹（或說為五曹六尚書，其中三公曹置尚書二人）。令、僕射之下有左、右丞各一人，「掌錄文書」，並檢查各項事務是否按時完成。尚書之下有侍郎三十六人，分屬六曹，主起草文書；又有令史十八人（每曹三人），主抄謄文書。此時尚書台已成為組織複雜的機構，成為政府的中樞，號稱中台。所以章帝時韋彪說：「天下樞要，在於尚書。」但是在東漢，尚書台仍然算是少府的下屬機構。尚書令、僕射、尚書等官的祿秩都較低，令秩千石，僕射、尚書秩均六百石。

三國時，尚書台已正式脫離少府，成為全國政務的總彙。令、僕射、尚書品秩已經很高，併為第三品，與九卿同級。漢獻帝時，曹操執政，荀勖為尚書令，曹操征伐在外，荀勖常居中持重，可見此官地位之重要。但正是因為它威權的升高，引起最高統治者的疑忌，所以最高統治者又開始剝奪它的權力。曹操為魏王時，置祕書令，典尚書奏事。其子曹丕（魏文帝）代漢稱帝後，改祕書令為中書令，又置中書監，並掌機密，下統中書郎若干人，組成中書省。魏明帝時，中書監、令號為專

任。於是在尚書台之外復有中書省，而原來作為皇帝侍從的侍中也逐漸成為參預機密的要職，尚書台不再有獨占機樞的地位。雖然如此，由於全國政務首先集中到尚書台，因此它作為全國行政總彙機構的趨勢仍在繼續發展，執政重臣也要加上錄尚書事的頭銜，才能過問機密。

孫吳略仿曹魏，也是尚書、中書並置。蜀漢則沿襲東漢，尚書之權甚重。

西晉沿襲曹魏，以尚書台總攬政務，而別置中書、門下二省以分其權。然尚書令、僕射仍是全國行政部門的首腦，稱為端右、端副，地位在中書監、令和侍中之上，重臣當國仍必加錄尚書事。東晉以後，錄尚書之權漸分，有時以三四人並錄尚書事。宋孝武帝孝建中，為防大臣威權過盛，遂省去錄尚書之職，以後置廢不常。又自魏晉以後，士族崇尚清淡，不屑過問瑣碎的日常事務。西晉王衍自尚書僕射遷尚書令，身居宰輔，不以經國為念。梁朝謝朏為司徒、尚書令，憚煩，職事多不覽。又自東晉以後，高門子弟都以出身作尚書郎為恥辱。高門既不屑就，就者也多不辦事，故自東晉以後，令、僕射及郎中多不奏事，當官成為掛名，於是，尚書台的日常事務多交給令史去處理。這樣，令史就漸攬事權，尚書省內部有權力下移的趨勢。由於令史實際作用的增大，梁武帝曾擬提高都令史人選，不用寒人而改用士族。但士族尚不樂為台郎，何況令史，所以此法不能推行。加之，南朝時中書舍人傳任機密，尚書省的實際地位更為下降。

西晉滅亡後，在北方建立的十六國，除前涼、西涼遙奉江南正朔，不立尚書台外，其餘政權均見尚書令、僕射、尚書等官職。但其具體情況不詳。

北魏出自鮮卑族，本身有部落大人會議決事的制度，及魏道武帝拓跋珪破後燕，皇始元年（396）始仿魏晉立尚書台，置三十六曹。但北魏

前期的尚書台是鮮卑舊制與中原制度的糅合，與江南制度迥然不同。北魏尚書制度的正式建立，實際在太和改制以後。太和十五年（491）魏孝文帝元宏改定官制，十七年，頒布第一個職員令，太和二十三年又頒布第二個職員令，尚書省及其他官職都仿照魏晉制度，主要也是以尚書省總領庶政，而中書、門下二省分掌機權，門下之權尤重（見門下省）。

東魏、北齊承襲北魏，而尚書之權較重。這是因為北齊文襄帝高澄、齊文宣帝高洋都曾在東魏朝擔任過尚書令。北齊除在首都鄴城置尚書省外，在晉陽也置尚書省，同樣具有中央行政機構職權，這是因為晉陽是北齊下都，皇帝經常前往並在那裡發號施令。

西魏時，朝廷尚書省的組織情況不詳。宇文泰以大行台執政。大行台的組織略同於尚書省，有僕射、尚書、丞、郎等職。周惠達、蘇綽、盧辨都曾為行台尚書。到西魏末才實施摹仿《周官》的六官制，廢除了尚書省。北周承之。

隋文帝楊堅代周稱帝，於開皇元年（581）恢復了尚書省，並使之成為名副其實的全國最高行政機構。隋代不置錄尚書事，尚書令雖設而常缺，尚書左僕射便是首相，高熲任此職達十九年，綜理全國政務。他雖兼任納言（即侍中），而權力主要來自左僕射之職。高熲之後，楊素亦為此職。大業元年（695），楊素升任尚書令。楊素死後，隋煬帝楊廣不補尚書令，大業三年後，左右僕射也不補任了。

唐沿隋制，也是三省（尚書、門下、中書）並置，而尚書省事無不總，是全國行政的總彙機構。尚書令仍是雖設而虛其位，僅李世民為秦王時曾一度擔任。唐中葉後，唐德宗李適為雍王時再兼此職。故唐以僕射為省主，若置左、右僕射，便以左僕射為省主。僕射之下設左右丞，協助僕射分理省內事務。尚書省設六部二十四司，部有尚書，侍郎為之副；司有郎中，員外郎為之副。緋絲文品官鷺鷥補子吏部綜銓選之任，

戶部（初名度支，隋代稱民部，唐代因避唐太宗李世民名諱，改為戶部）
負財政之責，禮部掌禮儀及貢舉，兵部主兵籍、器仗，刑部（初名都官）
理刑獄辭訟，工部知工程建設。全國政務，各歸所司。九寺三監，則成
為具體辦事的職能機構，貫徹尚書諸司所傳達之政令。地方州、縣亦稟
承尚書符令施政，並定期向尚書諸司申報戶口、籍帳及政績。故尚書省
仍是國家政事總樞紐，是最高行政機構。

　　唐初，左、右僕射及中書令、侍中併為真宰相，左僕射居首，地位
極為尊崇。太宗貞觀年間，房玄齡為左僕射近二十年，成為唐朝著名宰
相。但是就在唐朝前期，尚書省的地位已在下降。首先，是僕射相權的
削弱和被剝奪。唐朝在門下省設政事堂，為宰相議政之處。參加議政者
原為三省長官（即左右僕射、中書令、侍中）。但皇帝又以敕令指定其
他官員參加議政，稱為參加機務、參議朝政等。其官品味較低者則加以
同中書門下三品或同中書門下平章事等頭銜，亦為宰相。貞觀二十三年
（649），李勣拜尚書左僕射，亦加同中書門下三品稱號，於是左僕射為當
然宰相的地位發生了動搖。其後，凡官僕射者必須加此稱號，才能參加
議政，才是真宰相。左右僕射逐漸被排除於宰相之外，到唐玄宗時就少
有僕射參加議政的事例。尚書省因其長官被排除於決策機關之外而成為
單純的執行機構了。其次是尚書省各部諸司的職權逐漸為新發展起來的
各種使職所奪。這種使職由皇帝以敕令任命，專管某一具體職事，屬於
差遣性質。唐玄宗時是各種使職迅速發展的時期，如在財政制度方面就
有勸農使、度支使、營田使等的設定。這些專一性的使職，直接稟承皇
帝的敕令，指揮其下屬機構，很少透過尚書省。安史之亂以後，由於軍
事上的急需，使職增設更多，權力更大；加以宦官專政，藩鎮跋扈，尚
書省的職權更加削弱。於是尚書諸司成為閒曹，「兵部無戎帳，戶部無版
圖，虞、水不管山川，金、倉不司錢穀」，「官曹虛設，俸祿枉請」，「一

飯而歸，竟日無事」。唐朝後期，尚書省已有名無實。北宋初，形式上還保留尚書省的組織系統，但權力既不歸屬，郎官又不治事，權藉此以寄祿秩，別無差遣，尚書省的制度名存實亡。遼、金有尚書省，與宋制略同。元代以後，尚書省遂廢除。

組織及其職掌

尚書台（省）的組織由簡到繁，歷代均有變化。漢初已有令、僕射及丞的職別。令為主官，僕射為副，丞則為令、僕之佐職。至漢成帝時，始分曹理事，有常侍曹，主公卿（指中央行政部門）；二千石曹，主郡國二千石（指地方政府）；民曹，主吏民上書；客曹，主外國「夷狄」（指國外及國內少數族），凡四曹。後又置三公曹，主斷獄，共為五曹，每曹各有尚書一人，在令、僕射統屬下分領政務。東漢設六曹尚書（或說為五曹），尚書之下復有侍郎三十六人，分屬六曹，成為三級組織。尚書令、僕射及六曹尚書合稱八座（隋唐時以左右僕射及六尚書為八座），為台中長官；尚書郎則主作文書，起草立義，上殿奏事，「八座受成，事決於郎，下筆為詔策，出言為詔命」，為台中具體辦事人員。郎官之下復有令史二十一人，主抄錄文書。但東漢侍郎與令史尚無嚴格界限，侍郎缺常以令史升補。協助令、僕理事者尚有左、右丞各一人，左丞有糾劾之權，歷代均同。

魏晉以後，令、僕射及左、右丞理事之處為都台（後稱都省）。下為列曹尚書，其數或五或六，各代不一，其區分辦法也與東漢略有不同。如曹魏置五曹尚書：吏部，主銓官吏；左民，主民事；客曹，主外國及國內少數民族；五兵，主軍政；度支，主財政。不似漢代以常侍曹主公卿，二千石曹主郡國二千石，按中央與地方區分職務。列曹尚書之下，復分曹置郎官，其數或多至三十六曹（兩晉、北魏），或少至十五曹（東

晉），其名稱職掌亦代有變化，因事而設，不能盡舉。丞郎之下，均有都令史、令史、主事、省事等吏職。而郎官、令史之區別更嚴，自郎官以上，多屬士族；主事、令史，則多出寒人。雖間或有初仕令史而官至令、僕射（如北齊之趙彥深），然出身令史為人所賤視，則是普遍情況。

尚書省之組織，至隋而定型，尚書皆以部為名，而郎官以司為名。有吏部、禮部、兵部、刑部、民部、工部等六部及吏部、主爵等二十四司。司有侍郎一至二人，員外郎一人。煬帝時，又於每部增置侍郎一人以為尚書之副，原諸司侍郎則改稱為郎（唐代則稱為郎中）。尚書都省增設左右司郎（唐代改為郎中）各一人，作為左、右丞之佐。唐朝沿襲隋制，但名稱屢有變更。龍朔二年（662）改尚書省名為中臺，左右僕射為左右匡政，咸亨（670～674）初復舊；光宅元年（684）又改名為文昌台，左右僕射為文昌左右相；垂拱元年（685）又改省名為都台，萬歲通天（696～697）初復舊；長安三年（703）又改為中臺，神龍（705～707）初復為尚書省。開元元年（713）又改左右僕射為左右丞相，天寶元年（742）復舊。其下六部名稱也有改復。

▌中書省

中國古代中央最高政府機構之一。它和漢代尚書有淵源關係。

漢武帝時進一步強化君權，以主管文書的尚書掌握機密要政。為便於出入後宮，用宦者擔任，稱為中尚書，簡稱中書，又因兼謁者之職，故又名中書謁者。其長官有令，僕射。宣帝末弘恭為中書令，石顯為僕射，元帝時石顯為中書令，牢梁為僕射，均專權用事，為朝臣所惡。成帝時廢除由宦者擔任中書之制，此後至東漢末，改以士人為尚書。尚書台獨掌樞要，地位日益崇重。但專制主義的封建統治者總要防止臣下的權力過大，以免威脅到自身。東漢末，曹操受封為魏王後，在建置魏國

百官時，便設立祕書令，典尚書奏事。魏文帝曹丕即位後，改祕書為中書，設監、令各一人，監、令之下置中書郎若干人，於是中書省正式成立，其官員由士人充任，與西漢時用宦者充任的中書不同。從此以後，中書省與尚書台並立。原來由尚書郎擔任的詔令文書起草之責，轉由中書省官員擔任。中書監、令的品秩雖低於尚書令、僕射，但與皇帝的近密程度過於尚書，故機要之權逐漸移於中書省，尚書台的地位因之削弱。三國除曹魏外，孫吳亦設中書，置令、郎，但其制與魏制稍有不同。蜀漢不詳。西晉以後，歷代都沿襲曹魏立中書省，只有北周實行六官制，無中書之名。中書省之印但其春官府有內史中大夫、下大夫等職，即相當於中書令、侍郎的職務。隋代廢六官制，置內史省，即中書省。煬帝末又曾改名內書省。唐初亦名內史省，武德三年（620）始複名中書省。高宗龍朔二年（662）改稱西台，咸亨（670～674）初復舊，武後光宅元年（684）改名鳳閣，中宗神龍（705～707）初復舊；玄宗開元元年（713）改名紫微省，五年，復舊。自魏晉以後，中書省是與尚書省、門下省鼎立的三省之一。

　　中書省的組織，歷代均有變化。自魏晉至隋初，以監、令各一人為其長官。後隋又廢監，置令兩人。唐承隋制，中書令曾改稱為右相、內史令、紫微令等，均不久即復舊稱。監、令之下，有中書侍郎（魏晉時也有單稱郎或通事郎的，晉宋以後，概稱侍郎），為中書監、令之副，它與監、令的職責都是答覆皇帝的諮詢，負責起草詔敕及閱讀臣下的表章。自晉至隋初，侍郎員額四人，後改為二人，唐因之。侍郎之下，有中書舍人，初稱中書通事舍人，後去通事之名。中書舍人初掌呈進章奏，後掌撰作詔誥及受皇帝委任出使，宣旨勞問，受納訴訟。其員額歷代不同，唐時置六人。中書舍人之下，復有通事舍人（一度改稱事謁者）若干人，掌朝見引納，殿廷通奏。此外，又有右補闕、右拾遺，掌諫

諍，唐代所置；起居舍人，掌修起居注，隋代所置。

中書省最重要的職權是撰作詔令文書。魏晉之初，監、令、侍郎多親自起草，如曹魏時劉放為中書監，善為書檄，三祖（魏武、魏文、魏明）詔命多出自劉放。西晉張華為中書令，當時詔誥皆張華草定。其後，擔任監、令的高門士族，崇尚清談，厭親細務，起草詔誥文書，多委之於舍人，於是機要之權逐漸下移。南朝時，草擬招誥成為中書舍人的專職，其時皇帝為了便於驅使，多以低階士族或寒人充任舍人，「入直閣內，出宣詔命，塒有陳奏，皆舍人持人」，這樣，他們就有機會參預決策。南齊永明（483～493）中，中書通事舍人權傾天下。梁武帝信任周舍、朱異，兩人先後任中書舍人，專掌機密，雖官位多次升轉，但不離舍人之職。陳時，「國之政事並由中書省。省有中書舍人五人」，「分掌二十一局事，各當尚書諸曹，併為上司，總國內機要，而尚書唯聽受而已」，形成中書舍人專政的局面，監、令、侍郎反而成為虛位。這種情況在陳亡以後才有所改變。北朝的中書監、令仍然掌握詔命起草權，如北魏高允、高閭均以能文為中書監、令，詔令書檄，多出其手；北齊邢邵、魏收亦曾為中書監、令，親作詔誥，與南朝由舍人起草詔誥的情況不同。隋代內史令與門下省的納言、尚書省的僕射併為宰相之任，地位尊崇。下置內史舍人（即中書舍人）八員，專掌詔誥。唐朝也沿襲隋代，置中書舍人六員，以撰作詔制為其主要職責，又分押尚書六部，佐宰相判案。故舍人之職在唐代頗為顯赫。

中書令在唐朝前期與侍中、僕射同為真宰相。宰相集議朝政的政事堂，初設於門下省，高宗死後，移至中書省。此後，中書令執政事之筆，有出令之權，遂居宰相之首。其以同中書門下三品及同中書門下平章事為宰相者，多以中書侍郎、門下侍郎為本官。至唐中葉以後，勢力強大的藩鎮和勳高望重的武臣常被加尚書僕射、中書令、侍中等官銜，

以示榮寵。於是，中書令也逐漸成為虛銜。與此同時，以他官掌詔命敕策的制度也發展起來，翰林學士逐漸成為重要詔令的起草者，中書舍人的職權漸被侵奪，只能草擬一些例行敕書，變得無足輕重。所以中書省到了唐代後期也大權旁落。

北宋前期，中書省僅存空名，與門下省並列於皇城外兩廡，所掌只是冊文、覆奏、考帳等例行公事。宰相辦公處稱中書門下，簡稱中書（習稱政事堂），置於皇城之內，不再設於中書省。中書令不真拜。中書舍人亦為寄祿官，不起草詔命，而另設舍人院，置知制誥或直舍人院以掌外制。元豐官制改革，將中書門下職權分屬三省，恢復「中書取旨、門下覆奏、尚書施行」的唐制，並任命實職省官。同時廢舍人院，建為中書後省。中書令仍虛位，而以右僕射兼中書侍郎行中書令之職，與左僕射兼門下侍郎併為宰相；別置中書侍郎一人為副，與門下侍郎，尚書左、右丞併為執政。然因三省分權制影響行政決策效率，實行中改變為由宰、執事先共議於政事堂，奏准後以「三省同奉聖旨」行下。南宋時，中書省與門下省合併為中書門下省，右僕射兼中書侍郎改稱右丞相，中書侍郎改稱參知政事。

遼以南面官治漢人，其南面朝官亦沿唐制有三省之名。中書省初稱政事省，興宗時改。其官見於記載者有中書令、中書侍郎、中書舍人等，然未必皆有實職，大抵多用以招徠漢人或示榮寵。金熙宗完顏亶官制改革，參用唐、宋之制建立三省，然中書令以尚書右丞相兼任，位在丞相下，亦不置實職之侍郎、舍人，掌詔敕者為翰林院，故中書省徒有虛名。完顏亮廢中書、門下二省，僅存尚書省為最高政府機構。

元世祖忽必烈以前，大蒙古國以札魯忽赤掌政務，大札魯忽赤是最高行政官。此外，大汗的怯薛組織中有必闍赤（意為掌文書者）一職，掌寫發詔令及其他宮廷文書事務，設有分掌畏兀兒文、漢文、波斯文等各

種文書的必闍赤。隨著蒙古統治地域的擴大，在中原和西域各地區頒布政令以及徵收貢賦、任免官吏等事，都需要行用文書，必闍赤機構在行政事務中的作用日益重要；必闍赤長得以參預管理政務，成為次於大札魯忽赤的輔相之臣。1231年，窩闊台南征駐驆雲中（今山西大同）時，仿照中原官稱，必闍赤長耶律楚材、黏合重山、鎮海三人分別稱中書令和中書左丞相、右丞相，同時將必闍亦機構稱為中書省。但這隻為適應統治中原漢地的需要而權宜使用中原官名，並未成為蒙古國的定制。

中統元年（1260）忽必烈即位後，始採用中原官制，設立中書省以總理全國政務，為最高行政機構。其設官沿襲金尚書省之制，長宮中書令由皇太子兼任，未立皇太子時則缺。實際長官為右丞相、左丞相（元制尚右，故右在左上），各一員，或僅置右丞相，總領省事，統率百司。平章政事四員，為丞相之副貳；右丞、左丞各一員，參知政事兩員，為執政官；統稱為宰執。又置參議中書省事四員，掌左司、右司文牘，參決軍國重事。左司、右司，各置郎中、員外郎、都事等官。中書省領六部。中統元年初置左三部（吏、戶、禮）、右三部（兵、刑、工），至元元年（1264）分為吏禮、戶、兵刑、工四部，七年始分立六部。在統一全國過程中，各地區相繼分立行中書省，總隸於中書省；山東、山西、河北及內蒙古部分地區，則由中書省直轄，稱為「腹裡」，即內地的意思。至元七年至八年，二十四年至二十九年，至大二年（1309）至四年三次設立尚書省分理財賦，亦置丞相及平章、右丞、左丞、參政等宰執官。在這期間，行政權實際上歸尚書省，各行中書省亦相應改為行尚書省。尚書省罷，權力復歸中書省。

明初沿襲元制，置中書省總理全國政務，領轄六部，職權甚重。洪武十三年（1380），明太祖朱元璋殺丞相胡唯庸，乘機廢中書省，以六部分掌庶政，直接受命於皇帝，中央集權空前加強。

▌門下省

　　魏晉至宋的中央最高政府機構之一。初名侍中寺，是宮內侍從官的辦事機構，後來發展成為與尚書省、中書省鼎足而立的三省之一。其稱為門下省，始自西晉。

　　門下省的組織歷代不盡相同，但均以侍中為其長官，黃門侍郎（或稱給事黃門侍郎，後改稱門下侍郎）為其副。門，指皇宮內門，因其門戶漆以黃色，故又稱黃門。至唐，其下屬有給事中、散騎常侍、員外散騎常侍、散騎侍郎、員外散騎侍郎、諫議大夫、奉朝請等官職。這些官職大都來源於漢代宮廷侍從。門下省所統的下屬機構，歷代也不一致。如劉宋、蕭齊時有公車、太醫、太官及驊騮廄等機構；隋代有城門、尚食、尚藥、符璽、御府、殿內六局；唐代則只有城門、符寶二局和弘文館。

　　侍中在秦代是由丞相派赴殿中往來奏事的府史，因其在宮殿內供職，故稱侍中。漢代成為加官，凡加此官號者，便可出入宮禁，為皇帝左右侍從，備顧問，並分管皇帝服用之物，下至虎子（便器）、唾壺之類也包括在內。內外朝官多可獲得此種稱號，並無員額，多至數十人。侍中由於在皇帝左右，有代皇帝「省（閱）尚書事」的責任，因此能參預決策。但在東漢後期宦官專政，比侍中更為接近皇帝的中常侍、小黃門等掌握了「受尚書事」的權力，侍中在政治上的作用受到限制。東漢末，宦官被誅後，獻帝於即位之初，設定侍中、給事黃門侍郎各六人，在皇帝左右省尚書事。從此侍中、黃門侍郎有了定員和專責，地位逐漸重要。魏晉時期，侍中定員四人（用作加官的侍中不在此數內）。三國時，侍中在魏、吳、蜀的政府中的地位都十分重要。黃門郎（即黃門侍郎）成為士人羨慕的要職。魏齊王芳時，王弼以未能在門下為黃門郎而遺憾。吳孫權用胡綜、是儀為侍中，專典機密，「入闕省尚書事，外總平諸官，兼領

辭訟」。蜀相諸葛亮出師北伐時，上表囑咐後主劉禪要信任侍中、侍郎郭攸之、費禕、董允，「宮中之事，事無大小，悉以諮之，然後施行」。這些事例都足以說明侍中、黃門侍郎的重要地位。西晉時，侍中的作用更為明顯。武帝用任愷為侍中，委任他綜管大小事務，當時連最有權勢的開國元勛賈充也十分懼怕他。到了東晉以後，似乎已經形成了一種制度，即皇帝頒發詔書，一定要先透過門下省，從而形成了門下省的封駁權（即稽核權）。這種封駁權發展到唐代，達到它的最高點。

侍中在政治上發揮的作用，以北魏更為顯著。北魏早期官制脫胎於部落制度。什翼犍時，置左右近侍，侍直禁中，傳宣詔命，以諸部大人及豪族良家子弟為之。無常員，或至百數，其職位類似侍郎。又置內侍長四人，主顧問，拾遺應對，其職位類似於侍中。後來，道武帝拓跋珪稱帝建國，模仿魏晉官制，於是這種與門下省制度大致相當的內侍長、近侍之職，便取得了侍中、散騎侍郎等名稱，並繼續享有重要地位，太武帝時，穆壽、張黎均以侍中輔政。宣武帝末，於忠為侍中兼領軍，既居門下，又總禁衛，秉朝政，權傾一時。北齊時宰相執政者也多兼侍中之職。

北周實行六官制度，不置門下省，其天官府御伯中大夫（後改名為納言）即相當於侍中之職。

隋朝廢六官制，恢復門下省，原先的侍中即名為納言，隋煬帝時又改納言為侍內，這時因為避隋文帝父楊忠諱的緣故。唐初複名納言，武德四年（621）才複名侍中。以後，門下省及侍中又有數次改名：龍朔二年（662）門下省改名東台，侍中改名左相；光宅元年（684）省名改鸞台，侍中改名納言；開元元年（713）省名改黃門省，侍中改黃門監，但不久都恢復原名。唐代前期，侍中是真宰相，宰相議政的政事堂，最初也設在門下省，以後才移到中書省。侍中是政事堂的當然成員，但由於此官品高望重，輕易不以授人。中唐以後，侍中成為授與勳臣節將的榮譽職

稱，逐漸變成虛銜。

黃門侍郎在門下省是僅次於侍中的要職。南齊時被呼為小門下，職掌與侍中相同。唐代以同中書門下三品或同中書門下平章事為宰相者，多以門下侍郎或中書侍郎為本官。黃門侍郎在唐代隨著省名的改變，也有過東台侍郎、鸞台侍郎等名稱。最後到天寶元年（742）改為門下侍郎。門下侍郎同中書門下平章事，既為宰相，遂不復歸本司辦事，侍郎本身之職多由給事中代行。

給事中以給事（供職）於官省之中得名。在漢代也是加官，大夫、博士、議郎等，凡加此官號者，便得在宮殿中任職。本無員額，曹魏時，或為加官，或為正員，以後歷代或有或無。隋以前地位在黃門侍郎之上。隋無此官，後移尚書吏部之給事郎於門下省。唐代改名給事中，定員四人，地位在黃門侍郎之下。給事中職掌讀署奏抄，駁正違失。詔敕有不便者，塗改還奏，謂之「塗歸」。所以唐代給事中具體執行門下省的封駁權，地位至為重要。這時的給事中已非隋以前的給事中，不過襲用其名而已。唐代給事中也曾改稱東台舍人、鸞台舍人等名。由於它有駁正詔敕的職責，逐漸演變成為諫官。

散騎常侍、員外散騎常侍、散騎侍郎、員外散騎侍郎等官，原屬散騎省，後又屬集書省，隋代始併入門下省。其職掌侍從規諫，實際上是位望通顯而無具體職事的閒職，僅用來作為高級官吏的榮譽銜。唐高宗時，又分散騎為左右，左屬門下，右屬中書。

此外還有左補闕、右拾遺各六人，掌諷諫；起居郎二人，掌記錄時事，作起居注。這些都是唐代增設的官職，也屬門下省。門下省在宋代形式上還存在，實際職權已移至其他機構，其長官成為寄祿虛銜。遼代南面官系統中有門下省，職掌、官名、員額與宋制略同。金廢除門下省。元代以後，門下省不再設定。

政事堂

唐宋時期宰相議事的地方。政事堂會議是常設的，協助皇帝統治全國的最高決策機構。

唐初，為了便於宰相集議軍國大事，設政事堂於門下省。參加政事堂會議的原僅三省長官（中書令、侍中、尚書左右僕射），他們是「當然宰相」。其後，皇帝又以他官參加政事堂會議，稱為參知政事、同中書門下三品等（以後逐漸統一為同中書門下平章事之名），亦為宰相。弘道元年（683）十二月，唐中宗即位，中書令裴炎以中書負責草擬詔令為由，奏請移政事堂於中書省。至唐玄宗開元十一年（723），中書令張說奏改政事堂名為「中書門下」，其政事堂印亦改為中書門下之印。但其後仍有稱為中書政事堂或中書都堂。後晉時，又曾改名為政事廳。

「中書門下」雖設在中書省內，但自成為一個機構。為了便於處理政務，政事堂後分列五房：一曰吏房，二曰樞機房，三曰兵房，四曰戶房，五曰刑禮房，以分理眾事，供職者稱為堂後官，雖都是吏員，但地位極為重要。

北宋前期沿唐制，以政事堂為宰相、參知政事議事辦公處。正式名稱為中書門下，簡稱中書，俗稱都堂或中書都堂，通常稱為政事堂，設於禁中。政事堂囊括門下、中書和尚書三省的大部或主要職權，是最高行政機構。

政事堂下設舍人院，有知制誥或直舍人院，負責撰擬詔旨。還設孔目、吏、戶、兵禮和刑等五房，分曹處理事務。設堂後官十五人，分主五房；淳化四年（993）減為六人，內一人任都提點五房公事，總領五房，餘五人各分主一房。熙寧三年（1070）設檢正五房公事（都檢正），位在提點五房公事之上，各房設檢正公事二人，位在各提點公事之上。

元豐改制，中書所轄職事，分屬門下、中書、尚書三省。宰相、執

政的議事辦公處，仍設在原政事堂正廳，改稱三省都堂，通常只稱為都堂。此後宰、執的辦公處設於尚書省的都堂，有時也稱之為中書或政事堂。

　　元、明、清三朝，不再設政事堂。民國建立後，袁世凱於 1914 年 5 月 3 日改國務院為政事堂，以國務總理為國務卿，從而廢除責任內閣制，使政事堂成為總統府的辦事機構。1916 年 5 月 8 日，袁世凱又改政事堂為國務院。

▌御史臺

　　東漢至元設定的中央監察機構。秦及西漢，御史屬御史大夫府。大夫佐丞相理國政，兼管監察。下有兩丞，其一為御史中丞，又稱中執法，在殿中蘭台；外督部刺史，內鎮侍御史十五人，受公卿奏事，舉劾按章，具體掌握監察權力。西漢末改御史大夫為大司空，不再兼管監察，御史中丞出為台主。東漢因襲，稱御史臺。曹魏一度改御史中丞為宮正，後復原名，歷晉、宋、齊、梁、陳不變。北魏改中丞名為中尉，威望甚重，北齊複名中丞。北周行六官制，其秋官大司寇下之司憲中大夫即御史丞之職。隋廢六官制，復立御史臺，因避諱，御史中丞改稱御史大夫，為台主，治書侍御史為副。唐初沿襲隋制，貞觀末，因避太子李治諱，改治書侍御史為御史中丞。高宗龍朔二年（662），改台名為憲台，咸亨元年（670）復舊。武則天光宅元年（674），改稱肅政台，分為左右，各置肅政大夫（御史大夫）、司憲大夫（御史中丞），左台專監在京百司及軍旅，右台按察諸州文武百官。中宗神龍元年（705），複名左右御史臺。睿宗延和元年（712），又合而為一。

　　唐御史臺有三院：①台院：置侍御史四人（或六人），掌糾舉百僚，推鞫刑獄。此外，監太倉、左藏出納，監督沒收贓款及收納贖款等職，

也由侍御史分工負責，其中以資歷深者一人知台內雜事，稱為雜端，權力最大。②殿院：置殿中侍御史九人，掌整齊朝班，檢察儀仗；京城內分左右街巡察，檢舉巡內不法之事；又助侍御史推事，監太倉、左藏出納。③察院：置監察御史十五人，掌分察百僚，巡按郡縣，糾視刑獄，肅整朝儀，監決囚徒。監察御史多奉敕出使，巡察諸道，稱巡按使；檢察館驛，稱館驛使；監軍則清點俘獲，審查功罪；監屯田、鑄錢則審計盈虧，糾劾過失；又監嶺南黔府考選。其在京師，則以監察御史分察尚書六部，又以二人助殿中侍御史分察左右巡及整飭朝班儀仗。

御史臺的職責雖極繁多，最重要的實為兩項：一是彈劾百官。御史可以據風聞彈事，彈劾不必先稟告長官，也可彈劾台內長官和同僚。二是推鞫刑獄。有的案件由當事人自赴朝堂申訴，由中書舍人、給事中及侍御史受理，稱為三司受事；也有投牒匭中，由侍御史監督處理，稱為理匭；更多的是奉敕推鞫。御史臺本無監獄，所推問的罪人寄囚於大理寺。到貞觀二十二年（648），始別置台獄。自大夫以下諸御史都可以拘捕人入獄。武則天時為了消滅反對勢力，用酷吏為御史，大殺宗室、大臣，又令御史中丞來俊臣別置獄於麗景門，入獄者大都被處死，因此世人稱此門為例竟門。到玄宗開元十四年才由御史大夫崔隱甫奏准依舊制，廢台獄。需要拘留者，止於台中諸院寄禁。

三院御史為清要之官，雖秩品不高，但威權甚重。唐玄宗時常用御史充任各種重要使職，如宇文融以監察御史為覆田勸農使，他所奏置的判官十人也都兼御史銜。後來，他又充租地安輯戶口使，官位也經侍御史擢升到御史中丞。其後楊慎矜、王鉷、楊國忠等人也都是從監察御史歷侍御史至御史中丞，擔任各種重要財政使職。因為御史權重可畏，易於集事。玄宗以後，凡節度使、觀察使無不兼大夫、中丞銜，所屬判官也多帶侍御史、監察御史銜；度支、鹽鐵、戶部三使的巡院官也多兼「憲

衛」。就是這個原因。這些由外官兼攝的御史被稱為外台，加上檢校等字樣，以示非中央御史臺正員。到了後期，方鎮的將校也多帶「憲銜」，憲銜遂濫。

按唐制，御史監察百官，本身卻要受尚書左右丞監察，糾彈不當要受劾治。但在御史臺權力膨脹時期，左右丞很少能執行這種監察權力。

御史制度是監制百官、鞏固皇權的制度，當唐代後期皇權削弱時，御史的威權也隨之下降。御史監軍的權力早在唐玄宗時已被宦官取代。安史之亂後，外則藩鎮割據，內則宦官專政，御史很難在他們勢力範圍之內行施監察權。貞元十九年（803）監察御史崔薳耘循舊制到神策右軍巡察，被軍中執奏，笞四十，流配崖州（今廣東海南島瓊山東南）。重要詔獄（皇帝下詔審問的案件）也多交給兩種策軍中尉在仗內鞫訊，御史承審詔獄之權也被剝奪。

唐代東都洛陽也置御史臺，高宗、武則天常駐洛陽，其台頗為重要。中宗以後，洛陽只置留台，以中丞一人、侍御史一人、殿中侍御史二人、監察御史三人組成。中葉以後，常以東都留守官兼任中丞，所屬御史也不全備，只是形式存在而已。

宋沿唐制設御史臺，為最高監察機構，兼理重難案件，御史臺下分三院，侍御史主台院，殿中侍御史主殿院，監察御史主察院。北宋前期，官名御史者多出任其他差遣，而以其他官員任御史，置推直官以治理案件。不設御史大夫，以御史中丞為台長，以侍御史知雜事（知雜御史）為副長官。太平興國三年（978）任命監察御史，是為正名舉職之始。資歷淺的官員任御史，加「裡行」，稱殿中侍御史里行、監察御史里行。天禧間（1071～1021）一度設言事御史（諫官御史），慶曆五年（1045）又設言事御史，稱為言事官，御史兼有諫官的職責。元豐三年（1080）復建六察制度，御史臺設吏、戶、禮、兵、刑、工六案，分察中

央政府各行政權構，後又以戶案兼察轉運使，刑案兼察提點刑獄。御史
臺的六名御史中三人（後增為六人）分領六案，官制改革後分察尚書省的
六部、寺監及其他在京百司；另三人為言事官，兼察祕書省、內侍省和
入內內侍省等少數中央機構。元豐七年，改知雜御史稱侍御史，改言事
官稱殿中侍御史，六察官為監察御史，其他所兼使名，以及裡行、推直
官等並罷，沿用至宋末。宋代御史許風聞言事，以廣言路。

　　金、元基本上沿唐宋之制，略有變化。明初將御史臺改稱都察院，
一直行用至清末。

▌翰林院

　　唐代開始設立的各種藝能之士供職的機構。自唐玄宗李隆基選擅長
文詞的朝臣入居翰林以起草詔制後，演變為草擬機密詔制的重要機構，
任職者稱翰林學士。

　　唐代翰林院何時設定，目前尚無定論，史載多見於唐玄宗時。當時
在翰林院供職的有詞學、經術、合煉（煉丹）、僧、道、卜、祝、術、
藝、書、弈等各色人才，稱為待詔，即聽候皇帝隨時召見和差遣。其中
詞學之士最受重視。起草詔制本是中書舍人的專職，但在唐代初期已有
他官被召草擬詔制的事例，唐高宗、武後時的北門學士劉懿之、周思
茂、元萬頃等尤為著名，僅當時還沒有設專門機構。唐玄宗感到中書舍
人草擬詔制的制度難以保守機密和應付急需，因此，他挑選擅長文學的
親信官員如張說、張九齡、徐安貞等人充翰林院待詔，以備起草急詔
（兼撰擬詩文），又稱翰林供奉。

　　翰林院設定在宮內深處，麟德殿之西，比屬於中書省的中書舍人院
更接近於寢宮內殿（這是在長安大明宮內的情況，皇帝若住在興慶宮、
西內或東都時，翰林院的位置也比中書舍人院密近）。大致由於待詔翰林

的各色人才很雜，不能保證機密不外洩，故開元二十六年（738），又在原翰林院之南另建翰林學士院，專供草擬詔制者居住，供職者稱翰林學士（簡稱學士）。學士院建立之後，待詔於原翰林院的文學之士仍稱供奉或待詔，也有學士與待詔二名兼稱者，如天寶七載（748）所立的《封北嶽安天王碑》，撰者李筌自題銜名為「直翰林院學士供奉」；大詩人李白被稱為翰林學士，也被稱為翰林供奉。這種待詔於舊翰林院的文學藝能之士長期存在，而且為數甚多，據《順宗實錄》記載，順宗即位後，曾一次即罷翰林陰陽、星、卜、醫、相、覆棋諸待詔者三十二人，可見人數之眾。而順宗所倚以主持政策的王叔文是翰林棋待詔，王伾是詩書待詔。

學士本是文學儒生的泛稱，後來隨著各類機構的設定而成為一種差遣職，如唐代有弘文館、崇賢館、集賢院等學士。張說入充翰林院待詔時也是集賢院學士。供職於翰林學士院的學士也是差遣職，本身並無秩品，都帶本官，上自尚書（三品），下至校書郎（九品），均可充任，也有中書舍人充任的。初置時並無員額，少或一兩人，多或五六人，由皇帝遴選。後來依照中書舍人之例，置學士六人，擇其中資歷深者一人為「承旨」。安史之亂以後，軍事頻繁，「深謀密詔，皆從中出」，翰林學士於其間起著極大作用，地位愈來愈重要，不但在草擬詔制方面分割了中書舍人之權，也在參謀密計方面分割了宰相之權。唐德宗時翰林學士陸贄因此被稱為「內相」。唐憲宗以後，翰林學士承旨往往晉升為宰相。

學士院設定之後，與中書舍人院有了明確分工。學士所起草的是任免將相大臣、宣布大赦、號令征伐等有關軍國大事的詔制，稱為「內制」，用白麻紙書寫，故又稱「白麻」；中書舍人所起草的則是一般臣僚的任免以及例行的文告，稱為「外制」，用黃麻紙書寫，故又稱「黃麻」。有時翰林學士缺人，也臨時召取中書舍人代草內制，但不經常。此外，還有專侍皇帝讀書寫字的侍讀學士、侍書學士，則不負起草詔制之責。

　　翰林學士地位的增高，引起皇帝的猜忌，敬宗寶曆二年（826）曾打算別置東頭學士以抑之，由於敬宗不久被宦官所殺，這個計劃沒有實現，但反映了封建文官由卑而高，由親而疏的發展規律。

　　學士院有兩名由宦官充任的學士院使（或稱翰林院使），在皇帝與翰林學士間起傳達聯繫的作用，在政治上有很大影響，這是唐代後期宦官專政情況下的產物。

　　後晉天福五年（940）曾宣布廢除翰林學士，將草擬詔制之權歸還中書舍人，但不久又恢復。

　　宋沿唐制設學士院，也稱翰林學士院，有時亦稱為翰林院。北宋前期各政府機構大多名不副實，學士院則仍遵行唐制為草擬內制之所，翰林學士亦依舊例為六員，但通常少於此數，偶設七員，其第七員翰林學士，號稱「員外學士」。宋亦以翰林學士資深者一人為翰林學士承旨，但不常設定。翰林學士實際上充當皇帝顧問，很多宰相都從翰林學士中選拔。

　　北宋前期的翰林學士，亦如唐代無秩品，以其他寄祿官充任。有時領其他差遣，類同貼職，則不草擬內制。在學士院草擬內制的翰林學士，加知制誥銜，如寄祿官至中書舍人則不加知制誥銜，一般都只稱為翰林學士。常見的知制誥，通常是指任職於舍人院草擬外制的知制誥。翰林學士大多由草擬外制的知制誥選任，不再召試制詞。

　　元豐改制後，翰林學士承旨、翰林學士成為正式官員，正三品，並且不任其他官職，專司草擬內制之職，例帶知制誥銜。由於草擬外制的知制誥已廢，所以，北宋後期及南宋的知制誥，都是翰林學士的加銜。翰林學士定額為兩員。

　　如果其他官員入學士院草擬內制而未任命為翰林學士者，稱為直學士院、直翰林院，簡稱「直院」。遇學士院全缺翰林學士，而以其他官員臨時代行其職，宋初曾稱為權祗應翰林院事，後稱權直學士院、權直翰

林院、學士院權直、翰林權直，簡稱「權直」。如官位高於翰林學士，則稱為權翰林學士、權學士院。

由於唐代學士院自翰林院分出，故宋代有時亦稱學士院為翰林院。宋代亦另有專掌藝學供奉之事的翰林院，則與學士院之又稱為翰林院者無關。

西夏設翰林學士院，官員有學士等。遼北面官中有翰林院，掌漢文文書及刑獄諸事，長官為翰林學士及翰林學士承旨等。金天德三年（1151），置翰林學士院，設翰林學士承旨、翰林學士等，掌起草詔書等事。元代設翰林兼國史院及蒙古翰林院，官員與金代同，分掌制誥文字、纂修國史及譯寫文字。

明翰林院掌制誥史冊文翰之事。設掌院學士（正五品），下屬有侍講學士（正六品）、侍讀學士（正六品）、世襲五經博士（正八品）以及介於官與非官之間的六科庶吉士。入翰林院者官品雖低，卻被目為清貴之選。明朝翰林若得入直文淵閣參預機密，則更是貴極人臣。清因明制，設翰林院。置掌院學士（正五品）兩人，滿員、漢員各一人，由大學士、六部尚書或侍郎內特簡。掌院學士下設侍讀學士（從五品）、侍講學士（從五品），滿、漢各三人；聖裔太常寺博士（正七品），以孔氏衍聖公第三子承襲；世襲五經博士（正八品）；六科庶吉士。

清掌院學士無文學撰述之責，是侍讀學士以下諸官的名義長官，與唐宋之翰林學士有所不同。侍講以上諸官亦僅具空名，並不任講書之職。擔任講書者須另外選派，加經筵官之銜。世襲五經博士的設定，也意在照顧孔子及朱子的子孫，以奉祀其先人，實際不任職務。故清代翰林院諸官極為閒散。但翰林官亦是清華之極選。仕為翰林官者不僅升遷較他官為易，而且南書房行走及上書房行走例由翰林官為之，因接近皇帝、皇子及近支王公，多蒙優待厚遇。

▍樞密院

五代至元的最高軍事機構。唐代宗永泰中始設樞密使，掌文書，以宦者任之。五代後梁設崇政院，改用士人，掌軍國大政。後唐改稱樞密院，樞密使輔左宰相，分掌軍政。宋設樞密院與「中書」分掌軍、政大權，號稱「二府」。中書稱東府，樞密院稱西府。

樞密院的長官為樞密使或知樞密院事，北宋除熙寧初年外，不同時並置，副長官為樞密副使或同知樞密院事，資歷淺的稱簽書樞密院事、同簽書樞密院事。元豐改制，以知樞密院事與同知樞密院事為正副長官，其他一概廢罷。元祐三年（1089）復置簽書樞密院事。北宋末一度以位高者領樞密院事。南宋初年復設樞密使、副使、同簽書樞密院事，樞密使位在知樞密院事之上。樞密院長官通常由文官擔任，實行「以文馭武」。

北宋初及慶曆年間，宰相曾兼樞密使。南宋前期宰相多兼樞密使（知樞密院事），後期則例兼樞密使，另設專職的樞密使。南宋樞密院的副長官與參知政事互兼。

宋初樞密院下設有兵房、吏房、戶房、禮房等，分治諸事。設樞密承旨（後改為都承旨，又增設副都承旨），總管諸房，各房設副承旨一至二人主管。以後房數逐漸增多，南宋初曾達二十多房，乾道六年（1170）併為兵、吏、禮、刑、工五房及院雜司。

遼太宗耶律德光於會同元年（938）進攻後晉時，依晉制在漢地設樞密院，以降臣李崧任樞密使，掌管漢地軍政事務（契丹樞密院設立後，漢地樞密院亦稱南樞密院或漢人樞密院）。遼世宗大同元年（947），設契丹樞密院（北面官），因該院牙帳處大內南北，故又稱南院、北院。契丹南院掌民政，北院掌軍政。

金太祖完顏旻天輔七年（1123）占領燕雲地區後，設樞密院統轄漢地

軍務。太宗天會三年（1125）侵宋時，設都元帥府總轄軍政。海陵王改都元帥府為樞密院，以樞密使掌武備機密之事。章宗泰和六年（1206），改稱都元帥府。八年，仍稱樞密院。金末，各地設行樞密院分掌地方軍務。

元中統四年（1263），設樞密院，掌朝廷軍機大政，為中央最高軍事機構。樞密使由皇太子兼任，為虛職，實際主事者為知樞密院事。戰時設行樞密院或樞密分院。元末，明太祖朱元璋下集慶，即設行樞密院以統諸軍。至正二十一年（1361），罷樞密院，改設大都督府掌軍務。

太學

漢代出現的設在京師的全國最高教育機構。西漢早期，黃老之學盛行，只有私家教學，沒有出現傳授學術的學校。漢武帝罷黜百家定儒一尊之後，採納董仲舒的建議，始在長安建立太學。最初太學中只設五經博士，置博士弟子五十名。從武帝到新莽，太學中科目及人數逐漸加多，開設了講解《易經》、《詩經》、《尚書》、《禮記》、《公羊傳》、《穀梁傳》、《左傳》、《周官》、《爾雅》等的課程。元帝時博士弟子達千人，成帝時增至三千人。王莽秉政，為了樹立自己的聲望，並籠絡廣大的儒生，在長安城南興建辟雍、明堂，又為學者築舍萬區。博士弟子達一萬餘人，太學規模之大，實前所未有。武帝到王莽，還歲課博士弟子，入選的可補官。

東漢建武五年（西元29），漢光武帝劉秀在洛陽城東南的開陽門外興建太學。後來漢明帝劉莊還到太學行禮講經。順帝永建元年（126），對太學進行了重修和擴建，費一年時間，用工徒十一萬二千人，建成兩百四十房，一千八百五十室。所招學生稱之為太學生。其後，太學生人數多至三萬人。靈帝熹平四年（175），為了刊正經書文字，刻成有名的熹平石經，樹立於太學門外，全國各地來觀看和抄錄經文者，絡繹於

途。兩漢時太學在培養人才和促進文化發展等方面都造成一定的作用。但隨著政治的腐敗，太學生開始參與政治。西漢哀帝時，博士弟子王鹹曾聚集太學生千餘，以圖解救執法不阿的司隸校尉鮑宣。東漢晚期陳蕃、李膺等人反對宦官的黑暗統治，得到太學生的支持和響應，於是太學生也成為宦官打擊的對象，不少與黨人有牽連的人遭到禁錮。熹平元年，太學生被宦官逮捕和囚禁的達一千餘人。

魏文帝曹丕黃初中恢復了洛陽的太學，有博士十九人。太學生在魏明帝時增至千餘。時依漢制設五經策試之法，透過考試的可補掌故、太子舍人、郎中等。西晉武帝時太學生三千人（一說七千餘人），依《晉令》規定，試經及格者可拜郎中。西晉時教育體制的重大變化，是為五品以上官僚子弟專設了國子學，形成了貴族與下層士人分途教育，國子學、太學並立的雙軌制。東晉學校教育相當衰微，南朝則有所復興，國子生多為士族高官子弟，稱之「國胄」或「世胄」，可以經明經策試入仕，而太學則往往僅存博士而無生員。

十六國時期，一些少數族政權亦曾設立太學以及四門學、郡國學、律學，生員身分有所限定，一般限公卿大臣子弟充當。然各政權興廢不定，學校也時設時罷。至北魏道武帝，設立學校，稱國子太學。後又別立太學。國子學一度改稱中書學，後又改回。郡學也稱太學。孝文帝、宣武帝時，又增設了四門小學，形成了國子學、太學、四門小學三學並立之制。南北朝後期至隋，又逐漸形成了律學（習法令）、書學（習文字）、算學（習計數）三學。

唐代國子監，有國子學、太學、四門學、律學、書學、算學。學校的差別，與學生資蔭（即父祖官爵）身分有關。國子學、太學、四門學分別面向三品、五品、七品以上官僚子弟，律學、書學、算學則面向八品以下子弟及庶人。此外，國子生、太學生、四門生學習儒家經典，

律學、書學、算學學生則學習專門技術。國子學生員三百人，太學五百人，四門學一千三百人，律學五十人，書學、算學三十人。入學年齡為十四歲至十九歲，律學則為十八歲至二十五歲。高宗龍朔二年（662），又在東都洛陽設立了一個國子監，與長安國子監合稱「兩監」。

國子監長官為國子祭酒，主持政務。下設司業為副，及丞（掌判監事）、主簿（掌印）、錄事。諸學有博士、助教、典學、直講等學官，掌教學。國子生、太學生、四門生入學後，要根據將來考進士科還是考明經而分科學習。所習儒家經典分為大中小三種，《禮記》、《左傳》為大經，《詩經》、《周禮》、《儀禮》為中經，《易經》、《尚書》、《公羊傳》、《穀梁傳》為小經。通三經者，大、中、小經各一；通五經者，大經皆通，餘經各一；《孝經》、《論語》則都要掌握。這與進士、明經科的考試要求，基本一致。學校每歲向禮部薦送參加科舉考試者。如學業不佳而多年不堪薦送，或薦送後屢年落第，則往往要被學校解退除名。

唐代前期，進士及第而享文名者，大多由兩監生徒出身。主考官在取捨中，也有意偏重生徒。時進士不由兩監出身，則深以為恥。唐玄宗李隆基曾下令，天下舉人皆補學校。但安史之亂後，由於政治混亂及財政困難，學校由盛人衰，生員不及舊日三四分之一，太學、四門學的入學資格只好降低，生徒在應科舉者中的比例亦大為減少。

宋代太學仍為最高學府，隸國子監。宋初僅設國子監，學生名額甚少，且只收七品以上官員子弟。宋仁宗慶曆四年（1044），范仲淹推行新政（見慶曆新政），始以東京開封錫慶院興辦太學，招收內捨生兩百人，採用胡瑗的湖學法制定「太學令」。宋神宗趙頊時，擴建太學，增加學生名額達兩千四百人，設八十齋，並重訂太學條制，推行三舍法。宋徽宗趙信時，興建辟雍作為外學，太學（包括辟雍）共招生三千八百人，同時廢除科舉，人才皆由學校選拔，太學達到極盛時期。南宋紹興十二年

（1142），在臨安府重建太學，至宋末學生達一千七百多人。

　　宋代太學形成一套比較完整的學制。太學生從八品以下官員子弟和平民的優秀子弟中招收。慶曆間（1041～1048），內捨生由太學供給飲食。宋神宗熙寧五年（1072）起，外捨生亦由太學給食。南宋時，外捨生入學，須納「齋用錢」，方能在官廚就餐；貧者減半納；內捨生和各齋長、齋諭免納。學生各習一經，隨所屬學官講授。學生抽成三等，即上舍、內舍、外舍。考核學生成績和學生升等的制度，稱「三舍法」，規定新生入外舍習讀，經公試、私試合格，參考平日行藝，升補內舍。內捨生兩年考試一次，考試成績和當年公、私試分數校定皆達優等，為上等上捨生，即釋褐授官；一優一平為中等上捨生，准予免禮部試；兩平或一優一否為下等上捨生，准予免解試。上捨生不再參加公試。私試每月一次，由學官出題自考學生；公試每年一次，由朝廷降敕差官主持。學生分齋學習，每齋三十人，屋五間、爐亭一間為全齋閱覽和會議處，設齋長、齋諭各一人，負責督促和檢查學生的行藝。宋代學官與唐略同，然無助教、直講，又增學正、學錄、監書庫、監廚官等。職員稱學職或職事人，有前廊學錄、學諭、直學等，大多由上捨生或內捨生擔任，每月有俸錢。工人稱齋僕、貼齋等，亦領「月給錢」。

　　宋代太學為統治者培養出大批官員和學者。隨著理學的逐漸形成和政治抗爭波瀾起伏，太學還成為傳播理學和各派政治力量競爭角逐的場所。一些太學生如陳東等人，曾上書言事，推動了抗金抗爭。宋代太學制給後代以很大影響。

▌國子監

　　中國古代最高學府和官府名。晉武帝時，始立國子學，設國子祭酒和博士各一員，掌教導諸生。北齊改名國子寺。隋文帝時，改寺為學。

不久，廢國子學，唯立太學一所，省祭酒、博士；置太學博士，總知學事。煬帝即位，改為國子監，復置祭酒。唐沿此制，國子監下設國子、太學、四門、律算、書等六學，各學皆立博士，設祭酒一員，掌監學之政，併為皇太子講經。唐高宗龍朔元年（661），東都亦置監。一度改稱司成館或成均監。

宋屬禮部。宋初承五代後周之制，設國子監，招收七品以上官員子弟為學生。端拱二年（989）改國子監為國子學，淳化五年（994）依舊為監。慶曆四年（1044）建太學前，國子監系宋朝最高學府。但高、中級官員子弟坐監讀書，僅是掛名，數量既少，平日聽課者又甚寥寥。自設太學和其他各類學校後，國子監成為掌管全國學校的總機構，凡太學、國子學、武學、律學、小學、州縣學等訓導學生、薦送學生應舉、修建校舍、畫三禮圖、繪聖賢像、建閣藏書、皇帝視察學校，皆屬其主持籌辦。元豐改革官制前，國子監官員有判監事、直講、丞、主薄等。自元豐三年（1080）起，改設國子祭酒（即舊判監事）、司業（祭酒的副手）、丞、主薄、太學博士（即舊直講）、學正、學錄、武學博士、律學博士等官。監內抽成三案：廚庫案管太學錢糧、頒發書籍條冊，學案管文、武學生公私試、補試、上舍試、發解試等升補、考選行藝，知雜案管監學雜務。各案設胥長、胥佐、貼書等吏人多員。國子監還設書庫，刻印經史書籍，供朝廷索取、賜予以及本監出售之用。南宋在監內專設「印文字所」。國子監所印書籍稱「監本」，一般刻印精美，居全國之冠。北宋陪都西京、南京、北京亦陸續置國子監，設分司官，由朝廷執政、侍從等官迭互充任，職事頗簡，僅出納錢糧，實際成為士大夫休養之所。崇寧四年（1105），罷三京國子監官，各設司業一員。

遼太祖置南面上京國子監，設祭酒、司業、丞、主薄、下轄國子學。中京另建國子監，設官與上京同。金代國子監下轄國子學、太學，

設祭酒、司業各一員，監丞二至三員，一員兼管女直學。元初置國子監，屬集賢院，下轄國子學，設祭酒、司業，掌國子學的教令；監丞，專領監務。另建蒙古國子監和回回國子監學，以示與漢人、南人之別。

明初設中都國子學，後改為國子監，掌國學諸生訓導的政令。明成祖永樂元年（1403），在北京設國子監，皆置祭酒、司業、監丞、典簿各一員。清代國子監總管全國各類官學（宗學、覺羅學等除外），設管理監事大臣一員；祭酒，滿、漢各一員；司業，滿、蒙、漢各一員。另設監丞、博士、典簿、典籍等學官，光緒三十三年（1907），並歸學部。

行中書省

元朝地方最高行政機構，併為一級政區名稱。簡稱行省，或只稱省。元置中書省總理全國政務，也稱都省；因幅員遼闊，除腹裡地區直隸於中書省、吐蕃地區由宣政院管轄外，又於諸路重要都會設立十個行中書省，以分管各地區。在世祖、武宗朝三次短期設立尚書省主管政務期間，行中書省也相應改稱行尚書省。元人稱其制為：「都省握天下之機，十省分天下之治。」

行省制度的淵源

行省制度淵源於魏晉的行台。北朝、隋和唐初，都曾置行台（或稱行台尚書省）於外州以行使尚書省職權，亦設尚書令、僕射、尚書、丞、郎等官，但不必皆備。如任職者權大位高，則稱大行台。多是因軍事需要而設的臨時機構，唐太宗以後取消這種建置。金初，曾置行台尚書省於汴京，以治河南地，後罷。金章宗時（1190～1208），遣尚書省宰臣出征、戍邊或處理地方重大事務，許便宜行事，稱行省於某處。金末，為抵禦蒙古和鎮壓農民起義，常命宰臣出鎮諸路，或以宰相職銜授

予地方長官，皆稱行省，先後所置有大名、河北、陝西、河東、中都、山東、東平、遼東、上京、益都、京東等行省。同時，蒙古所占金地，多委付歸降的金朝官吏或地方軍閥管轄，並仿照金朝官稱隨宜命職，其轄土大者，也授為行省，如石抹明安、石抹咸得不父子為燕京行省，嚴實為山東西路行省（或稱東平行台），張榮為山東行省（或稱濟南路行省），李全為山東淮南行省（或稱益都路行省）等，但都不帶宰相職銜，與金朝的行省不同。後來，這一類行省名號逐漸被取消。

蒙古滅金後，置中州斷事官統領中原諸路民政，在燕京設立官府，時稱燕京行尚書省，或燕京行台、中都行台。中亞和波斯地區也設立了類似的統治機構。蒙哥即位後，重新任命大汗直轄的上述三大地區的行政長官，稱為燕京等處行尚書省事、別失八裡等處行尚書省事和阿母河等處行尚書省事。當時蒙古國大汗政府還沒有尚書省的建置，只是以斷事官治政刑，職任略同中原官制的宰相；其分治各大地區的斷事官，漢人習慣上稱為行省，並非蒙古定制。如燕京行省布智兒，蒙古職名實為「大都（應作中都）行天下諸路也可札魯忽赤」。

元朝的行省建置

元世祖中統元年（1260），遵用漢法，立中書省總領全國政務，始置丞相及平章政事、左丞、右丞、參知政事等宰執官。其後，相繼於各大地區建立行中書省。初期，仍沿用前代制度，以中書省宰執官出領各行省，稱行某處中書省事。以後此類行省實際上已成為常設的地方行政機構，與前代所置臨時性的分遣機構不同，行省官若仍以中書省宰相行省事系銜，就與中書省的許可權沒有區別，嫌於外重，遂更定官制，只稱某處行省某官，不再帶中書省宰相職銜。至元二十三年（1286），銓定省、台、院、部官，罷各行省所設丞相，只置平章政事為最高長

官，以與都省相區別。後來，部分地大事繁的行省許設丞相。延祐七年（1320），復罷各行省丞相，已置者皆降為平章政事。泰定（1324～1328）以後，某些行省又設丞相，視需要及任職者的地位而定。各行省一般置平章政事兩員（從一品），右丞、左丞各一員（正二品），參知政事兩員（從二品），其品秩與都省官同；左司、右司合為一，置郎中、員外郎、都事，品秩皆低於都省。元末，有些行省還增置「添設」平章、右丞、左丞、參政等官。行省掌管轄境內的錢糧、兵甲、屯種、漕運及其他軍國重事，統領路、府、州、縣；距離省治遠的地方，另設宣慰司統之，作為行省的派出機構。

各行省設立經過和轄境如下：①陝西行省 —— 中統元年，立秦蜀行省（也稱陝西四川行省、陝蜀行省等），治京兆（今陝西西安），其後兩次移治興元（今陝西漢中）；至元八年罷，以京兆諸路直隸中書省。次年，封皇子忙哥剌為安西王，以京兆為其分地，置王相府治之。十七年，忙哥剌死，罷王相府，復立陝西四川行省於京兆；十八年，分設四川行省，於是隻稱陝西行省。轄境包括今陝西及甘肅、內蒙古部分地區。②甘肅行省 —— 中統二年，立西夏中興行省，治中興府（今寧夏銀川），至元三年罷，改置宣慰司，隸中書省。八年，復立；十年，又罷。十八年，再立。次年，分設行省於甘州（今甘肅張掖），稱甘州行省，二十二年罷。二十三年，徙西夏中興行省治甘州，改稱甘肅行省。轄境包括今甘肅省、寧夏自治區及內蒙古部分地區。③遼陽行省 —— 至元元年，置行省於北京（今內蒙古寧城西），稱北京行省；二年罷，改置宣慰司，隸中書省。六年，又置行省於東京（後改遼陽，今屬遼寧省），稱東京行省，後徙治北京。十五年，又改為宣慰司。二十三年，以東北諸王所部雜處，宣慰司位輕，不足鎮撫，再立東京行省，同年罷。二十四年，因乃顏叛亂，復置遼陽行省，以控制東北州縣。轄境包括今遼寧、吉林、黑

龍江三省及黑龍江以北、烏蘇裡江以東地區。④河南江北行省 —— 至元五年，因攻宋戰爭需要，立河南行省。十年，分立荊湖、淮西兩行樞密院負責攻宋，罷行省，河南路仍直隸於中書省。二十八年，立河南江北行省，治汴梁（今河南開封），並割江淮行省所領江北州郡隸之。轄境包括今河南省及湖北、安徽、江蘇三省的長江以北地區。⑤四川行省 —— 至元八年，罷陝西四川行省，另立四川行省於成都；十年罷，分置東、西川行樞密院。十五年，罷二行院，復立行省，次年復罷。十八年，從陝西四川行省中分出，又於成都置行省。其後一度再合於陝西行省，二十三年又分兩省。二十五年徙四川行省治所於重慶，二十七年復還治成都。轄境包括今四川省大部及湖南、陝西部分地區。⑥雲南行省 —— 至元十年置，治中慶（今雲南昆明）。轄境包括今雲南省全境，四川、廣西部分地區，以及泰國、緬甸北部一些地方。⑦湖廣行省 —— 至元十一年，初置荊湖行省於鄂州（今湖北武昌）。次年，元軍取荊湖南路地，立行省於江陵以治之，稱荊南行省。十四年，移治潭州（今湖南長沙），稱潭州行省或湖南行省。同年，鄂州行省併入潭州，並以新得廣西地屬之，故又稱湖廣行省。十八年，徙治鄂州。轄境包括今湖南、貴州、廣西三省之大部及湖北部分地區。⑧江浙行省 —— 至元十三年元滅宋，置江淮行省於揚州，統兩淮、兩浙地，又稱淮東行省、揚州行省。二十一年，徙省治於杭州，稱江浙行省。二十三年，還治揚州，複稱江淮行省。二十六年，再次徙治杭州。二十八年，以江北州縣隸河南行省，改稱江浙行省。大德三年（1299），罷福建行省，以其地屬江浙行省。轄境包括今江蘇南部，浙江、福建二省及江西部分地區。⑨江西行省 —— 至元十四年置，治隆興（今江西南昌），又稱隆興行省。十五年，並人新置的福建行省（治泉州）。同年，又立行省於贛州，次年，仍還治隆興。後因減省江南冗官，江西、福建兩省曾經幾次分合。大德三年福建地併

入江浙，江西單為一省。轄境包括今江西省大部及廣東省。⑩嶺北行省──大德十一年置和林行省，治和林。皇慶元年（1312），改和林行省為嶺北行省，和林改名和寧，仍為省治。轄境包括今蒙古國全境，中國內蒙古、新疆一部分和西伯利亞地區。

此外，元朝還於高麗置征東行省，但行省丞相由高麗國王兼任，得自闢官屬，高麗國原有的政權機構和制度均不改變，財賦亦不入都省，與元朝國內諸行省性質不同。

除上述統治各大地區的行省外，元朝還設過幾種專主大征伐的行省。一為征宋時所設，只稱「行中書省」，不繫地名；一為用兵外國時所設，系所征國名，如日本行省、交趾行省（安南行省）、緬中行省（征緬行省）、占城行省等。還有一種是授權某省負責征伐某國軍事，將省名與所征國名合稱，如荊湖占城行省。這些都是臨時性的建置，事畢即罷。

元末農民起義爆發後，元朝政府為鎮壓和抗拒農民軍，先後於中書省轄境內的濟寧（今山東鉅野）、彰德（今河南安陽）、冀寧（今山西太原）、保定、真定（今河北正定）、大同等地置中書分省。又先後設立淮南江北行省（至正十二年設於揚州）、福建行省（至正十六年設於福州，後分省泉州、建寧）、山東行省（至正十七年）、廣西行省（至正二十三年）和福建江西行省（至正二十六年）。農民起義軍也仿元制立行省為地方行政機構，如天完政權之江南行省、汴梁行省、隴蜀行省、江西行省，宋政權之江南行省、益都行省，以及朱元璋所置江西行省、湖廣行省、江淮行省、江浙行省等。

元代行省制度的確立，是中國行政制度的一大變革。明滅元後，改行省為承宣布政使司，但習慣上仍稱行省，一般簡稱省。省作為地方一級行政區的名稱，一直沿用到現代。

▍宣政院

　　元朝掌管全國佛教事務並統轄吐蕃地區的中央機構。初名總制院，於至元元年（1264）設立，以國師八思巴領之。二十五年，尚書右丞相兼總制院使桑哥，以總制院統領吐蕃各宣慰司軍民財穀，責任甚重，宜加崇異，奏請用唐朝皇帝在宣政殿接見吐蕃使臣的故典，改名為宣政院，秩從一品，用三台銀印。以帝師領院事。置院使二員（後增至十員），其為長者常以朝廷大臣擔任，位居第二者由帝師推薦僧人擔任。宣政院官屬得自選用，與中書省、樞密院、御史臺併為元朝四個獨立的任官系統。滅末後，即置江南釋教都總統；至元二十八年，又分設行宣政院於杭州，掌江南各省佛教，其後曾兩度廢而復置。吐蕃發生變亂，亦設行宣政院前往當地處置，唯重大軍事行動需與樞密院商議。諸路、府、州、縣置僧錄司、僧正司、都綱司，為宣政院下屬地方機構，管理各地佛寺、僧徒。至大四年（1311），罷僧錄等司，凡僧人詞訟皆歸管民官決斷。至順二年（1331），復於各省置廣教總管府十六所，掌管僧尼政事，由宣政院選僧俗官任達魯花赤、總管等職。元統二年（1334）罷。宣政院所轄吐蕃之地，分設三道宣慰司：吐蕃等處宣慰司都元帥府（又稱朵思麻宣慰司）、吐蕃等路宣慰司都元帥府（又稱朵甘思宣慰司）、烏思藏納裡速古魯孫三路宣慰司都元帥府（又稱烏思藏宣慰司）。宣慰司下轄安撫司、招討司、宣撫司和元帥府、萬戶府等。自宣慰使都元帥至萬戶等各級官員多以當地僧俗首領擔任，由帝師或宣政院薦舉，朝廷授職。

▍通政院

　　元朝主管驛站（見站赤）的中央官署。大蒙古國時，各地驛站即由隨處千戶或達魯花赤管民官管領，大汗任命管站官總其事。元世祖忽必

烈即位後，漢地驛站事屬中書省，由右三部分管。至元七年（1270），置諸站都統領使司，十三年，升為通政院，統領蒙古、漢地驛站。二十九年，通政院分官四員，於江南四省整理驛站，稱行通政院，後撤銷。至大四年（1311），罷通政院，以驛站事歸兵部掌管。同年，復立通政院，只管蒙古驛站。延祐占七年（1320），恢復世祖舊制，全國驛站事皆歸通政院。通政院秩從二品，分設大都、上都兩院，置院使、同知、副使、僉院、同僉、判官、經歷、都事等員。

都察院

明朝創設的主管監察的中央官署。其前身為漢以後歷代中央政府中的御史臺。吳元年（1367）亦置御史臺，設左、右御史大夫（從一品）、御史中丞（正二品）、侍御史（從二品）、治書侍御史（正三品）、殿中侍御史（正五品）和察院監察御史、經歷、都事、照磨管勾等官。洪武九年（1376）裁侍御史及治書、殿中侍御史，十三年專設左、右中丞（正二品）和左、右侍御史（正四品）。不久罷御史臺。十五年（或雲十四年）更置都察院。

都察院初設監察都御史八人，秩正七品。分監察御史為浙江、河南、山東、北平、山西、陝西、湖廣、福建、江西、廣東、廣西、四川十二道，各道置御史三至五人，秩正九品。十六年，升都察院為正三品，設左右都御史各一人，正三品；左右副都御史各一人，正四品；左右僉都御史各二人，正五品；其下尚有經歷、知事等官。十七年，升都御史為正二品，副都御史正三品，僉都御史正四品，十二道監察御史正七品。建文二年（1400），改都察院為御史府，設御史大夫。改十二道為左右二院，設御史二十八人。成祖時，復洪武十七年舊制。永樂元年（1403）改北平道為北京道。十九年，罷北京道，增設貴州、雲南、交阯

三道。洪熙元年（1425），稱「行在」都察院，同六部。宣德十年（1435）罷交阯道，始定為十三道。正統中，去「行在」字；其在留都南京之都察院，稱南京都察院。從宣德十年起，定十三道監察御史一百十人，其中浙江、江西、河南、山東各十人，福建、廣東、廣西、四川、貴州各七人，陝西、湖廣、山西各八人，雲南十一人。其在外加都御史或副、僉都御史銜者，有總督、提督、巡撫、總督兼巡撫、提督兼巡撫、經略、總理、贊理、巡視、撫治等員。

都察院的職責是專糾劾百司，辨明冤枉，提督各道及一應不公不法等事，為天子耳目風紀之司。凡大臣奸邪、小人拘黨、作威福亂政者劾，百官猥茸貪冒壞官紀者劾；學術不正，上書陳言變亂成憲以希進用者也在糾劾之列，遇朝覲、考察時，與吏部共司官吏黜陟。有大獄重囚會審於外朝，由都察院會同刑部與大理寺共同審理，合稱三法司會審。內外百司之奸邪，分屬各道御史稽察。在內兩京刷卷，巡視京營，監臨鄉會試及武舉，巡視光祿，巡視倉場，巡視內庫、皇城、五城，輪值登聞鼓。在外巡按諸軍，提督學校，巡查鹽務、茶馬、漕運、關隘、屯田等事務，儧運印馬；師行則監軍紀功，各以其事專監察；而巡按則「代天子巡守」，所按藩服、大臣、府、州、縣官諸考察，舉劾尤專，可與省區行政長官分庭抗禮，知府以下均奉其命，往往大事奏裁，小事立斷。按臨所至，必先審錄罪囚，吊刷案卷，有故出入者理辯之，對政事得失，軍民利病，皆得直言無避，朝有大政，可以預議。凡御史犯罪，加三等，有贓從重論處。

▌大理寺

中國封建王朝掌管審讞平反刑獄的官署。始設於北齊，隋、唐以後皆沿其制。朱元璋於吳元年（1367）置大理司卿，秩為正三品，次年稱帝

後沿襲。其後設罷不時，名稱和編制等也不斷變更。永樂中始告定型，大理寺設卿一人，正三品；左、右少卿各一人，正四品；左、右寺丞各一人，正五品。下分左、右二寺，各設寺正一人，正六品；寺副二人（後革右寺副一人），從六品；評事四人（初設右評事八人，弘治時減為四人）。此外設司務廳、掌文書。

大理寺的主要職掌是專門負責稽核天下刑名，凡罪有出入者，依律照駁；事有冤枉者，推情詳明，務必刑歸有罪，不陷無辜。它與刑部、都察院合稱三法司，刑部受天下刑名，都察院糾察，大理寺駁正。凡刑部、都察院、五軍斷事官所推問獄訟，皆移案牘與囚徒至大理寺複審，按律例復問其款狀，情罪允服後始呈堂准擬具奏，否則駁令改擬，日照駁。三擬不當，則糾問官，日參駁。其與律例嚴重殉牾者，或調他司再訊，或下九卿會訊，如屢駁不合，則請旨發落。凡未經大理寺評允，諸司均不得具獄發遣，誤則糾之。大理寺審理案件，初期置有刑具和牢獄。弘治以後，只閱案卷，囚徒俱不到寺。重大案件，由三法司會審，初審以刑部、都察院為主，複審以大理寺為主。關於左、右兩寺的分工，明初以系軍者屬左寺，系民者屬右寺。永樂遷都後，又定兩京、五府、六部、京衛等衙門刑名，屬左寺；順天、應天二府，南、北直隸衛所、府、州、縣並在外浙江等布政司、都司衛所刑名屬右寺。萬曆九年（1581），更定以刑部十三司、都察院十三道，左右分管。浙江、福建、山東、廣東、四川、貴州六司道屬左寺；江西、陝西，河南、山西、湖廣、廣西、雲南七司道屬右寺。

留都南京亦置大理寺，稱南大理寺，但其職權遠較北京大理寺為小。明代中葉以後，刑名之柄為宦官所奪，甚至大理寺大審時太監居公案之中，列卿受其指使，大理寺形同虛設。入清沿明制，設大理寺，職掌與明同。

▌軍機處

　　清代始為秉承皇帝意旨辦理軍機事務，後擴及所有機要政事的中樞機構。其設立年月，說法不一。有起於雍正七年（1729）、八年、十年諸說，但多數人根據清人王昶所著《軍機處題名記》內「雍正七年，青海軍興，始設軍機房，領以親王大臣」的記載，認為始於雍正七年，因西北兩路用兵初設「軍機房」。十年改為軍機處。十三年八月清世宗胤禛去世，清高宗弘曆繼皇帝位，守喪期間，將軍機處改名總理事務處。乾隆二年（1737），高宗服滿親政，總理事務王大臣等自請罷職。高宗恢復軍機處名稱，自此遂成定制，直至宣統三年（1911）四月初十清廷宣布成立「責任內閣」時廢止。

　　軍機處之職掌主要是：掌書諭旨，參贊軍國機務，參議重要政務及刑獄；用兵時則考其山川道裡、兵馬錢糧之數，以備顧問；文武官員的簡放、換防、引見、記名、賜與，以及擬定對外藩朝覲者的頒賜等。

　　軍機處無正式衙署，其辦公處所設於內廷隆宗門內，稱為值房，無專職官員，全部工作由軍機大臣主持，設軍機章京辦理一切事務。

　　軍機大臣，正式稱謂是「軍機處大臣上行走」，俗稱「大軍機」。乾隆威弓射鹿圖分設滿、漢員，由滿漢大學士、各部尚書、侍郎、總督等官員奉特旨充當，均為兼差。其數無定額，任期無限止。凡經皇帝選調到軍機處任職的軍機大臣，稱「入值」。由皇帝指派滿、漢各一員為首領，稱為「揆首」、「領袖」。初期，凡應皇帝召見議商政務、承皇帝旨意起草諭旨以及寄給各官員之諭旨的署名等，均為領班軍機大臣專責。乾隆時，傅恆任領班，經皇帝批准改為軍機大臣共同面君承旨，發出之寄信諭旨，亦改用軍機處名義。初入值軍機處者，因資歷或能力尚淺，則命在「軍機大臣上學習行走」。加「學習」二字，意示見習，其地位低於一般。一二年後，再由領班的軍機大臣奏請去其「學習」二字。各軍機大臣

之間，因資格、品味之高低而有差別，除視秩排班外，權力亦有不同。如：有的滿洲軍機大臣只准閱辦滿文奏報；新任之軍機大臣不准閱辦皇帝硃批過的奏報。這些等級差別，均不見有「則例」、「章制」，而是由皇帝親定。

軍機大臣的職掌可綜合為六個方面：①負責皇帝下達諭旨的撰擬和參與官員上報之奏報文書的處理；②凡國家之施政方略、軍事謀略以及官員的重要陳奏意見，或對官員的懲處、彈劾事件等等，皇帝批交軍機大臣議，或會同各有關衙門議，並著提出處理意見，奏報皇帝裁奪；③某些重大案件，皇帝專交軍機大臣審理定擬，或會同三法司審擬；④文武官員上至大學士、各部尚書，各省總督、巡撫，以至道府、學政、關差，以及駐防將軍、都統，駐各邊疆地區的參贊、領隊、辦事大臣等的補放，均由軍機大臣開列應補人員名單，呈皇帝擇用。遇科學考察，亦由軍機大臣開列主考、總裁官名單及考試題目，請皇帝選用。複試、殿試，軍機大臣負責核對試卷、檢查筆跡或任閱卷官；⑤軍機大臣常侍皇帝左右，以備顧問；⑥軍機大臣可奉皇帝之命，以「欽差」的身分，往各地檢查或處理政務，稽查各省、各部院之匯奏事件。此外，軍機大臣還兼任方略館的總裁，內繕書房管理大臣及總理各國事務衙門大臣。

軍機章京，俗稱「小軍機」，亦稱「司員」。初期，軍機章京無一定額數，由軍機大臣在內閣中書等宮中選調。乾隆時改由內閣、六部、理藩院等衙門取用。嘉慶四年 (1799) 始，定軍機章京分滿、漢各兩班，每班八人，共三十二人。各班設領班、幫領班章京各一員，由軍機大臣於章京中擇資深望重者任之。其後增設額外章京一二員，至光緒三十二年 (1906) 確定漢軍機章京額數為二十人。

軍機章京亦為兼差，選用者必須為進士、舉人、拔貢出身，年紀輕，辦事練達：撰擬迅速，書寫端正。其原職缺升至通政司副使、大理

寺少卿官及三品，即調婦本任。軍機處選補章京，由各衙門開具履歷保送，軍機大臣親加考試，合格者即帶領引見，錄用與否由皇帝決定。錄取後，依次列名存記，俟缺出按單調取。軍機章京向例不參加京察，其獎敘升轉由軍機大臣酌情保奏。光緒三十二年十二月初十，奏定變通軍機章京升補章程，定軍機章京為實缺，其領班章京秩視三品，幫領班章京秩視四品，以下各章京俱按原品實授；並規定三年遞升的升補辦法。

軍機章京負責軍機處的日常工作，如處理文書、記注檔冊、撰擬文稿等。值宿之章京，夜間遇有緊要事件，亦有單獨被皇帝召見承旨撰書諭旨者；還可參與軍機大臣所承辦案件的審理等。

軍機處內部機構的設定未見記載，現存的軍機處檔案中，可見到它內部的分工是按職掌設滿屋和漢屋。滿（漢）屋為其內部俗稱，其對外行文時稱滿（漢）軍機處，由滿、漢章京分別任事。其職掌除分辦滿漢文之諭旨和奏摺外，滿屋掌在京旗營及各省駐防和西北兩路軍營官員的補放事務，負責內蒙古、外蒙古、藩部及喇嘛等朝貢時擬賞單，並掌管軍機處本身的事務性工作；漢屋辦理在京部院及各省文職官員、綠營武職官員的補放進單，王公內外大臣賞單及擬給外國朝貢使臣賞單，辦理皇帝交下的應查、應辦的事務以及負責軍機處的對外聯繫、管理檔案等工作。軍機處的設立，進一步加強了清王朝封建君主專制制度。它成為清代皇帝直接控制下的全國行政之總彙，贊襄皇帝對國家大政方略的決策。

▎內務府

清代管理宮廷事務的機構。為清代特有，始設於順治（1644～1661）初年。至順治十一年仿明制改內務府為十三衙門；十八年，裁十三衙門，復設內務府。自此遂為定制。

內務府的組織淵源於滿族社會的包衣（奴僕）制度，其主要人員分

別由滿洲八旗中的上三旗（即鑲黃、正黃、正白旗）所屬包衣組成。它的最高長官為總管內務府大臣，正二品，由皇帝從滿洲王公、內大臣、尚書、侍郎中特簡，或從滿洲侍衛、本府郎中、三院卿中升補。凡皇帝家的衣、食、住、行等各種事務，都由內務府承辦。內部主要機構有廣儲、都虞、掌儀、會計、營造、慎刑、慶豐七司，分別主管皇室財務、庫貯、警衛扈從、山澤採捕、禮儀、皇莊租稅、工程、刑罰、畜牧等事。另有上駟院管理御用馬匹，武備院負責製造與收儲傘蓋、鞍甲、刀槍弓矢等物，奉宸苑掌各處苑囿的管理、修繕等事，統稱七司三院。此外內務府還有三織造處、三旗參領處、掌關防處、三旗莊頭處、御茶膳房、異平署、御藥房、養心殿造辦處、武英殿修書處、咸安宮官學等三十多個附屬機構。

清代鑒於明代宦官擅權干政之教訓，對太監管理極嚴。於康熙十六年（1677）設立敬事房，負責管理太監、宮女及宮內一切事務。敬事房隸屬總管內務府大臣管轄，下設大總管、總管、首領等太監，並規定品秩最高不得超過四品。

1911 年辛亥革命後，根據中華民國政府與清皇室議定的「優待條件」，廢帝溥儀仍居宮內，為皇帝服務的內務府也得以保留，直至 1924 年溥儀被驅逐出宮為止。

二、歷代官稱制度

▌三公

中國古代朝廷中最尊顯的三個官職的合稱。周代已有此詞，西漢經今文學家據《尚書大傳》、《禮記》等書以為三公指司馬、司徒、司空（見

三有事）。古文經學家則據《周禮》以為太傅、太師、太保為三公。秦不設三公。西漢初承秦制，輔佐皇帝治國者主要是丞相和御史大夫。另有最高軍事長官太尉，但不常置。從武帝時起，因受經學影響，丞相、御史大夫和太尉也被稱為三公。

漢武帝劉徹為了加強集權制而削弱了丞相的權力。昭帝時，霍光以大司馬大將軍的職位輔政，以後掌權重臣如張安世、史高、王鳳等人，都居大司馬大將軍之位。於是大司馬權越丞相之上。成帝綏和元年（前8），採納何武的建議，將御史大夫改為大司空，又把大司馬、大司空的俸祿提高到與丞相相等，確立起大司馬、大司空和丞相鼎足而立的三公制。哀帝元壽二年（前1），改丞相名為大司徒，和今文經所說的三公名稱完全一致。又將原有的太傅和新增的太師、太保置於三公之上，頭銜高而無實權。西漢末雖是三公鼎立，但仍以大司馬權力最大，如董賢、王莽均居此職而專擅朝政。新莽時，沿襲了西漢三公制。

織錦都御史獬豸補子東漢初仍設三公官。建武二十七年（西元51），改大司馬為太尉，改大司徒、大司空為司徒、司空。三公各置秩為千石之長史一人，又各置掾屬數十人。以太尉為例，下有分管諸事的西曹、東曹、戶曹、奏曹、辭曹、賊曹、金曹、倉曹等曹。三公府當時簡稱為三府。三公中仍以太尉居首位。

漢光武帝劉秀推行更極端的帝王集權，不使權歸大臣，名義上仍設名位顯貴的三公官，但實權漸歸尚書台。和帝、安帝開始，外戚、宦官更迭專權。外戚竇憲、梁冀等，都拜為大將軍，大將軍開府置官屬，位在三公上。三公不僅受制於尚書，而且還要俯首聽命外戚、宦官，有的甚至就是他們的黨羽和親信。按照經學家的說法，丞相輔佐天子理陰陽、順四時，如果出現各種災異，皇帝、丞相都要引咎自責。東漢時，皇帝把罪責推向三公，故每有水旱等災，三公常被策免。所以仲長統說

三公有名無實，「備員而已」。

東漢末年，董卓為相國，居三公之上。建安十三年 (208)，曹操罷去三公而又置丞相、御史大夫，操自為丞相。兩漢時實行了兩百年之久的三公制，至此遂告終止。

曹魏重新恢復三公之制。在魏晉南北朝時期，三公依然位居極品，且開府置僚佐。但實權則進一步向尚書機構轉移。至隋，三公不再開府，僚佐全部撤銷，完全變成虛銜或「優崇之位」。宋代以後，往往亦稱太師、太傅、太保為三公，但其虛銜性質不變，並漸次演化成加官、贈官。明、清同。

九卿

秦漢時掌管政務、魏晉以後逐漸不具實權的朝廷諸官。

各代「九卿」不一。西漢時九卿是列卿或眾卿之意。先秦文獻中有三公九卿之說，但秦並沒有這種制度，西漢初也不見九卿名稱。漢武帝以後，由於儒家復古思想的影響，人們就以秩為中二千石一類的高官附會成古代九卿。宣帝、元帝時，九卿稱謂出現於詔書中。但《漢書》中所見的卿，有太常、光祿勳、太僕、廷尉、大行、大鴻臚、宗正、大司農、少府、衛尉、執金吾、右內史、左內史、主爵都尉、太子太傅等十幾種官。將九卿定為九種官職，則始於新莽，其制中以中二千石為卿。即以大司馬司允、大司徒司直、大司空司若、羲和、作士、秩宗、典樂、共工、予虞為九卿，分屬於三公。

東漢和新莽一樣，中央政府中設有九卿的官職。《續漢書》將太常、光祿勳、衛尉、太僕、廷尉、大鴻臚、宗正、大司農、少府定為九卿。九卿固定為九官後，和九卿相近的其他重要官員被排斥在九卿之外。東漢末到三國，有人就試圖為這種不合理的現象辯護。劉熙《釋名》否認漢

有九卿之說，認為所置是十二卿；韋昭《辯釋名》則認為九卿是指正卿，九卿之外尚有所謂外卿。

魏晉以後，九卿多同東漢之制，僅廷尉有時改稱大理；北魏改少府為太府。故隋唐九卿為太常、光祿、衛尉、宗正、太僕、大理、鴻臚、司農、太府，已無行政之權。南宋、金、元，九卿多有省並（見卿監）。明、清遂改以吏、戶、禮、兵、刑、工六部尚書，都御史，大理寺卿，通政司使為九卿，以前的九卿之官或有保留，但已成虛銜或加官、贈官。

▍內閣

明清設於內廷，專主票擬的中央政務機構；北洋政府時期的最高行政機關。

明明初，設中書省，置左右丞相，總理全國政事。洪武十三年（1380）初，明太祖為加強君主集權統治，廢中書省和丞相。九月，設春夏秋冬四輔官，位在左右都督之下，尚書之上。每月分上中下蘭旬，由四輔官分別依次輪值，備皇帝顧問，就皇帝交辦之奏疏，提出意見，供皇帝裁決。當時內外奏疏和一切政務，直接由皇帝處理，遇大事大疑，皇帝同臣下一起「朝堂論政」，面奏取旨。故四輔官雖設，而其官不備，亦不關政本。十五年七月，廢除四輔官。九月，又仿宋制設華蓋殿、武英殿、文淵閣、東閣等大學士數人，官秩僅五品，為皇帝侍從顧問，無所掌印信，在翰林院履任支俸，此即內閣之濫觴。成祖即紫禁城太和殿位，於當年（1402）八月和九月，特簡翰林院編修、檢討等官，入文淵閣當直，參預機密重務。因文淵閣地處內廷，閣臣又常侍皇帝於殿閣之下，故稱內閣。其時，專理詔冊和制誥，不置官屬，不得專制諸司，諸司章奏亦不透過內閣，一切章疏批答皆出自皇帝。入閣諸臣謂之入閣辦

事，後漸升至學士、大學士。洪熙時，內閣權力漸重，可以條對皇帝提出的議題，大學士加官至師、保及尚書、侍郎。自後，多以尚書、侍郎授殿閣大學士，六部也逐漸要稟受內閣奉旨而後施行。宣德和正統時，先後設東制敕房和西誥敕房，由中書官掌辦文書，是為內閣屬吏，閣制始備。皇帝批答內外所上奏疏，始命閣臣擬出意見，用發票墨書貼在各疏面上，謂之條旨或票擬。然後，由皇帝硃筆批出，謂之批紅。大事大疑仍命大臣面議，議定後再傳旨處理。英宗以幼齡即位，凡事令內閣議行，票擬遂成定例。內閣以有代言擬旨之責，漸成為協助皇帝決策的中央機構。內閣之職不同於前代之相，主票擬而不身出與事。明中葉後，大學士主持閣務者稱首輔，餘稱次輔、群輔，朝位班次皆列六卿之上。嘉靖至萬曆初，首輔獨專票擬，閣權至重，無宰相之名，而有宰相之實，六部不過奉行而已。明代著名大學士有楊士奇、張璁、夏言、嚴嵩、徐階、高拱、張居正等，其中尤以張居正事功最顯。正統以來，皇帝往往不親政事，閣票人內，例由司禮監承旨批覆，故內閣之權多為宦官所制。隆慶、萬曆間，閣臣相構，時與司禮監相結，以為助力。天啟時，魏忠賢擅政，以內閣為羽翼，內外大權一歸宦寺。崇禎時，閣臣一概以占卜的方式選舉，謂之「枚卜」，以防臣下結黨，十七年中五十人入閣，君臣猜忌，無補於國。

清清入關前，於後金天聰三年（1629）設文館於盛京，後於天聰十年改文館為內三院。人關後，於順治十五年（1658）仿明制，改內三院為內閣。置大學士滿、漢各二人，秩正一品。掌贊理機務，表率百僚。十八年復改內閣為內三院。康熙九年（1670）再改內三院為內閣，自此遂成定制。乾隆十三年（1748）定大學士以保和、文華、武英三殿及文淵、體仁、東閣三閣人銜。另設協辦大學士滿、漢各一人，與大學士同理閣務。設學士掌敷奏本章，傳宣詔令。又有侍讀學士掌收發本章，總稽翻

譯。清代內閣的主要職掌是票擬本章，即京內外的題奏本章，均先由內閣草擬批覆諭旨，經皇帝同意後，由批本處批紅，發六科抄出執行。另外，在康熙朝以前，內閣大學士、學士等還參與天下庶政的決策。

為防止閣臣專權，清初設有議政王大臣，凡軍國政務，多不由閣臣票發，都交議政王大臣會議。康熙年間設南書房，選調詞臣優者入值，以撰擬諭旨並備顧問。雍正時又設立軍機處，以之承旨出政，這樣分散了內閣的權力，而皇帝則乾綱獨攬。尤其是雍正朝之後，清內閣名義上仍為「掌議天下之政，宣布絲綸，釐治憲典，總鈞衡之任」，是清代最高級的官署，內閣大學士為最高級的文官，但實際上，只造成了辦理本章、起草詔令兼備諮詢的作用。內閣內部設有典籍廳、誥敕房、滿本房、漢本房、蒙古房、滿票籤處、漢票籤處、』批本處、稽察房、副本庫等機構，以處理各項例行事務。

清末，仿行君主立憲制度，於宣統三年（1911）四月，將內閣與軍機處、會議政務處拾並，成立責任內閣，為最高國務機關。設總理大臣一人，協理大臣二人，並外務、民政、度支、學務、陸軍、海軍、司法、農工商、郵傳、理藩各部大臣一人，皆為國務大臣，由皇帝特旨簡任。國務大臣輔弼皇帝，擔負責任。總理大臣為國務大臣之領袖，秉承皇帝之意，定政治之方針，保持行政之統一；協理大臣為其副，贊助政務。責任內閣內屬機構有承宣廳、制誥局、敘官局、統計局、印鑄局，以分理各項事務。別設法制院，釐定法制。當時清廷命慶親王奕劻為總理大臣，其他國務大臣也多是皇族親貴，故稱「皇族內閣」。在遭到人民的反對後，清廷迫不得已於同年 11 月 2 日，任命袁世凱為內閣總理大臣，可自擇國務大臣，由清廷批准，謂之完全內閣。清亡，完全內閣為民國內閣所取代。

民國北洋政府於 1912 年 3 月 30 日成立內閣。由國務院、行政各部

和國務院直轄各機關組成。國務院成員稱國務員，包括國務總理和各部總長。國務總理為實際的行政首長，由大總統提名，經國會同意後任命；透過國務會議處理政務，並對國會負責；同時也是國務院的首長，在國務員中居於領袖地位。各部總長（一人）由總理提名，經國會同意後再由大總統任命；另設次長（一人），為總長之副；下置總務廳和各司（局），分理具體政務。國務員輔佐大總統負其責任，對大總統所發命令等，國務總理均須副署，各部總長就關係所主管的部務連帶副署。但在袁世凱時期，大總統事實上不受法律的約束，國務員副署徒具虛名。國務院置祕書廳，設祕書長上人，承國務總理之命，掌理祕書廳事務。行政各部初為外交、內務、財政、陸軍、海軍、司法、教育、農林、工商、交通十部。1913 年 12 月 22 日短農林、工商二部為農商部，存九部。國務院直轄機關有法制、銓敘、印鑄等局。

　　1914 年 5 月 1 日，袁世凱改責任內閣制為總統制。3 日取消國務院和國務總理，於總統府置政事堂，設國務卿一人讚襄政務。又設左、右丞各一人，贊助國務卿與聞政事；參議八人，審識法令。政事堂直轄機要、法制、銓敘、印鑄、主計五局和司務所。行政各部在組織方面無大變化，其總長職權不能獨立行使，須一一請示大總統。政事堂和行政各部不復具有內閣的性質。1916 年 4 月 21 日，由於護國戰爭的爆發和勝利，袁世凱被迫再次改制，規定國務卿和各部總長均為國務員，由國務員組織政府，輔弼大總統負其責任。國務卿受大總統委任總理國務，公布法令及國務文書，並得依其職權或特別委任釋出政府令。政事堂和直轄的五局一所仍舊，不設左、右丞。5 月 4 日，又將僅屬於國務卿的釋出政府命令權擴大到全體國務員。8 日命改政事堂為國務院，復設國務院祕書廳和祕書長，獨不恢復國務總理名義。6 月 29 日黎元洪廢國務卿，恢復內閣舊制。

1924 年 11 月 24 日，內閣制再次被廢。段祺瑞以臨時執政兼為行政首長，直接指揮各部。直至 1925 年 12 月 25 日才復設國務院，任命國務總理。但內閣並無獨立職權，與政事堂、國務卿無異。1927 年 6 月 18 日張作霖就任陸海軍大元帥，為最高軍政首腦，其下仍置國務院，由包括國務總理和各部總長的國務員組成，輔佐大元帥政務：行政各部分農商部為實業、農工二部，合陸軍、海軍、航空署及不屬內閣管轄的參謀本部為軍事部，合計外交、軍事、內務、財政、司法、教育、實業、農工、交通九部。由於軍事部將軍政和軍令合而為一，軍事獨裁的性質更加明朗化。1928 年 6 月 3 日，最後一屆內閣隨著北洋政府的覆滅而告結束。

▎都督

漢末三國時形成的軍事職稱，其後發展成為地方軍事長官，明以後成為中央軍事長官。

都督一名在漢末三國時期開始大量出現，其中有的是偏裨將校，有的則是一軍元帥或一個軍區的主將。前者被稱為帳下都督或部曲督，後者被稱為持節都督，影響最大的是後一種。持節都督來源於漢代的督軍御史，職責是監督州郡鎮壓「盜賊」，如東漢順帝時，御史中丞馮緄持節督揚、徐二州兵鎮壓九江「盜賊」，就是一例。其後，又以中郎將督軍，更增加了軍事統帥的因素。漢末董卓之亂後，州郡擁兵割據稱雄，朝廷為了籠絡他們，有以將軍兼督數州或都督某州的稱號。獻帝建安二年（197）以袁紹為大將軍，賜弓矢節鉞兼督冀、青、幽、並四州，是最早見於史籍的持節都督。大約同時，魏武帝曹操以程昱為中郎將，領濟陰太守，都督兗州事。這種都督就成為統治地方的軍政長官了。

曹操在統一北方的過程中，陸續在重要地區建立軍鎮，後來逐漸形

成都督區。建安初年，曹操以鍾繇為司隸校尉持節督關中諸軍，駐長安。建安十七年又以夏侯淵督諸軍駐長安；建安二十一年征孫權還，以伏波將軍夏侯惇都督二十六軍屯居巢；建安末，以曹仁為征南將軍，假節，屯樊城。這是後來曹魏關中、揚州、荊州三個都督區的前身。都督區的正式建立是在魏文帝曹丕稱帝前夕。延康元年（220），他即魏王位，將統治區內的沿邊諸州分為五個都督區，分別以曹真都督雍、涼，曹仁都督荊、揚，曹休都督揚州，臧霸都督青州，吳質都督幽、並，各自負責一個方面的軍事。與此同時或稍後，吳、蜀也各在其邊境建立都督區。到曹魏後期，都督區也在其腹地建立，計有鄴、許昌（豫州）兩處。鄴為魏王國舊都，許昌為漢末故都，都有武庫、糧倉，加上長安，成為控制邊州，拱衛洛陽的重鎮。司馬氏建立晉朝前後，即以子弟出鎮此三處及其他重要邊州。由於他們掌握大量軍隊，終於導致八王之亂。東晉、十六國及南北朝時期，各個政權都在境內建立都督區。督區相對穩定，但也常以詔令臨時劃定督區範圍，多者可達十餘州，少者只有數郡。小區都督通常要受大區都督的節制，如東晉、南朝時，在襄樊的雍州都督通常隸屬於在江陵的荊州，但又有相對獨立性，經常有屬鎮不服從統府命令的事件發生。

持節都督本是軍職，都帶有將軍或中郎將等軍號，其地位高低視軍號的品級而定，並依軍號設立軍府。如都督所帶之軍號為安西將軍則置安西府，升為鎮西將軍則改稱鎮西府。軍府置長史、司馬、主簿、從事中郎、參軍及行參軍等僚屬。參軍、行參軍分曹（部門）理事，其曹數多少視軍府大小而定。

曹魏初置都督區時，都督與刺史各置，只有少數都督兼任所駐州刺史。晉武帝司馬炎太康中，曾規定「都督知軍事，刺史治民，各用人」。但惠帝以後，都督例兼所駐州的刺史，非重要州才單為刺史。都督兼刺

史，即兼治軍民，所屬州郡之刺史太守軍事上受其指揮，負責為之提供兵源及軍需；其民政事務也常受都督干預，都督形成為州的上一級機構。但都督區與州區的範圍並不一致，有的一州分屬兩個督區，也有一個都督除督所兼刺史之本州外，只督鄰州之一郡或數郡者。故都督區還不是正式的地方行政區劃，只是軍事指揮區域。

晉時，分持節都督為三等，都督諸軍事為上，監諸軍事次之，督諸軍事為下。都督均有節，表示朝廷賦予都督的權力，使持節為上，持節次之，假節為下。使持節有權誅殺二千石（守、相）以下官；持節有權誅殺無官位人，若在軍事時期，可與使持節同；假節只有在軍事時期可殺犯軍令者。自曹魏開始，已有大都督及都督中外諸軍事、假黃鉞的稱號，假黃鉞是比持節更高的權力標幟，可以專戮節將（即持節都督），這只是在特殊情況下或權臣當政期間才賦予這種權力，並非經常制度。

除負責一個軍區的持節都督外，還有奉命出征的持節都督，統率全軍或一支獨立部隊。其後往往以統率全軍者為大都督，如曹魏明帝太和四年（230），以司馬懿為大將軍、大都督、假黃鉞，以伐蜀。北魏後期，經常任命重臣為大都督統率出征。但其後常別置行台節度諸軍，統帥之權又漸移於行台。

南朝後期，州郡分割，都督區也逐漸變小，都督的權威已不如魏晉時。

東魏時置六州流民都督及京畿大都督，以統率鮮卑軍人。北齊時，京畿大都督以宗王或皇子擔任，開府置佐，權力極重，是特殊的制度。

北周改都督區為總管區，總管兼任所駐州刺史，並統轄鄰近各州。重要地區則置大總管府，除直轄州郡外，還統轄若干總管。大總管所統，自十餘州至數十州不等。大都督、帥都督、都督三等名號則成為府兵的中下層軍官。至隋，此三號併為散官。隋煬帝楊廣復改大都督為校

尉，帥都督為旅帥，都督為隊正，地位低微，有似魏晉時的帳下都督。

　　隋代軍區亦稱總管。唐初承隋制，其領軍出征者為行軍總管或大總管。至武德七年（624），復以總管府為都督府，大總管府為大都督府，而行軍總管及大總管不變。大都督常以宗王遙領而以長史代理其職。其餘都督則分為上、中、下三等。貞觀元年（627），內地都督府多被裁撤。景雲二年（711），睿宗曾擬分全國（除京畿、都畿外）為二十四都督府，令都督糾察所管州刺史以下官人善惡，但並未實行。唐代都督權輕，雖加使持節之號，並不真正賜節。景雲二年以賀廷延嗣為涼州都督充河西節度使，節度使實授旌節。從此節度使代替都督，成為地方最高的軍事長官。

　　唐後各代也襲用都督名號，但名號雖同，其職權與組織形式與魏晉南北朝時已迥異。

　　北宋於行政區都督府設都督，一般以親王擔任，不常置，缺者以知府事為長官，掌本府兵民之政。地位較高者稱大都督。

　　南宋以後，都督成為中央執政官所加軍事官銜。紹興二年（1132），呂頤浩以左僕射出都督江、淮、兩浙、荊州諸軍事，置司鎮江。此後，凡遇執政官臨時出任統帥，即加都督、同都督、督視各路兵馬等銜，事畢即罷。元天曆二年（1329），立欽察親軍都督府，後改為大都督府，置大都督，統轄欽察諸部侍衛軍及地方鎮戍軍。至正二十一年（1361），朱元璋改樞密院為大都督府，設大都督，節制中外兵馬。洪武十三年（1380）誅胡唯庸，為防止軍權過分集中，改大都督府為中、左、右、前、後五軍都督府，各設左、右都督一員。各都督府透過都司統領京衛及外衛之兵。明中葉後，各衛僅存空名，都督遂為虛銜，領兵之官須加總兵、副總兵、參將、游擊等銜，始有統軍實權。清初，沿襲明制，以左右都督、都督等為提督和總兵官的加銜。乾隆十八年（1753）廢止。

辛亥革命後，起義各省多置都督，為地方最高軍政長官。袁世凱上台後改稱某某將軍督理某省軍務。1916 年袁死後改稱督軍，1922 年又稱督理。

▌宰

先秦官名。據《說文解字》，宰本意是罪人在屋下執事，而上古的君主常用僕隸等卑賤者為近臣，宰是分掌膳食等事務的宮廷官吏，和其他內臣一樣，因和君主親近而漸漸成為顯貴人物。

商代已有宰，如商代晚期的宰梳、宰甫、宰豐等人曾為自己製作帶銘文的銅器或骨器，表明身分不同尋常。

西周的銅器銘文也常提到宰。君主策命貴族或大臣時，常由宰或司徒、司空等立於被策命者之右。宰有時受王命向大臣頒賜賞物，《詩經》中還將宰和卿士、司徒等列在一起，可見宰的地位頗為尊顯。

春秋時，周王室宰的地位和西周時相似。《左傳》記周王多次派宰到魯聘問。周襄王還派宰孔去參加齊桓公主持的盟會。襄王時任王室之宰者為周公孔和周公閱（即宰孔），這是宰由大貴族充任的例項。

侯國官制多同於王室。春秋時，齊、魯、宋、鄭、吳、楚皆有太宰。邾、江、曾等小國也置此官。各國太宰地位各不相同。在魯、晉、衛等國，太宰並非要職。而宋太宰地位之重要，則異於他國。宋有時以右師、左師、司馬、司徒、司城、司寇為六卿，太宰、少宰僅次於六卿。吳國也重此官。夫差時，任此職者為寵臣伯嚭。

春秋時，卿大夫家中的家臣也名為宰。當時稱為家大夫或家宰。家宰權力很大，可遵家長之命懲治有過的家族成員。國君的公邑及卿大夫的私邑則置邑宰，掌邑內的庶務。邑下的裡，亦設裡宰，掌裡中耕稼、租稅等事。

　　春秋末到戰國初，太宰常被看作百官之長。《論語》說商代君薨之後，「百官總己以聽於塚宰」。《左傳》說西周初周公旦為太宰。這些說法反映出太宰在朝廷中地位的尊顯。

　　《周禮》中塚宰列於六官之首，其權力極大，「王治朝則助聽治」，群臣、萬民及都鄙都歸其控御。又掌管國之貢賦、財用和祭祀，並管理宮廷事務。塚宰的這些職責，和春秋或戰國初的實際狀況比較接近。《荀子・王制》舉出朝中各主要官職的職司後認為：「本政教，正法則，兼聽而時稽之，度其功勞，論其慶賞，以時慎修，使百吏免盡，而眾庶不偷，塚宰之事。」同書《王霸》也以為「相者，論列百官之長，要百事之聽」。戰國時，相和太宰無甚差別，都是官階最高者，有時也可把宰和相連在一起，如在《韓非子・顯學》中出現了「宰相」這一名稱。《韓非子》以為戰國時鄭、宋兩國政權都被權勢很大的太宰所奪取。

　　先秦時期，除了高官的宰或太宰外，在王朝中還有職位較低的宰。常見者有：①小宰，《周禮》中太宰之副貳為小宰。《左傳》中宋、楚都有少宰。少宰即小宰。②左宰，《左傳》襄公二十三年記，魯之公鉏以季氏家臣而仕於公室為左宰。③右宰，衛有右宰醜、右宰谷。刑殺似為右宰職掌之一。④內宰，《周禮》有內宰，為宮中事務之主管，凡六宮、九嬪、九御之事皆屬之。《禮記・祭統》有宮宰，其職掌與內宰相近似。⑤宰夫，《周禮》之宰夫，主臣下、萬民之奏事，又掌朝覲、會同、賓客等禮事，還主王、後或公卿等之喪事。《儀禮・燕禮》有：「膳宰具官饌於寢東。」《禮記・燕義》以為設賓主飲酒之禮，「使宰夫為獻主」。則膳宰即宰夫，主管飲膳等事為其重要職掌之一。據《儀禮・既夕》、《禮記・檀弓》所記，主持喪儀是宰夫的又一重要職掌。⑥宰人，此官常見於戰國時，《莊子・說劍》、《韓非子・內儲說六微》都有關於宰人上食之語，當是為君主掌管飲食之官。

▍尹

先秦官名。商、周時常指官長。甲骨卜辭中有王令尹、多尹從事農作或作王寢者。還有所謂族尹，當為一族之正長。

西周時，尹可以是官吏之泛稱。《尚書》和金文中的「百僚庶尹」、「百尹」、「諸尹」，意即百官、百僚。但當時尹又是作冊、內史之長，如銅器銘文中常見作冊尹、內史尹之名。尹為世職，故又被稱為尹氏。《詩・小雅・節南山》有「赫赫師尹」，師尹即太獅、尹氏之簡稱。尹氏在西周時一直是高官，到西周末尤為重要。

春秋戰國時，中原各國以尹為官名者不多。現在能見於文獻的尹多為較低的職務，如《國語・周語》稱關吏、門吏為關尹和門尹。《禮記》的《檀弓》有「工尹商陽」，工尹是工官之長；《月令》提到的奄尹，是宦寺之長；《雜記》所說的時尹，則為一裡之魁首，亦即後來裡正之類的鄉官。

南方的楚，官名中帶尹者極多。百宮中最高者為令尹。另有左尹、右尹，為位次於令尹的尊官。又有王尹、箴尹、連尹、陵尹、效尹、揚豚尹、中廄尹、宮廄尹、監馬尹、環列之尹等。縣有縣尹，如武城尹之類。秦漢以後，亦有尹官，如漢時的京兆尹、河南尹，均為京畿的地方長官。

▍師

先秦時期的師傅、重臣、武官以及樂工。師的職責是「教之以事而喻諸德者也」。故師、保往往並稱。《詩・葛覃》中有女師，應為專掌貴族婦女教育之官。又，在宮廷教育中，師、官也不分，朝廷宰輔重臣常對國君兼有教職，《孟子・公孫丑下》曰：「湯之於伊尹，學焉而後臣之。」

於是商、周君主的重臣也常名之為師，如商人稱甘盤為師盤，周人稱呂望為師尚父。西周時師又分太師和少師，《詩·大雅·節南山》說：「尹氏太師，維周之氏，秉國之均。」表明太師的地位甚為重要。與太師相比，少師不過是「與太子燕者」。《左傳》記宋國六卿曾以右師、左師居首，這是春秋時以師為尊官的例子。戰國時君主禮賢下士之風很盛，如魏尊田子方、段干木為師，齊以孫臏為師。

按《周禮》所記，師的職掌是管教育和備宿衛。如《地官》的師氏，要「告王以善道」，「以三德教國子」。又說師氏「使其屬帥四夷之隸，各以其兵服守王之門外」。故《尚書》的《牧誓》、《顧命》中的師氏都具有武職性質，銅器銘文中的師氏亦屬此類。由於師地位較高，故漸漸又成為長的同義詞，《周禮·夫官·甸師》序官鄭玄注：「師猶長也。」《周禮》中的縣師、鄉師、士師、卒師、醫師等皆其例也。其他文獻中所見農師、工師、漁師、賈師也都是一官之長。《儀禮》中又有司馬正、司馬師和小臣正、小臣師，鄭玄注：「司馬師，正之佐也。」則有的師為較長略低的佐官。

師也可指樂工，《左傳》杜預注：「師，樂師也。」《儀禮》、《論語》等書中的太師、少師皆樂師之長，與居師保之任的太師、少師名同而實異，《左傳》中的師縉、師悝，《國語》中的師曠，都是地位不高的盲樂師。

尉

先秦武職或法官的官名之一；後代中央或地方亦有職能不同的尉。現存文獻數據中，有關尉的記載，均屬春秋戰國時期。尉最早出現於何時，目前尚難知曉。

春秋時晉國有武職之尉。晉軍之中，以帥位最高，次為軍佐、大

夫，再次為尉。尉或稱為軍尉、元尉。晉有中軍、上軍、下軍等，各軍都有尉，尉前往往冠以上軍、中軍字樣以示區別。尉雖較帥為低，但地位頗重要，在帥位有空缺時，可由尉兼攝。尉之下有輿尉，《國語》和《國語注》以為晉之輿尉即軍尉，疑不確。戰國時不少國家都有尉。尉在軍中較將為低，但高於侯及司馬。

有些國家的尉，如魏之持節尉、都尉，趙之中尉，都是秩別較高的官吏。秦國的尉往往和內史並提，地位非同一般。秦又有國尉，身分較高，和軍中居於將軍以下之尉有所不同。唐張守節《史記正義》以為國尉「若漢太尉」，這樣的推測有一定道理。但國尉畢竟在地位、權力等方面與漢三公之一的太尉有所不同，還不是最高軍事長官。

在地方政權機構中也設有以尉為名的各種官吏。據《商君書》和雲夢秦律可知，戰國時，秦已在縣設尉。當時縣、裡有尉的記載還見於其他文獻。《墨子》的《備城門》諸篇，曾提到守城的多種尉。如城上四角所設的尉；城上百步一亭，亭設亭尉；守城之士，每百人設一帛尉；守護大將府署者有門尉。這些尉可能並非常設，其地位也較卑微。縣中常設的尉，有縣尉、裡尉，縣尉是低於縣令的武官，裡尉較縣尉為低，相當於秦漢時的裡魁或裡典。裡尉的主要職守之一是守閭閈之門，掌管其筦、鍵。不過是一般的鄉裡小吏，和軍事無關。由於要管理閭裡之治安，故仍以尉為名。秦統一後，郡有郡尉，縣有縣尉。東漢省郡尉，遇有軍事，臨時設定都尉，事迄即罷。隋煬帝時郡置都尉領兵，但與郡守無統屬關係，唐廢此制。縣尉，秦至南北朝，大縣置二人，小縣一人，主捕捉盜賊，維護地方秩序。隋煬帝改縣尉為縣正，後復置尉，但分司戶曹和法曹。唐亦置縣尉。

周之司法官員稱為尉氏，杜預以為尉氏乃「誅奸之官」，孔疏雲：「明尉氏主刑人，故為討奸之官。」先秦時期，兵刑往往不分，所謂「大刑用

甲兵，中刑用刀鋸，其次用鑽鑿，」故軍將和主刑之官亦可相通。秦統一後，最高司法官名廷尉，當是沿戰國之舊。不過戰國時以尉為名的司法官在文獻中很難見到。記春秋戰國時官制甚詳的《周禮》，司法官吏官名中從無帶尉字者，可見法官以尉為名者也並不普遍。

漢掌司法監察之官，有司隸校尉、廷尉。漢武帝置八校尉，皆為禁軍將領。元鼎二年（前 115），又置奉車都尉（掌御乘輿車）、騎都尉（監羽林騎）、駙馬都尉（駙通副，掌非正車之駕車），三都尉皆為榮譽性武官銜。西晉沿其制，多以皇帝外戚為三都尉。東晉三都尉中唯留駙馬都尉，娶公主者授此官。南北朝至隋唐，娶公主者拜駙馬都尉遂成定制，故皇婿又稱「駙馬」。清代，封爵中亦有尉，如奉車都尉等。

▋ 衛士

秦漢時守衛宮門的屯兵。由衛尉統率。西漢時長安城內的未央宮、長樂宮為帝、後所居，兩宮都由衛士守衛，城外的建章宮、甘泉宮，以及帝後寢園，也各置衛士。駐屯於長安兩宮的衛士也就是所謂的南軍。

武帝時長安有衛士萬人。以後逐漸增多，西漢晚期，守寢園的衛士已達四萬餘人。東漢時守衛洛陽南宮、北宮及諸宮掖門的衛士共兩千四百餘人。

兩漢時衛士系從各地選拔，每年輪換一次。按照漢制，平民中男丁從二十歲（自武帝始為二十三歲）到五十六歲為止，要服兩年兵役，一年在郡中為材官、騎士，一年到京城當衛士。每年歲終，所有守衛宮禁的衛士作好交代工作，次歲正月，宮中舉行饗禮以罷遣全體更盡的衛士，皇帝也親自參加。西漢時在未央宮曲台殿舉行，東漢時在南宮。據《續漢書》記載，在饗遣衛士時，還要作樂和演出角抵，儀式頗為隆重。饗禮畢後，衛士們都返歸故里，由另一批供更的衛士來接替他們。

▌丞相

中國古代皇帝的股肱。典領百官，輔佐皇帝治理國政，無所不統。丞相制度起源於戰國。秦從武王開始，設左、右丞相，但有時也設相邦，魏冉、呂不韋等都曾居此職。秦統一後只設左、右丞相。西漢初蕭何為丞相，後遷為相國，何死，曹參繼任。惠帝、環後到文帝初年，設左、右丞相，以後只設一丞相。漢初各王國擬制中央，也在其封國中各設丞相，景帝中元五年（前 145）改稱為相。

屬於軍事大計或其他要務，皇帝常召集公卿、二千石、博士共同在御前商議，避免專斷。一般政務，則由丞相決定即可施行。皇帝有事，常向丞相諮詢，丞相有時可封駁詔書，表示對皇帝命令持保留態度。丞相具體職權是：任用官吏，或是向皇帝薦舉人才；對於地方官的守、相有考課和黜陟、誅賞的權力；主管律、令及有關刑獄事務；地方上若有暴動等事，丞相派屬官前往鎮壓；在軍事或邊防方面也承擔一定的責任；全國的計籍和各種圖籍等檔案都歸丞相府儲存。西漢時御史大夫輔佐丞相，職掌大致相同，所以不少事務常由丞相、御史共同出面處置。

丞相之秩為萬石，月俸之穀三百五十斛，錢六萬。屬官有長史二人，為丞相的助手。另有少史、征事等。又設西曹、東曹、奏曹、集曹、議曹等機構，分管官吏遷除、郡國事務、章奏謀議、徵集租穀等事。武帝元狩五年（前 118），又置司直，專司刺舉百官不法者，從而加強了丞相的監察職能。

西漢初，為相者多為開國功臣，位尊職重，勇於直言進諫，如呂后欲封諸呂為王，王陵即當面表示反對；景帝時周亞夫曾反對封王信、廢慄太子等事。到武帝時，擢用公孫弘為相，開以後布衣登相位的先例。隨著君主集權加強，武帝重用內廷近臣，對丞相不甚信任，其在位者如薛澤、趙周、莊青翟、石慶、田千秋等人，皆謹小慎微，庸碌無能。武

帝末年，霍光為大司馬大將軍，從此到西漢末，大司馬權勢在丞相之上，而大司馬多由外戚充任。西漢晚期，丞相職權為內朝所取，已無所作為，如韋玄成、匡衡等，在君主和權貴面前，阿意曲從，以保持其祿位而已。

成帝時，何武以丞相一人難以處理繁多的政事為理由，建議立三公制。於是成帝改御史大夫為大司空，遂以大司馬、大司空、丞相為三公，這是旨在分散丞相權力的一項措施。丞相、御史被分割為三，三公實際上是三個宰輔。哀帝時改丞相為大司徒。東漢初又改大司徒、大司空為司徒、司空，改大司馬為太尉，三公之中以太尉為最尊。東漢初為了加強君主權力，權歸君主，協以內廷尚書，三公僅為備員。以後，大權又轉移到外戚、宦官手中。三公僅成為一種空銜。三公制一直實行到東漢末。

獻帝時董卓為相國，強梁跋扈，儼然在眾官之上。後來曹操又廢三公而恢復丞相、御史大夫，並自任丞相。董卓和曹操都是大權獨攬，和君主無異。

魏晉南北朝在易代之際有時也設丞相或相國，性質均與董卓、曹操時無異，並非正常官制。唐、宋以後尚書省或中書省有時設左、右丞相，相當於原來的尚書左右僕射，位居尚書令或中書令之次，握有實權。明初中書省無令，僅設左、右丞相，權極重，後為明太祖所廢，以內閣大學士行丞相職權，迄清末未再恢復。

▌御史大夫

秦代最高的監察官，始皇時此官位次於左、右丞相，後逐漸成為御史臺長官。西漢時御史大夫掌副丞相，故丞相、御史並稱，丞相府和御史大夫府合稱二府。凡軍國大計，皇帝常和丞相、御史共同議決。丞相

位缺，也可由御史大夫升任。御史大夫之秩為中二千石。由於御史和皇帝親近，故群臣奏事須由他向上轉達，皇帝下詔書，則先下御史，再達丞相、諸侯王或守、相，因而皇帝可利用御史大夫督察和牽制丞相。西漢初，諸王國也設此職，景帝中元三年（前 147）時省去。

先秦的御史本為殿中執法官。西漢時御史大夫雖居副丞相之位以協助丞相綜理大政，但仍偏重於執法或糾察，不僅可劾奏不法的大臣，而且還可奉詔收縛或審訊有罪的官吏。

御史大夫屬官有御史中丞、侍御史、繡衣御史等。御史中丞之秩為千石，其職掌是外督部刺史或守、令，在朝可舉劾百官，又主管朝中或地方上某些有關刑獄之事，如武帝時御史中丞鹹宣治主父偃及淮南王獄。侍御史員十五人，秩為六百石。漢代所謂的御史，有時就是指侍御史。其職掌是舉奏百官的非法和違失，也可奉詔逮捕和拷問有罪的官吏。繡衣御史不常置，其職務主要是奉命鎮壓人民的武裝反抗活動。

成帝綏和元年（前 8），更名御史大夫為大司空，並將其祿秩提高到丞相的標準，與丞相、大司馬合稱三公。哀帝建平二年（前 5），復為御史大夫。元壽二年（前 1），又改名大司空。從此到東漢，遂沿續不變。獻帝時，在曹操專權的情況下，又恢復了丞相和御史大夫。

西漢晚期，從原來的丞相、御史大夫、大司馬變為三公並立，是漢代官制中一大變革。到東漢初年，御史大夫的官屬，由御史中丞總領，中丞替代御史大夫而成為執法和監察機構的首腦人物。

魏晉南北朝有時也恢復御史大夫，或替代司空，或替代御史中丞。隋、唐以後所設御史大夫，除宋代為虛銜外，均為御史臺長官，不再具有漢、魏三公的性質。明改御史大夫為都御史，自此其官遂廢。

少府

負責皇帝奉養之官。戰國時三晉和秦都曾設定。秦二世時，章邯曾任此職。新莽時改名為共工。東漢仍稱少府。

西漢時田租、口賦等收入歸大司農，即國家財政收入；而山海池澤之稅等稱為禁錢，屬於皇帝宮廷的收入。少府就是專管皇帝帝室財政的機構。另外，它還兼管皇帝的祕書、膳食等事務。少府職司範圍較廣，屬官甚多。其中有符節令、尚書、中書謁者等為皇帝管符節或司筆札文書；有考工室、尚方、佐弋、東西織室、左右司空之類手工業或工程機構；有太官、湯官、枚官太醫、鉤盾等專司皇帝飲膳、醫療和苑圃之官；有黃門、宦者、永巷等專管宮廷雜事及宦官、宮女之官，還設定拘執將相大臣的若盧獄官。

到了東漢，少府的職能、機構都發生很多變化。光武帝將少府收取山澤陂池之稅的許可權轉移到大司農，省減了與此有關的一些屬官，從此國家財政與帝室財政混一不分。尚書和宦官的權勢越來越大，屬於這兩部分的機構便從少府中分離出來，由原來的職屬變為僅和少府保持一點隸屬關係的文屬。另外如監察官御史中丞、侍御史以及皇帝近臣的侍中、中常侍等，也只是文屬少府。西漢時少府屬官設令、丞者達二十餘官，而東漢時僅設太醫、太官、守宮、上林苑四令、丞。少府許可權大大地被縮小了，僅是經管皇帝服御諸物和寶貨珍膳的一種機構。

此外，兩漢時皇后及太後的屬官，也有以少府為名的，如皇后有中少府，帝母有長樂少府，帝祖母有長信少府。又秦漢時郡中亦設小府或少府之官。這些都與中央的少府有所不同。

▌衛尉

　　秦漢統率衛士守衛宮禁之官，隋以後改掌軍器、儀仗等事。秦已有此官，始皇時有衛尉竭。漢景帝時一度改名中大夫令，後又恢復舊名。新莽時改為大衛，東漢時仍稱衛尉。

　　西漢時護衛宮殿者有郎衛和兵衛。光祿勳率郎官為郎衛，衛尉率衛士為兵衛。西漢時衛尉所部稱南軍。宮內設廬舍以駐紮衛士，衛士晝夜巡警，檢察門籍。衛尉主宮門和宮內，與主宮外的中尉相為表裡。西漢時皇帝居未央宮，守護未央宮是衛尉的職責，故有時也稱未央衛尉。皇后所居為長樂宮，設長樂衛尉。武帝時李廣為未央衛尉，程不識為長樂衛尉。長安城外的建章宮，距長安較遠的甘泉宮，也曾設有建章、甘泉兩衛尉。又設衛將軍居諸衛尉之上，如文帝時拜宋昌為衛將軍，領南北軍；宣帝時張安世為衛將軍，掌管兩宮衛尉及城門北軍兵。衛尉秩為中二千石，其副職為丞，屬官有公車司馬、衛士、旅賁三令、丞。吏民若向皇帝上書，由公車司馬轉達。

　　東漢時無衛將軍，也不再每宮皆設衛尉。衛尉下設北宮、南宮衛士令，以分管南北宮，省去旅賁令。東漢初年，漢光武帝劉秀任命他的親信李通、銚期為衛尉，後來外戚馬廖、馬光、竇固、梁淑等人都擔任過這個職務。

　　魏晉以後，衛尉職掌漸生變化。從隋代起，改掌軍器、儀仗、帳幕之事，與漢制截然不同。南宋併入尚書省工部。元代一度依復衛尉，旋罷。明、清不設。

▌大司農

　　秦漢時全國財政經濟的主管官，後逐漸演變為專掌國家倉廩或勸課農桑之官。本名治粟內史，漢景帝後元元年（前 143），更名為大農令，

武帝太初元年（前 104），改為大司農。新莽時稱羲和，後又改為納言，東漢時複稱大司農。從西漢到東漢，或簡稱為大農。多種租稅賦斂都由大司農收取，把收來的糧食、布帛輸送到國家諸倉貯存，貨幣則儲於都內。據記載，西漢時大司農每年從百姓賦斂所得達四十餘萬萬錢。凡百官俸祿、軍費和工程造作等用度，都由它支付。另外，它還管理一些官營的農業和手工業。分布於各地的官田，其中有些便由大司農派人耕種；官營的煮鹽和冶鐵也都歸大司農主管。武帝時設定平準、均輸，這類官府商業也歸大司農經管。

大司農秩為中二千石，下面有兩丞。屬官有太倉、均輸、平准、都內、籍田五令、丞，還有斡官、鐵市兩長、丞。郡國的都倉、農監、都水也屬大司農。

東漢時大司農下的屬官僅有太倉、平準、惠官三令、丞，其餘都被省減，或改隸於郡國。大司農成為單純的中央財政主管長官。

魏晉以後，大司農之權為度支尚書所奪，逐漸變成不管財政、會計，主要掌國家倉廩之官，稱司農卿。唐、宋沿襲。元代大司農又改掌勸課農桑、水利、救荒等事。明初廢。原國家倉廩諸事務，明、清全轉歸戶部各屬官管理。

▍僕射

魏晉南北朝至宋尚書省的長官。僕射起源較早，秦律中有僕射稱謂。漢代僕射是個廣泛的官號，自侍中、尚書、博士、謁者、郎以至於軍屯吏、騶、宰、水巷宮人皆有僕射。僕是「主管」的意思，古代重武，主射者掌事，故諸官之長稱僕射。後來只有尚書僕射相承不改，至於宋代。其他僕射的名稱大都廢除。故魏晉南北朝至宋的僕射，專指尚書僕射而言。

尚書僕射為尚書令之副。尚書令闕，僕射便是尚書台（後稱省）的

長官。漢武帝至元帝時，兼用士人與宦官為僕射，宣帝時，宦官弘恭為中尚書令，宦官石顯為僕射；元帝時石顯為令，牢梁為僕射。均專權用事。至成帝時，罷宦官專用士人，置尚書五人，以一人為僕射。僕射「掌授廩、假、錢、穀」。大約當時尚書的機構較為簡單，所以僕射主管具體事務較多。東漢時，尚書台稱為「中台」，主管全國機要政務，組織擴大，僕射與尚書令同為台中長官，與六曹尚書台合稱八座，台中具體事務遂移歸尚書左右丞及諸曹尚書侍郎。僕射初置一人，至漢獻帝建安四年（199）始分置左右僕射。自此以後，或二或一，置二人則分左右。左右僕射分領尚書諸曹，左僕射又有糾彈百官之權，權力大於右僕射。尚書令闕，則左右僕射為省主。魏晉以後，僕射已處於副相地位，號稱端副（尚書令稱端右）。例如東晉謝安、北魏李衝、北齊楊愔等都是以僕射分掌或專掌朝政。但自魏晉至南北朝，僕射之上還有錄尚書事、尚書令，至陳時，因其權重，此二職已基本不置，僕射的權力獨重。隋文帝時，廢錄尚書事，尚書令雖置而常缺。於是尚書左僕射成為朝廷首相。高潁為左僕射達十九年，楊素為右僕射，與高潁共掌朝政。楊素代高潁為左僕射後，隋文帝以其權重，對之疑忌，命他三五日至尚書省評論大事，表面對他體恤和尊崇，實則削奪他的權力。隋煬帝時，楊素進位尚書令，實不問事；楊素死後，尚書令位闕。大業三年蘇威被罷官後，尚書僕射也不再補授。唐初，大抵繼承隋文帝時制度，尚書省置令而虛其位，僕射總領省事，與中書令、侍中同掌相權，而左僕射為首相。房玄齡為左僕射前後達二十年，號稱賢相。但唐太宗李世民也曾以僕射當求訪賢才為理由，命令尚書省細務悉由左右丞處理，有冤濫大故才呈報僕射，這就限制了僕射全面綜理政務的權力。貞觀二十三年（649）唐高宗李治即位後，李勣為左僕射復加同中書門下三品的稱號，自此，僕射入政事堂議事，就例加此號，表明僕射已不是當然宰相。中宗、睿宗時，

還有不加同中書門下三品、也不參加議政的僕射，唐玄宗以後，僕射不再加此號。從此僕射就排除於宰相行列之外。

　　左右僕射在唐代曾數次改名，高宗龍朔二年（662）改為左右匡政；武後光宅元年（684）改為文昌左右相；玄宗開元元年（713）改為左右丞相；但不久都恢復原名。玄宗開元時期，僕射雖名為丞相，實際虛名無實。唐代後期常以僕射為節度、觀察等使的加官，用以表示其品秩的高下。於是僕射成為虛職，不但不是宰相，連尚書省本省事務也不過問。

　　五代至宋沿襲唐代後期之制。北宋神宗元豐五年（1082）改革官制，以左僕射兼門下侍郎，右僕射兼中書侍郎，均為宰相。徽宗時又改宰相為太宰、少宰。欽宗靖康元年（1126）複名左右僕射，南宋孝宗乾道八年（1172）又改名為左右丞相，此後，不再有僕射之名。

▎刺史

　　漢代中央派到地方的監察官。秦代曾設監郡御史，或稱郡監。西漢初不再設定，文帝時復置監察御史司察諸郡；十三年（前167），以御史不奉法，多有失職，乃遣丞相史出刺諸郡並督監察御史，故稱「刺史」。漢武帝劉徹為了加強中央對地方的督察和控御，於元封五年（前106）又創部刺史制，即除三輔、三河、弘農七郡外，全國被分為冀州、兗州、青州、徐州、揚州、荊州、豫州、益州、涼州、幽州、并州、交趾、朔方十三部，每部設刺史一人分管幾個郡國，稱部刺史或州刺史。

　　刺史的主要職務是督察諸侯王、郡守和地方豪強。宣帝、元帝時揚州、冀州刺史曾劾奏昌邑王及廣川王，刺史成為皇帝監視諸侯王動靜的耳目。據東漢人蔡質記述，刺史按照詔書所規定的六條行事。六條中的第一條是禁止豪強田宅逾制和以強凌弱；其他各條是禁郡守橫徵暴斂、濫用刑罰、選舉舞弊、勾結豪強。刺史於每年秋冬到所屬郡國巡察，當

時人稱為「行部」，刺史透過行部以了解下情，歲終則赴京師奏事。西漢時刺史對於有過錯的郡國守、相，多所奏免，重者還可置於死地。

刺史之秩僅六百石，而被督察的守、相為二千石，這是為了造成以卑臨尊的制約作用。刺史為監察官，最初無正式官屬，僅有從事之類的辦事人員，而且居無常所，後來才有固定的治所。在隸屬關係上，刺史受御史中丞統轄。刺史職在司察，故法律不准許他們插手地方具體行政事努。但實際上刺史權力日益增大，西漢晚期，刺史可任命地方官吏和決斷刑獄，造成對守、相職權的侵越。為了使刺史的權位和其秩品相稱，成帝時改刺史為州牧，秩提高到二千石。後來雖一度仍改為刺史，但州牧之制基本上實行到西漢滅亡。

王莽當政，依《尚書》而設十二牧。東漢初循而未改。光武帝建武十八年（西元 42），改州牧為刺史，秩仍為六百石。和西漢一樣，全國分為十三部，所不同者是除去朔方而添入司隸校尉部。刺史總數由西漢的十三人降為十二人（見兩漢州部）。

漢光武帝劉秀不信任三公，授權刺史可獨自處理郡國事務，所以東漢時刺史權力較西漢時增大，如可以對守、相等躬行賞罰。原來刺史只能督察守、相，而順帝時規定：幽、並、涼三州刺史督察範圍擴大至縣的丞、尉一級。東漢中期以後，刺史還常率領郡縣兵鎮壓各族人民的反抗活動。東漢晚期，刺史的監察作用日益消失，形成為凌駕於守、相之上的地方行政長官，靈帝中平五年（188），下令改刺史為州牧。不少地方的州牧變成擁兵自重的地方軍閥。

▌節度使

唐代開始設立的地方軍政長官。因受職之時，朝廷賜旌節，故稱。

唐節度一詞出現甚早，意為節制排程。東漢安帝永初二年（108），

梁懂受命主持西方軍事，為諸軍節度使。曹魏景元四年 (263)，魏軍伐蜀，由司馬昭指授節度。唐代也很早就用此語以明確指揮許可權，如唐太宗李世民為秦王時，任陝東道大行台尚書令，蒲城河北諸道總管及東討諸府兵均受其節度，但尚未用作職銜。唐代節度使淵源於魏晉以來的持節都督。持節都督出征時是一軍統帥，屯駐時是軍區首腦，對所統將領及州郡長吏都有節制以至生殺之權。南北朝時，刺史大都加持節都督，轄區既狹，權任亦輕，北周及隋改稱總管。隋荊、益、並、揚四大總管轄數十州，事權很重，但只管軍事。隋煬帝楊廣廢總管，唐初恢復，仍稱都督，而自貞觀以後，內地都督府並多省罷，唯軍事活動頻繁的地區尚存，以統州、縣、鎮戍。

鎮戍是經常性的防禦據點，比較分散，兵力單弱，故每遇戰事發生，必須由朝廷另行調發府兵、兵募，派遣大將統率出征或備禦。這些大將稱為行軍總管；規模較大的戰役，又設定衍軍元帥或行軍大總管統領諸總管。皂在唐初，已在軍事要地留駐部分征行軍隊，並每年派遣士兵輪番戍守。唐高宗、武後時期，突厥、吐番、契丹強盛，屢次入掠內地，戰事頻繁。為了加強防禦力量和改變臨時徵調的困難，這類屯戍軍設定愈多，並逐漸制度化，形成有固定駐地和較大兵力的軍、鎮、守捉，各自置使。軍、鎮、守捉使是差遣的，還保留征行的組織。與此同時，行軍大總管也逐漸演變成統率諸軍、鎮、守捉的大軍區軍事長官，原來有「行軍」涵義的「道」，如蔥山道、交河道、枔山道，也演變為大軍區的道，如朔方道、隴右道等。於是長駐專任的節度使應時出現。高宗以後，由中央派出的行軍總管或經略大使，常受敕節度諸軍，因而漸獲諸軍節度大使的名稱，但還不是固定職銜。節度使成為固定職銜是從睿宗景雲二年 (711) 四月以賀拔延嗣為涼州都督充河西節度使開始的。至玄宗開元、天寶間，北方逐漸形成平盧、范陽、河東、朔方、隴右、

河西、安西四鎮、北庭伊西八個節度使區，加上劍南、嶺南共為十鎮，始成為固定軍區，各有受其統屬之州、軍、鎮、城、守捉。節度使為差遣職名，例以所駐州都督、大都督長史或都護為其本官。受命時賜雙旌雙節，得以軍事專殺，行則建節、府樹六纛（大旗），威儀極盛。節度使例兼管內排程軍需之支度使及管理屯田之營田使。天寶後，又兼所在道監督州縣之採（探）訪使，集軍、民、財三政於一身。又常以一人兼統兩至三鎮，多者達四鎮，威權之重，超過魏晉時期的持節都督，時稱「節鎮」。於是外重內輕，到天寶末釀成安史之亂。安史亂起，唐廷為了平叛，內地也相繼設定節鎮，增至二十餘道，不置節度使處亦置防禦使，防禦使不賜旌節，多以採訪使兼領。其後，採訪使改名觀察使，例兼都團練使或都防禦使，兼理軍民，成為地位略低於節度使的地方軍政長官。

節度使的僚佐有副使、支使、行軍司馬、判官、推官等，將校有押衙、虞候、兵馬使等。由於觀察使是採訪使的改名，故唐代後期節度使例兼所在道的觀察使。節度使的僚屬，都由節度使辟舉，然後上報朝廷批准。所統州縣長吏雖由中央任命，而實際則聽命於節鎮。遇刺史位闕，節鎮常遣上佐攝職，然後報請朝廷正授。地方財政收入分為上供、送使、留州三部分，送使部分常占最大份額，對朝廷保持獨立狀態之河北三鎮，甚至全無上供。內地節度使轄區雖是藩衛朝廷的軍鎮，但實際上往往對朝廷保持不同程度的離心狀態。

唐末農民戰爭爆發後，朝廷進一步失去對地方的控制，節度使林立，他們擁兵自雄，互相兼併。其中武力最強、在唐亡後建號稱帝者，先後有五代；其餘割據一方，立國改元（也有未改元者）自傳子孫者為十國。而五代十國境內之節度使亦多桀驁跋扈，節度使部下更多悍將驕卒，逐帥殺使之軍變事件不斷發生。

　　宋遼金宋初承五代舊規，節度使除本州府外，還統領一州或數州府，稱為支郡，轄區內的軍、政、財權，由節度使獨攬，實際上是個半獨立的小王國。

　　宋大祖趙匡胤、宋太宗趙炅採取各種政策，削弱節度使的軍、政、財權，以加強中央集權。乾德三年 (965)，令各地賦稅收入除日常軍費所需外，全部運送中央，剝奪了節度使擅自處理地方賦稅的財權。同年還命令諸州府選送精兵給中央，削弱了地方的兵權。宋太祖在平定湖南時，便命令湖南各州府直屬中央，不再隸屬於節度使。太宗又於太平興國二年 (977) 詔令所有節度使屬下的支郡都直屬中央，節度使所領只是一州府，宋政府又以朝臣出任知州、知府。此後，節度使一般不赴本州府治理政事，而成為一種榮譽性的虛銜，授予宗室、外戚、少數民族首領和文武大臣，對武將更是晉升的「極致」，多者可帶兩三鎮節度使，禮遇優厚。而節度使帶同中書門下平章事、中書令等虛銜，或宰相罷官到地方上帶節度使虛銜，謂之使相，尤為榮耀。

　　遼、金分別於大州或節鎮諸州置節度使，掌管軍民兩政。此外，遼聖宗耶律隆緒亦將統領上京、中京地區契丹及奚族的五十一部首領令隱改稱節度使。金於胡裡改等路亦設節度使，管轄部族事務。元代廢。

王朝軼事，官場風雲錄：
政權變遷 × 權貴紛爭 × 官制衙署，中國歷代制度轉換史

主　　編：潘于真，蕭楓

發 行 人：黃振庭

出 版 者：複刻文化事業有限公司

發 行 者：複刻文化事業有限公司

E-mail：sonbookservice@gmail.com

粉 絲 頁：https://www.facebook.com/
　　　　　sonbookss/

網　　址：https://sonbook.net/

地　　址：台北市中正區重慶南路一段六十一號八
　　　　　樓 815 室

Rm. 815, 8F., No.61, Sec. 1, Chongqing S. Rd.,
Zhongzheng Dist., Taipei City 100, Taiwan

電　　話：(02)2370-3310

傳　　真：(02)2388-1990

印　　刷：京峯數位服務有限公司

律師顧問：廣華律師事務所 張珮琦律師

定　　價：330 元

發行日期：2024 年 04 月第一版

◎本書以 POD 印製

Design Assets from Freepik.com

國家圖書館出版品預行編目資料

王朝軼事，官場風雲錄：政權變遷
× 權貴紛爭 × 官制衙署，中國歷
代制度轉換史 / 潘于真，蕭楓 主
編 . -- 第一版 . -- 臺北市：複刻文
化事業有限公司 , 2024.04
面；　公分
POD 版
ISBN 978-626-7426-64-7(平裝)
1.CST: 中國政治制度 2.CST: 官制
3.CST: 中國史
573.1　　113004445

電子書購買

臉書

爽讀 APP